国家卫生健康委员会"十四五"规划教材

全国高等职业教育教材

供老年保健与管理专业用

U0644087

老年人活动策划组织

主　编　林婉玉

副主编　付　平　任崇伟

编　者（以姓氏笔画为序）

王　敏（四川卫生康复职业学院）

付　平（河南护理职业学院）

白晴晴（安徽卫生健康职业学院）

朱晓红（江苏经贸职业技术学院）

任崇伟（菏泽医学专科学校）

刘保华（宁波卫生职业技术学院）

李蔚林（山东药品食品职业学院）

林婉玉（宁波卫生职业技术学院）

廖艳芳（湘潭医卫职业技术学院）

潘建田（菏泽家政职业学院）

薛　瑶（毕节医学高等专科学校）

人民卫生出版社

·北京·

图书在版编目（CIP）数据

老年人活动策划组织 / 林婉玉主编 . —北京：人
民卫生出版社，2022.8（2025.11 重印）
ISBN 978-7-117-32781-7

Ⅰ. ①老…　Ⅱ. ①林…　Ⅲ. ①老年人 – 活动 – 组织管
理学 – 高等职业教育 – 教材　Ⅳ. ①C936

中国版本图书馆 CIP 数据核字（2021）第 267771 号

| 人卫智网 | www.ipmph.com | 医学教育、学术、考试、健康，购书智慧智能综合服务平台 |
| 人卫官网 | www.pmph.com | 人卫官方资讯发布平台 |

老年人活动策划组织
Laonianren Huodong Cehua Zuzhi

主　　编：林婉玉
出版发行：人民卫生出版社（中继线 010-59780011）
地　　址：北京市朝阳区潘家园南里 19 号
邮　　编：100021
E - mail：pmph @ pmph.com
购书热线：010-59787592　010-59787584　010-65264830
印　　刷：三河市潮河印业有限公司
经　　销：新华书店
开　　本：850 × 1168　1/16　印张：10
字　　数：316 千字
版　　次：2022 年 8 月第 1 版
印　　次：2025 年 11 月第 7 次印刷
标准书号：ISBN 978-7-117-32781-7
定　　价：48.00 元

打击盗版举报电话：010-59787491　E-mail：WQ @ pmph.com
质量问题联系电话：010-59787234　E-mail：zhiliang @ pmph.com
数字融合服务电话：4001118166　E-mail：zengzhi @ pmph.com

随着社会的发展,人们的生活水平不断提高,人口老龄化已经成为世界上大多数国家人口发展过程中的普遍现象。社会迫切需要大批的经过专业教育,具有良好职业素质,具有扎实的老年护理与保健知识,具有较强的操作技能和管理水平的高素质技术技能型人才。

老年保健与管理专业作为培养国家紧缺型养老服务技术技能人才的新专业,于 2015 年列入教育部《普通高等学校高等职业教育(专科)专业目录》。2019 年以来,《国家职业教育改革实施方案》和《国务院办公厅关于推进养老服务发展的意见》等一系列文件的颁布为高等职业教育老年保健与管理专业的发展提出了要求并指明了方向。

为推动老年保健与管理专业的发展和学科建设,规范老年保健与管理专业的教学模式,适应新时期老年保健与管理专业人才培养的需要,在 2019 年 8 月教育部公布了《高等职业学校老年保健与管理专业教学标准》以后,人民卫生出版社在全国广泛调研论证的基础上,启动了全国高等职业教育老年保健与管理专业第一轮规划教材编写工作。

本套教材编写紧密对接新时代健康中国高质量卫生人才培养需求,坚持立德树人,德技并修,推动思想政治教育与技术技能培养融合统一,深入贯彻课程思政,在编写内容中体现人文关怀和尊老敬老的中华传统美德。教材遵循技术技能型人才成长规律,编写人员不仅包括开设老年保健与管理专业院校的一线教学专家,还包括来自企业的一线行业专家,充分发挥校企合作的优势,体现"双元"的职业教育教材编写模式。教材编写团队精心组织教材内容,优化教材结构,积极落实卫生职业教育改革发展的最新成果,创新编写模式,从而推动现代信息技术与教育教学深度融合。

本轮教材编写的基本原则:

1. **符合现代职业教育对高素质老年保健与管理专业人才的需求** 教材融传授知识、培养能力、提高技能、提升素质为一体,注重职业教育人才德能并重、知行合一和崇高职业精神的培养。重视培养学生的创新、获取信息及终身学习的能力,突出教材的启发性,为建设创新型国家提供人才支撑。

2. **体现衔接与贯通的职教改革发展思路** 教材立足高职专科层次学生来源及就业面向,实现教材内容的好教、好学、好用。突出教材的有机衔接与科学过渡作用,并将职业道德、人文素养教育贯穿培养全过程,为中高衔接、高本衔接的贯通人才培养通道做好准备。

3. **与职业技能等级证书标准紧密接轨** 职业技能等级证书标准以岗位需求为导向,注重多个学科的交融与交叉,是教学应达到的基本要求。因此教材内容和结构设计与职业技能等级证书考核要求和标准紧密结合,从而促进与 1+X 证书制度的有效融合,提高学生职业素养和技能水平,提升养老服务与管理人才培养质量。

本套教材共 9 种,供高等职业教育老年保健与管理专业以及相关专业选用。

主编简介与寄语

林婉玉,副教授,任职于宁波卫生职业技术学院,教授老年保健与管理专业老年活动策划组织课程,中国特色高水平高职院校和专业建设项目"老年活动策划与组织"数字化资源建设项目负责人。学术研究涵盖老年人力资源发展、老年人学、长期照护管理、健康管理、社区资源经营与管理、老年人活动策划组织、老年人沟通技巧、医疗质量管理、公共卫生等方面。其他专长如音乐照顾、表达性艺术治疗、园艺治疗、结构式游戏疗法、人际沟通分析等。因长期致力于养老机构的公益性服务与工作曾获宁波市最佳志愿服务工作者等荣誉称号。

寄语:

本人从事老年人专业服务已逾20年,深刻体会到如何将老年人从静态的生活中带入动态活动中,是老年人活动策划组织重要的关键。通过有效且安全的健康促进和活动方案,延迟身体机能的老化,减少疾病的发生,除了可减轻医疗的负担和浪费外,长期照护的需求也可以被大大地降低。活动虽然不能治愈老年人常见的慢性疾病,却能促进身体机能的运作、预防疾病发生或延缓恶化,并通过活动的进行让心理得以获得调适,对老年人维持独立生活及改善生活质量有极大的帮助。

前　言

健康老龄化，积极老龄化，关注生命周期、健康全过程。随着社会经济的发展以及科学技术的不断进步，老年人对活动的需求发生了巨大的变化，关于老年人活动策划组织的新知识、新技术和新方法相继面世。作为老年保健与管理专业的师生，需要针对老年人健康需求实施全周期活动策划组织，以提高老年人的健康水平、改善老年人的生活质量。

老年人活动策划组织是一门指导学生进行老年人活动策划组织的专业核心课程。本教材的编写参考了国内外有关教材的内容架构，结合当前我国国情和现状，在对社区及养老机构老年人活动需求和开展情况调查的基础上，以护理程序为框架，以老年人活动需求为主线，结合临床医学、老年护理学、康复医学、营养学、社会心理学、健康管理、生活促进等学科理论和实用技术，构建了本教材的内容体系。本教材内容包括绪论、老年人活动需求评估、老年人活动的策划及现场管理、老年人活动策划与组织的实施、老年人活动策划与实施的评价五大部分。通过学习让学生掌握老年人活动调研与需求评估、活动策划方案撰写、活动组织策划步骤、活动实施及评价等知识技巧，提高学生综合分析和解决问题的能力。培养学生良好的职业认同感，形成尊老爱老的社会风尚和生命至上的敬业风气，将技能培养与素质培养两者兼顾，践行育德与育能的相互统一。

本教材为了贯彻知识传授与技能培养并重的方针，既注重理论知识的科学性、完整性，又强调实践内容的实用性、规范性，突出重点，详略得当。同时将多种教学资源以二维码形式展现，线上线下混合式学习，学习者通过扫描二维码即可观看教学资源、开拓视野，并且对案例分析讨论以提升和巩固教学成效。

本教材主要供高职高专老年保健与管理专业使用，也可供临床护理人员继续教育、老年护理岗位培训、养老护理员培训及老年护理机构工作人员参考。本书在编写过程中，得到了各位编者所在单位的大力支持，在此一并表示诚挚的谢意！

受编者的知识水平和能力经验及学科的发展状况等方面限制，本教材在整体架构、内容体系的构建等方面仍存在不足，难免会有错误、疏漏和不当之处，恳请各位读者批评指正。

"学然后知不足，教然后知困惑。"与诸君共勉！

林婉玉

2022 年 1 月

目 录

第一章　绪论

第一章
数字内容

学习目标

1. 掌握老年人活动的概念、分类。
2. 熟悉老年人活动的特点和原则。
3. 了解老年人活动的作用及老年人活动工作者应有的专业素养。

2020年第七次全国人口普查显示我国60岁及以上人口为2.64亿人,占总人口的18.70%,与2010年相比上升了5.44个百分点(65岁及以上人口为1.91亿人,占总人口的13.50%)。我国人口老龄化呈现出进程快、规模大、高龄化的特点,老龄化对社会的影响日益突出。随着年龄的增长和社会关系日渐紧缩,老年人面临各种身心问题,严重影响了老年时期的心理健康和生活质量。如何能够健康地变老,成为当前我国应对人口老龄化的一项重要任务。十九届五中全会提出实施积极应对人口老龄化国家战略,挖掘人口老龄化带来的活力和机遇,提倡转型传统生活方式,在满足老年人的物质生活需求的同时,倡导健康生活模式,积极促进现代老年人融入社会,开展各种活动满足老年人精神诉求的重要性愈发凸显。

老年人活动是当前应对人口老龄化和响应积极老龄化政策的重要举措。老年人参与各项社会活动,可以帮助他们重新认识自我,形成新的社会网络,降低孤独感。研究表明,任何类型的社交活动对于提高老年人的认知能力都是有益的。同时,老年人往往拥有丰富的生活经验,活动在满足老年人自身多元需求的同时,也可以实现老年人的自身价值。在全社会广泛开展各项科学、文明、丰富多彩的老年人活动,促进老年人积极参与社会活动,有助于老年人晚年的身心健康,保持生命的活力,愉悦精神,增益智力,放松身心,提高老年人的幸福感和认知能力。

第一节　老年人活动概述

导入情景

某市一家规模较大的养老康复机构,为了丰富老年人晚年生活,促进老年人身心健康,决定组织老人们开展一系列活动,以增进老年人之间的感情交流,提高生活质量,促进身心健康发展。

工作任务

1. 请结合案例,说明老年人活动的原则与特点。
2. 请说明影响机构老年人参与活动的因素。

1

一、老年人活动的概念、特点和原则

对老年人而言,他们可以支配的自由时间普遍比年轻时多,但过多的空闲时间以及长期远离社交活动不利于老年人身心健康的发展,如果没有适当的活动填补老年人的空虚与孤独,可能会加速老年人的身心衰退。如何通过"活动"来满足老年人的身心需求,有赖于正确地认识并组织适当的活动。

(一)老年人活动的概念

活动是指由共同目的联合起来并完成一定社会职能的动作的总和,由活动的目的、动作和共同性构成,一般具有完整的结构系统。老年人活动是以老年人为主体,针对老年人特定的生理、心理和社会特征,在老年社会工作者的协助下,由团体、社区、养老机构等组织开展的各类公益、文娱、兴趣、语言交流、体育等活动,目的是促进老年人身心健康、认知能力和幸福感,提升老年人的生活质量和满意度。

对于老年人活动的理解,可以从三个方面把握:老年人活动的目的是帮助老年人重新与他人建立联系,改善自尊,获得身心健康,提高生活质量,重返主流社会,重建有意义的生活;老年人活动的形式多样,以休闲娱乐为主,应该有鲜明的记忆点;老年人活动的实质是适应新的角色,学习新的技能,提高老年人生活满意度,是实现老年期人生价值的社会协调活动。

(二)老年人活动的特点

老年人活动是针对老年人这一特殊群体,为满足老年人的身心需要,有目的、有计划地组织各种社会协调活动。老年人活动具有以下特点:

1. 目的性　每一次策划组织老年人活动都应该主题鲜明,明确活动要解决什么问题,为什么要做活动,并对达到何种效果有明确的预期。总的来说,开展老年人活动是为了提高老年人的生活质量和满意度,满足老年人生理、心理和社会参与的需求,帮助老年人重返主流生活。

2. 计划性　老年人活动的目的必须要通过计划来实现,计划代表老年人的活动内容应该是明确的、不能随意变更的。此外由于老年人群体的特殊性,开展老年人活动之前一定要做好详细周密的计划,防止意外事件发生。

3. 参与性　只有老年人积极主动参与到活动当中,才可能发挥活动的最佳效果。老年人活动最大的困难之一就是如何调动老年人参与到活动中来,即使我们提供的活动对老年人非常有益,但最终是否参与的选择权还是在老年人手中。

4. 多样性　老年人的年龄、性别、身体状况、教育水平以及兴趣爱好的差异决定了老年人活动需求的广泛性。应当选择老年人喜闻乐见的活动,提供形式多样的活动给不同兴趣的老年人。

5. 安全性　老年人特殊的生理特征决定了其在参与活动过程时比其他人群具有更高的风险,确保老年人活动安全是活动策划组织的第一要素,确保老年人安全的理念必须贯穿于活动的始终。

6. 社会性　老年人活动可以帮助老年人重新与他人建立联系,获得生活的乐趣,尤其是对那些长期处于社会隔离状态的老年人来说,老年人社会活动可以帮助老年人扩大社交范围,重树生活信心。

(三)老年人活动的原则

1. 正确选择活动种类和场地　活动种类和场地的选择应根据活动的对象和活动的规模的不同而有所不同。在确定老年人活动的种类和场地之前应当做好策划和调研,明确是一对一活动还是群体活动,还要了解活动参与者的生理、心理、社会特征。根据参与活动的老年人身体状况、爱好、个性特征选择老年人感兴趣且适宜的活动。如一个喜好安静的老年人是不会愿意参加过于喧闹的活动的。适宜的活动主题是老年人感兴趣并愿意参与的重要因素。在实际活动中,宜把生活背景、文化水平相似,健康状况相当的老年人纳入同一个活动或同一个活动小组中。场地因素非常重要,首先必须要考虑到场地的安全因素,保证活动过程中的安全性;其次是场地对开展活动的适宜性,老年人可能会坐轮椅或使用拐杖、助行器,因此要有足够的空间以便活动自如;同时也要考虑到活动举办地点交通是否便利,食、宿、游、购等方面是否方便,活动如在室内举行,是否有电梯方便老年人到达,是否有卫生间方便老人如厕等。

2. 循序渐进　与传统活动不同,老年人有各种身体上的不便和知觉方面的限制,因此在开展活动时要采取循序渐进的原则,活动强度一般由小到大,由弱到强,不要急于求成,活动设计应当由简到繁,由易到难。针对有身心障碍的老年人,根据开展活动时的评估,设计低层次的适宜的活动,可以降

低参与者的挫败感,提升其成功机会,亦可增加老年人参与活动的意愿。另外需要注意的是,由于老年人群体的被动性,与传统活动中组织者开始扮演积极的角色并随着活动的进程慢慢淡出不同,老年人活动中组织者要始终扮演积极的角色。

3. 持之以恒　活动可以提高老年人的社会参与程度和身心健康水平,但前提是活动具有可及性,即要求组织者能够持续为老年人提供各类活动,更重要的是老年人能够持之以恒,坚持主动地参与他们感兴趣的各种社会活动。无论是老年人生理、心理还是社会参与功能的改善,都要经过长期的坚持才能达到从量变到质变的结果。因此,需要依据老年人的现实需求,有计划地制定活动方案,包括短期、中期和长期的活动计划,坚持鼓励和支持,才能真正以活动为媒介帮助老年人改善社交紧缩问题,提升生活质量。

（四）老年人参与活动的影响因素

老年人参与活动的意愿和适宜的活动类型与老年人的衰老程度、健康状况、心理因素有关,此外,老年人是否能够获得参与活动的机会还与他们能够获取的社会支持有关。

1. 衰老和疾病的影响　衰老意味着年龄增长带来的各种挑战,老年期整体生活能力下降,人类的诸多生理功能将逐渐减退,开始出现各种老化现象,如反应迟钝、记忆力下降、心肺功能减退等。同时,老年人的视力、听力、味觉也逐渐减退,头发变白并且日渐稀疏,皮肤出现大量皱纹和老年斑,骨骼中钙质流失导致骨质疏松。由于骨骼组织和肌肉组织功能的减退,老年人的平衡能力和运动能力也随之降低,平衡能力和运动能力的衰退导致老年人具有较高的跌倒风险甚至可能继发引起骨折。跌倒风险限制了部分老年人活动的机会和可选择的种类,同时也降低老年人参与活动的积极性。加之老年人随着年龄的增长,患病风险增加,往往患有慢性病,衰老和疾病导致他们对于活动的耐受力下降。一些身体状况欠佳的老年人可以参加的活动种类更加有限,如出行不便、有视力听力障碍的老年人。要警惕的是在活动中组织者可能无法掌控具有特殊类型的老年人,如阿尔茨海默病,如果这些老年人去到其他地方,就可能产生各种安全隐患。

2. 心理因素的影响　长期远离社交导致的社会疏离可能致使一些老年人发生心理上的变化,如孤独感、自卑、冷漠、焦虑、抑郁等消极心理因素,这些不良心理会进一步降低老年人参与活动的主动性。有严重心理健康问题的老年人或因丧偶而悲伤的老年人有时会完全陷入自我的世界,除了自身的问题他们不愿意参与到任何活动中去。

3. 社区、家庭、工作、养老机构的支持程度　老年人在退休后,主要活动场所由工作岗位转为家庭、社区或养老机构。家庭、配偶和子女代际关系对老年人参与活动具有很大的影响。此外,老年人所在社区对老年人活动的支持程度,活动开展的质量和频次都会对老年人参与活动的积极性和可及性产生影响。对于机构老年人来说,养老机构社会工作者的活动组织情况对于老年人参加活动具有重要的影响。

二、老年人活动的作用

（一）有助于老年人身体健康

当前中国老龄化的一个突出特征是老年人长寿但健康程度不高,老年人普遍患有一种及以上慢性疾病。活动有助于提高老年人机体代谢水平,增强机体器官功能和肌力,增加老年人的肺活量,促进心肌收缩和血液循环水平,增加血液供应,改善神经系统功能,消除体力活动所造成的轻度疲劳;活动还能解除老年神经紧张问题,改善老年人睡眠质量。适度地活动,还能增强老年人的胃肠道蠕动能力,促进消化,改善食欲。研究表明坚持进行身体活动的老年人心脏肌肉更加发达,心脑血管功能健全,肥胖、心脑血管疾病、高血压等疾病的发病率也较低。适当的活动可以预防疾病,延缓衰老,实现老年人健康长寿的美好愿望。此外,在参与活动时尤其是思维类活动,老年人通过反复思考、想象、记忆等活动,能使大脑得到锻炼,增强思维能力,延缓脑细胞的衰老。

（二）有助于老年人心理健康

伴随着生理衰老和社会关系紧缩,很多老年人因此产生孤独、失落、抑郁、焦虑等心理问题,外在表现为忧郁、多疑、固执、刻板甚至烦躁易怒,性格可能会发生变异甚至自我封闭。如果在晚年遭遇生活重大变故,例如丧偶,则可能引起更加强烈持久的心理问题。情绪是健康的重要影响因素,老年人活动可以帮助老年人缓解或者摆脱各种不良情绪,保持心情愉悦、乐观和开朗,节制偏激的情感,及时消除生活中不利事件对情绪的负面影响。积极的情绪有助于调节消化液的分泌及新陈代谢,使之处于正常及稳定状态,形成对身体、心理健康的良性循环。

(三)有助于老年人实现自我

有时老年人参加活动的目的是希望通过活动弥补年轻时的遗憾,实现从前没能达成的愿望。这类活动可以为老年人实现展示自我的平台,帮助老年人实现内心深处久未达成的愿望,有助于老年人保持自尊、自强和乐观向上的精神状态。通过活动老年人可以重树自信,发挥个人优势,体现人生价值,在活动中经历"创造—满足—再创造—再满足"的过程,从而实现社会角色的再创造,在晚年再现自我价值。

(四)有助于老年人建立社会支持网络

老年人的社会支持网络由经济、日常生活和情感三个维度共同构成。老年人在退出主流社会后导致其原有的社会关系紧缩,通过活动可以帮助老年人实现或重构新的社会交往,形成新的信息和情感交流平台,即社会支持网络。老年人活动可以帮助老年人积极构建或重构包括伴侣、家庭成员、邻居、同质人群、朋友等在内的社会支持网络,这些社会支持网络为老年人提供经济上的支持、生活上的照护、精神上的慰藉,从而为老年人解决实际存在的各种困难。

知识链接

活 动 理 论

活动理论又称活跃理论,与社会撤离理论的基本观点相反,该理论认为老年人的生活满足感与活动之间有积极的联系。成功适应老年生活的人能够保持活力。老年人如果能尽可能延长地保持中年时的活动,就能很好地调整和适应晚年生活,并对晚年生活感到满意。老年人可以找到其他活动来替代工作,用新环境中的人替代旧友。因此,该理论主张老年人应通过新的参与、新的角色来改善老年人由于社会角色中断所引发的情绪低落,用新的角色取代因丧偶或退休而失去的角色,在社会参与中重新认识自我,从而把自身与社会的距离缩小到最低程度。

第二节 老年人活动的分类

导入情景

某志愿服务团队在端午佳节即将到来之际走进敬老院,为机构内轻度认知障碍老年人送关怀,让爱延续,让老年人们感受到社会的温暖。团队成员希望通过设计一次手工制作艾条的芳香理疗活动给老年人带去关爱、快乐和温暖,营造全社会尊老敬老爱老的良好风尚,培养和提升社会公德意识。

工作任务

1. 请结合案例,说明老年人活动的分类。

2. 根据活动的内容,请说明志愿者可以开展哪些形式的老年人活动。

老年人活动的主题、内容与模式受多种因素影响,与老年人自身特征有关,如年龄、爱好、生理功能、心理特征,同时也受到社会、经济、文化等因素的影响,如适合老年人用的手机软件(适老化 APP)的开发和普及、社区文娱设施的建设、老年社团组织的开展、国家相关法律政策。本节根据老年活动的参与人群、活动形式、内容与功能,对老年人活动进行如下分类。

一、根据老年人的年龄阶段分类

不同年龄阶段的老年人身体状况差异较大,适宜的活动有所不同,可以分为高龄老年人活动、中

龄老年人活动和低龄老年人活动。

（一）高龄老年人活动

此类活动主要是针对 85 岁及以上的高龄体弱的老年人。可以通过组织强度较低的运动、游戏、聊天、手工、文化创作等活动来促进老年人的身心健康，也包括组织老年人开展延缓失能、认知障碍症进程的各种活动。在活动中要高度注意安全问题，因为高龄老年人本身就是高风险人群，如防止老年人跌倒等风险的发生。此外，此类老年人对于医疗、护理及精神类关怀服务类活动的需求较高，在活动中也可以适当考虑增加相关要素。

（二）中龄老年人活动

此类活动主要针对 75~84 岁具有一定活动能力的中龄老年人。相比高龄老年人，他们仍具有较高的社会参与度，活动的运动量和活动空间可以稍大一些，但身体功能也开始退化，加上可能会伴有慢性病的困扰，因此这类老年人比较偏好健康养生、康复治疗等相关活动，可以在室内外进行一些相对安全的综合性活动，如太极拳、八段锦、徒步、郊游等。

（三）低龄老年人活动

此类活动主要是针对年龄在 60~74 岁，大部分身体状态很好，体力和精力仍然充沛的老年人，可以选择的活动范围非常广泛，除一些强体力活动外，大部分活动都可以进行。面向此类老年人的活动可以选择各种文娱活动和人际交流活动，能够继续充分发挥和体现他们的社会价值。

二、根据老年人的个人特征分类

老年人活动分类与老年人在活动中的所持有的态度、价值观和行为方式等个人特征有关。同年轻人一样，每一位老年人都是独一无二的个体，在进行策划活动时，老年人的性格、兴趣、生活习惯、经验、背景、阅历等个人特征都是活动策划者需要考虑的因素。例如，不喜欢热闹而习惯独处的老年人更适合进行一对一的活动，喜欢静态活动的老年人参加动态活动的意愿较低，书法、绘画等活动只有面向有一定艺术基础的老年人才能取得较好的活动效果。

三、根据老年人的活动内容分类

可以针对老年人开展的活动内容非常丰富，按内容可以分为节日纪念、公益、宗教、体育、文化、艺术、社交、旅游、会议等。如社区经常开展的大型敬老孝老活动、游戏运动；养老机构经常开展的节日庆祝会、集体生日宴会、老电影回放、记忆展等活动以及结合重大节日或民间习俗开展的年终大型联欢歌舞会、端午包粽子活动、重阳登高活动等。

四、根据老年人活动的专业性分类

（一）专业活动

专业活动主要以经过专业训练的老年社会工作者、老年保健管理者、康复治疗师等作为活动引领者，运用专业的活动组织方法和康复保健技能开展团体干预性、健康性、治疗性的活动，来达到健康、康复保健、社会支持、娱乐、促进社会交往等目的。

（二）业余活动

老年人业余活动可以由任何人或组织、机构、社团组织开展，老年人根据自己的兴趣和爱好决定是否参加，此类活动主要体现活动的娱乐性，帮助老年人建立社交，产生归属感和自我满足感。

五、根据老年人活动的形式分类

（一）老年人益智类活动

如手工制作、知识竞赛类活动、棋牌比赛类活动等。

（二）老年人健身类活动

如散步、爬山、各种趣味运动、体育竞技类活动等。

（三）老年人怡情类活动

如阅读、赏花、园艺等。

（四）老年人观赏类活动

如现场类观赏活动、非现场类观赏活动等。

（五）老年人茶话会活动

如回忆类茶话会、意见征求茶话会、交流类茶话会等。

（六）老年人展示类活动

如手工展示活动、才艺展示活动、文艺类活动等。

六、根据活动功能分类

（一）发展型活动

发展型活动的目的是让老年人通过参加活动最终掌握一些处理问题的方法,老年人通过参与活动可以锻炼能力,促进自身成长,从而更好地适应社会环境。例如通过开展老年人才艺表演,让老年人通过演唱、跳舞、朗诵、游戏等活动,充分展示自己,为老年人提供发展平台,帮助老年人重新肯定自我,获得生活满足感。

（二）支持型活动

支持性活动主要以小组的活动形式开展,目的是帮助老年人解决和度过重大生活转变中的困境,如患病、丧偶、变更住所(入住养老机构)、家人失和等重大生活事件。通过鼓励老年人倾诉自己的内心感受,找到方法来帮助解决问题和应对不良情绪。

（三）治疗性小组活动

治疗性小组活动的目的是使用各种手段来疏导、调试和解决老年人的心理问题,一般采用回顾人生、缅怀往事以及现实辨识等手段,建立活动的个体目标和小组目标。具体采用哪种治疗理论和方法要结合工作者个人专长和老年人实际面临的挑战。

七、针对患病老年人的活动

这类活动专门针对的是患病的老年人,目的是尽最大的可能降低患病老年人并发症的发生,提高生活自理能力,改善生活质量。相当一部分老年人患有 1~2 种慢性病,甚至更多,疾病导致某些生理功能下降或丧失,比如对于脑血管疾病导致偏瘫的老年人,开展活动时可以结合老年人的身体状况,尽量地通过活动维持其现存的生理功能,并维持健侧的功能。日本倡导在患病老年人中开展非药物干预及生活促进活动,通过开发一系列老年人健康促进辅具,特别适用于有功能障碍的老年人,可以帮助老年人融入团体,增加社会参与的机会。

事实上,无论老年人活动如何分类,都要事先充分了解老年人的情况,按照"以人为本"的理念并遵循老年人活动的基本原则开展相应的活动,在通过长期不断的摸索和经验总结后,每一位老年社会工作者都将能找到具备自己特点并能满足老年人需求的活动,给他们带来快乐和治愈。

第三节　老年人活动工作者应具备的职业素养

导入情景

近日,某街道举办了 10 场以"维权进基层,服务老年人"为主题的法律援助老年人系列知识讲座。讲座围绕"老年人如何预防诈骗""子女不赡养怎么办"等老年人经常遇到的实际问题,向老年人详细讲解法律援助的含义、范围、条件,并向老年人说明法律援助的服务形式和内容,申请法律援助所需要递交的材料,有关法律援助申请的特殊规定等知识,增强了全街道老年人维权保障的法律意识。

工作任务

1. 请结合案例,说明老年人活动工作者应有的素养。

2. 请说明如何尊重老年人的自决权。

有意义的老年人活动有助于促进我们所服务的养老机构或社区老年人的身心健康,维系良性的社会关系。老年人活动工作者应具有专业的知识素养、能力素养、素质素养和伦理素养,并拥有一定的专业态度,老年人活动工作者的职业素养对活动效果有至关重要的影响。

一、知识素养

老年人活动看似简单,但是老年人活动工作者需要系统地学习专业的知识体系,才能完美地组织针对不同人群、不同类型的活动,老年人活动是针对广大老年人特定的需求或生理、心理和社会特征开展的各类相关活动,因此要求老年人活动工作者要具备专业的知识素养。一个合格的老年人活动工作者的知识系统要涵盖老年人身心特征和活动两方面知识,包括医学、心理学、社会学、管理学、教育学、体育等。良好的知识素养是老年人活动工作者最基本的素养,也是老年人活动开展的基础。

二、能力素养

老年人活动策划组织者的能力素养包括专业价值能力、专业知识能力以及专业技术能力。专业价值能力指的是活动中策划组织者在专业价值观方面的运用能力。专业知识能力指的是在活动中策划组织者在专业知识方面的运用能力。专业技术能力指的是在活动中活动策划和组织技巧的运用能力。良好的能力素养是老年人活动策划组织者素养的核心,能够反映出其在活动中的专业价值、知识和技术的运用能力和水平。

三、素质素养

老年人活动策划组织者的素质素养直接决定着活动效果的好坏。素质素养主要指对老年人活动策划组织者心理素养的培养,更重要的是培养其对策划组织活动的兴趣以及成就感。无论老年人活动策划组织者的知识素养和能力素养有多高,但是如果没有从事老年人活动的兴趣,不能从活动中得到成就感和认可,他们在之后的活动过程中可能就缺乏驱动力,继而影响后继的活动开展和效果。良好的素质素养体现了老年人活动策划组织者通过“活动提升老年人生活质量”的历程,是老年人活动策划组织者践行其知识素养和能力素养的保障。

四、伦理素养

由于面对的是老年人群,在中国传统的孝老文化背景下,除了知识、能力和素质素养外,老年人活动策划组织工作对伦理素养的要求比其他职业具有更高的要求。

首先,老年人活动策划组织者要从价值观上尊敬老人。中华民族有着悠久的敬老孝老文化,作为一名老年人活动策划组织者,要对老年人进行人文关怀,尊敬老年人。有些老年人认为自己年老无用,是社会和家庭的负担,只能消极地适应生活,我们可以在活动的开展过程中给予其充分的肯定和尊敬,为其重树生活信心;其次,老年人活动策划组织者要发自内心地热爱老年人活动。活动策划组织者只有真正地热爱老年人活动,才能始终保持对活动的高度热忱,才能对老年人产生强烈的感染力和共鸣,令老年人感到活动带领者不是为了完成任务而应付了事,而是为了与老年人共同享受快乐和生活;再次,老年人活动策划组织者在活动中要充分尊重老年人的自主权。老年人对于活动的兴趣不同,且在经验方面已经达到人生最丰硕的阶段,他们不愿意像提线木偶一样,事事被人安排,因为控制感的丧失,是有损老年人身心健康的,因此要充分意识到老年人有拒绝参与活动的权利,对于参与到活动中的老年人,他们也有自主决定如何参与活动的权利,活动工作者扮演的是陪伴者的角色,如此才能让老年人拥有自我实现的机会;最后,老年人活动策划组织者在工作中确立个别化原则。每位老年人都是独立的个体,不能用固化的思维和模式去要求和衡量所有老年人。一些老年人欣然接受衰老,而另外一些老年人则可能自怨自艾、怨天尤人。有的老年人生活规律,井然有序;有的老年人则终日无所事事。因此,活动工作者应根据老年人的性格特点、生活习惯与需求,组织个性化的老年人活动。

知识链接

连续性理论

连续性理论认为不论是年轻还是年老,人们都有着不同的个性和生活方式,而个性在适应衰老时起着重要的作用。总是消极或退缩的人不可能在退休后成为积极分子;同样,一贯活跃、自信和参与社会的人在老年时不可能安静地待在家里。人主要的个性特点和价值观念随着年龄的增长变得更加突出。在连续性理论看来,如果一个人在老年时仍能保持中年时代的个性和生活方式,那么他(她)便会有一个幸福的晚年。因此,每个人不用去适应共同的规范,而是根据自己的个性来规定标准,这是老年人对生活感到满意的基础。

（林婉玉 刘保华）

第二章　老年人活动需求评估

02章
第二章
数字内容

学习目标

1. 掌握老年人活动需求评估的内容。
2. 熟悉老年人活动需求评估的注意事项。
3. 了解老年人活动调研方法和程序。
4. 学会对参加不同类型活动的老年人进行评估。
5. 具有老年活动评估者应有的素质,爱岗敬业,关爱老人,具备老年服务意识。

开展老年活动具有促进老年人身体健康、促进积极情绪、促进自我实现及建立社会支持网络等作用。老年活动可激发老年人积极向上的心态,建立互相接纳、互相支持、互相信任的团体气氛;同时,还可使老年人在活动中开放自我,表现自我,实现自我价值的提升,增强老年人的身心健康。目前,随着我国老龄化社会进程的加快,老年群体的养老诉求也呈现出多样化的特点,因此,需要我们更应关注老年人的实际需求,设计更多更合适老年人的活动,以丰富老年人的晚年生活。

第一节　老年人活动需求评估的概述

导入情景

某养老机构在国庆节当天,组织了主题为"我和我的祖国"的自己动手(DIY)彩绘活动,鼓励老年人以绘画形式表达自己对祖国的热爱之情,锻炼老年人的思维能力和动手能力。活动邀请到老年人及其亲属共同参与,体验了自由创作的快乐。

工作任务

1. 请列出老年人活动需求评估的内容。
2. 请说明老年人活动需求评估的注意事项。

一、老年人的特点

随着年龄的增长,机体各系统生理功能逐渐下降,心理上也呈现出各不相同的特点,因此我们需要在充分了解老年人生理、心理等方面的特点的基础上,为老年人策划组织适合他们的活动。

（一）老年人生理特点

人到了 40 岁以后,机体形态和功能逐渐出现衰老现象,通常认为 45~64 岁称为初老期,65~89 岁称为老年期,90 岁以上称为长寿期。衰老也使人出现一些功能上的变化。主要表现在以下两方面:

1. 适应能力降低 人体对外环境的抵抗力包括免疫防御、自稳、监视等免疫功能和对高温、寒冷、创伤、射线、疲劳等非特异性伤害性刺激的承受能力。随着年龄增长,以上能力均会出现不同程度的下降。

2. 活动能力下降 老年人的各种感觉器官的结构与功能都有不同程度的衰退,记忆力下降、体力减弱,运动的灵敏性、准确性降低,从而使老年人反应迟钝、活动能力衰退,稍有不慎,跌倒、骨折、外伤等意外事件常会发生并产生严重后果。

（二）老年人心理特点

随着年龄的增长,老年人的心理也会发生很大的变化。一般老年人心理承受能力会出现很大程度的降低,遇到困难或挫折时,情绪反应更为激烈,对身心健康的影响也更为明显。

1. 记忆特征

（1）从记忆的过程来看,人的记忆分为初级记忆与次级记忆。次级记忆随年老而衰退的程度明显多于初级记忆。进入老年之后,初级记忆状况明显好于次级记忆状况。

（2）从记忆的内容来看,人的记忆分为意义记忆与机械记忆。老年人的意义记忆的减退明显晚于机械记忆。

（3）从记忆的再认来看,老年人再认能力明显比再现能力要好。

2. 情感活动特征

（1）老年人关注自身健康状况的情绪增强。

（2）老年人对于自己的情绪表现和情感流露更倾向于控制。

（3）消极悲观的负面情绪逐渐开始占上风。

（4）老年人的兴趣发生变化。这种变化主要表现为对事物关注程度的淡化,对事物的关注面趋于狭窄,对新事物缺乏激情等方面。

3. 个性心理特征

（1）性格更加成熟。

（2）年轻时期的某些性格特征在老年期表现得更加显著。

（3）出现了与年轻时完全相反的性格特征。

需要注意的是,老年人个性变化的程度因人而异。一般而言,适应性较强的老年人不会发生极端的个性变化,与其年轻时期的个性特征相比变化不大,并向着更加成熟的方向发展。

4. 老年人的社会特点 老年期是人生的最后一个重要转折期,此期最突出的特点是离退休导致的老年人长期以来形成的主导活动和社会角色的转变,并由此引发老年人的心理发生波动和变化。

（1）社交范围缩小:老年人离退休后,离开了原有的工作岗位和社会生活回归社区与家庭,社交范围越来越小,对老年人的生活和心理是一次很大的冲击。

（2）角色转变:老年人在退休前有自己的工作、人际关系和稳定的经济收入,是家庭的主体角色,退休后从过去被子女依赖转向依赖于子女,在家庭中原有的主体角色和权威感随之丧失,逐渐从主体角色演变为依赖角色。

（3）老年人的婚姻:人到老年期,失去配偶的可能性日益增大,一旦配偶丧失,就会感到孤独和寂寞。

（4）自我价值感降低:身体健康状况的下降、职业满足感和成就感的丧失、经济收入的减少、在社会与家庭中地位的下降等均可导致老年人自我价值感的降低。

二、老年人活动需求评估的意义

（一）整体了解机构老年人构成与需求,为活动策划提供思路

不同类型、不同规模的养老机构,所接收入住的老年人也不同,进行活动需求评估,可整体了解养老机构内不同类型、不同年龄、不同心理的老年人的需求分布,为之后的活动策划提供思考的基础,使活动策划更贴近老人,更易展开和取得老年人的配合。

（二）全面了解老年人身体状况,保证老年人有足够能力参与活动

根据活动的需求对老年人展开评估,首先是确认哪些老年人适合参加此次活动,其次是建立老年人活动能力档案,方便之后再进行此类活动时可快速从档案中选取参与者,但要注意老年人活动能力档案不是一成不变的,而是应该根据老年人的实际情况随时进行再评估。

（三）为活动准备提供依据,确保活动顺利进行

对老年人进行评估后,可确认参与活动的人数及所需场地、设备,为下一步进行场地选择与布置、设备的摆放及使用等准备工作提供依据,节约时间,提高效率。

（四）保障老年人活动安全,提高活动的安全性及老年人参与活动的热情

根据活动需求对老年人进行相关能力的评估,将不适宜参与该次活动的老年人排除,避免在活动中出现老年人跌倒等意外伤害事件,确保活动的顺利进行老年人的安全,提高老年人参与下一次活动的兴趣。

三、老年人活动需求评估的目的及原则

（一）评估目的

1. 了解老年人是否具备参加活动的能力　能力是指个体顺利完成某一活动所必需的主观条件。对老年人进行评估,可确认老年人的身体状况是否适合参加本次活动,避免在活动中发生安全问题,如行动不便、步态不稳的老年人不适宜参加需腿脚配合的活动。

2. 为准备场地和设施提供依据　在活动筹备阶段对老年人进行评估可最大限度确认参加活动的老年人人数,再根据人数及老年人具体条件进行场地选择及布置,保障场地选择的合理性。

（二）评估原则

1. 尊重　以老年人为中心,尊重老年人权益。

2. 客观　评估者应客观、真实、准确地进行评估。

3. 以人为本的动态评估　遵循“以人为本”原则,评估包括活动前的初始评估、活动后的常规评估、状况发生变化时的即时评估、因评估结果有疑问时的复核评估。

四、老年人活动需求评估的内容及方法

进行老年人活动需求的评估,主要是根据不同活动的要求对老年人参与活动的能力进行评估。大致可从四个方面进行:日常生活活动能力、精神状态、感知觉与沟通和社会参与能力。

（一）日常生活活动能力

日常生活活动(activities of daily living, ADL)是指个体为独立生活而每天必须反复进行的、最基本的、具有共性的身体动作群,即完成进食、穿衣、大小便控制、如厕、床椅转移、行走、上下楼梯等日常活动的能力。

1. 进食

（1）能够独立完成使用餐具将饭菜送入口、咀嚼、吞咽等进食步骤的,程度等级评判为正常。

（2）能够使用餐具,但需要在切碎、搅拌等协助下才能完成进食的,程度等级评判为轻度依赖。

（3）使用餐具有困难,将饭菜送入口、咀嚼、吞咽等需要帮助的,程度等级评判为中度依赖。

（4）不能自主进食,或伴有吞咽困难,使用餐具将饭菜送入口、咀嚼、吞咽等步骤完全需要帮助的,程度等级评判为重度依赖。

对老年人进食能力进行评估,需要结合老年人上肢协调、活动等方面的能力,并根据老年人实际情况组织其参与美食品鉴、辅食制作、烹饪等老年活动。

2. 穿（脱）衣

（1）穿（脱）衣能独立完成的,程度等级评判为正常。

（2）穿（脱）衣需要他人协助,在适当的时间内完成部分穿（脱）衣的,程度等级评判为轻度依赖。

（3）在他人协助下,仍需要在较长时间内完成部分穿（脱）衣的,程度等级评判为中度依赖。

（4）穿（脱）衣完全需要帮助的,程度等级评判为重度依赖。

对老年人进行穿（脱）衣能力评估,根据老年人实际评估情况可组织其进行趣味运动会之类的

活动,将穿(脱)衣列入运动会项目,可通过老年人自己穿(脱)、帮他人穿(脱)、互相穿(脱)等不同方式来展现活动。但应注意,活动中穿(脱)的衣物应是专门制作、购买的统一服饰,符合宽松、易穿(脱)、安全、方便、舒适、美观等特点,避免直接穿(脱)老年人的私服。

3. 大小便控制和如厕

(1)大小便排泄正常,如厕不需要协助的,程度等级评判为正常。

(2)大小便排泄偶尔失禁,不需协助能如厕或使用便盆的,程度等级评判为轻度依赖。

(3)大小便排泄经常失禁,在很多提示和帮助下尚能如厕或使用便盆的,程度等级评判为中度依赖。

(4)大小便排泄完全失禁,如厕完全需要帮助的,程度等级评判为重度依赖。

大小便控制和如厕能力正常的老年人,若身体其他能力评估良好,可参与外出类活动;大小便控制和如厕能力不良的老年人,应尽量避免外出参与活动,以免因大小便失禁让老年人感到尴尬和自卑。

4. 移动

(1)站立、转移、行走、上下楼梯等能独立完成的,程度等级评判为正常。

(2)借助较小外力和辅助装置能完成站立、转移、行走、上下楼梯等,程度等级评判为轻度依赖。

(3)动辄气急喘息,借助较大外力才能完全站立、转移、行走等,不能上下楼梯的,程度等级评判为中度依赖。

(4)有下列情形之一的,程度等级评判为重度依赖。

1)卧床不起。

2)休息状态下时有气急喘息,难以站立。

3)站立、转移、行走、上下楼梯等完全需要协助。

具备正常移动能力的老年人,可参与常规活动,但应根据老年人实际身体情况控制强度与时间;轻度、中度依赖的老年人可在轮椅上参与一些常规活动;重度依赖的老年人可参与小型的床旁活动。

(二)精神状态

个人在认知功能、行为、情绪等方面的表现。

1. 认知功能

(1)对近期发生的事情记忆清晰的,程度等级评判为正常。

(2)对近期发生的事情记忆模糊的,程度等级评判为轻度缺失。

(3)对近期发生的事情遗忘,在提示下能记起部分的,程度等级评判为中度缺失。

(4)对近期发生的事情经提示也不能记起的,程度等级评判为重度缺失。

认知功能良好的老年人,结合自身实际身体情况,可参与大部分常规活动;认知功能缺失的老年人,可根据其缺失程度选择合适的益智类活动。

2. 行为问题

(1)行为举止等行为表现正常的,程度等级评判为正常。

(2)行为举止等行为表现偶尔有异常,但不影响正常生活,程度等级评判为轻度异常。

(3)行为举止等行为表现经常有异常,影响正常生活,需要一定监护的,程度等级评判为中度异常。

(4)行为举止等行为表现异常,严重影响正常生活,完全需要监护的,程度等级评判为重度异常。

行为评估正常的老年人,可参与常规活动;行为评估异常的老年人,根据其异常程度选择合适活动。在活动中应避免使用有安全隐患的活动用具,同时应注意加强对老年人的监护,避免老年人出现意外事故。

3. 抑郁症状

(1)情绪稳定,对客观事物的主观态度体验与实际相符,能被常人理解的,程度等级评判为正常。

(2)情绪欠稳定,但对客观事物的主观态度体验尚能被常人理解的,程度等级评判为轻度异常。

(3)无诱因情况下情绪变化较大,对客观事物的主观态度体验与实际不相符,不能被常人理解的,程度等级评判为中度异常。

(4)情绪喜怒无常或毫无反应,对客观事物的主观态度体验与实际不相符,不能被常人理解的,程度等级评判为重度异常。

无抑郁症的老年人,可参与常规活动;出现抑郁症的老年人,根据抑郁的严重程度选择合适的活

动,如音乐疗护、主题心理治疗等活动,在活动中应加强对老年人的监护,关心、重视老年人,防止老年人出现意外。

（三）感知觉与沟通能力

个体在意识水平、视力、听力、沟通交流等方面的能力。

1. 意识水平

（1）神志清醒:对周围环境警觉正常的,程度等级评判为正常。

（2）嗜睡:当呼唤或推动其肢体时可唤醒,并能进行正常的交流或执行指令,停止刺激后又继续入睡的,程度等级评判为轻度受损。

（3）昏睡:一般的外界刺激不能使其觉醒,给予较强烈的刺激时可有短时的意识清醒,醒后可简短回答问题,但答非所问。当刺激减弱后又很快进入睡眠状态,程度等级评判为中度受损。

（4）昏迷:处于浅昏迷时对疼痛刺激有回避和痛苦表情,处于深昏迷时对刺激无反应(若出现持续昏迷,可直接评定为重度失能)。

意识清醒的老年人可参与常规活动;意识不清的老年人无法参与活动,应加强护理与监护;意识障碍的老年人不能进行日常生活活动能力评估。

2. 听觉

（1）可正常交谈,能听到电视、电话、门铃等声音的,程度等级评判为正常。

（2）在轻声说话或者说话距离超过 2m 时听不清的,程度等级评判为轻度受损。

（3）正常交流有些困难,需在安静环境下大声说话或说话很慢才能听到的,程度等级评判为中度受损。

（4）完全听不到声音的,程度等级评判为重度受损。

听觉正常的老年人,可参加音乐会、曲艺品鉴及其他运用到听力的活动;听觉异常的老年人,可结合老年人其他功能的实际情况,参与手语学习、手势舞、书法、绘画、棋艺等活动。

3. 视觉

（1）无视力障碍,在正常情况下能安全照顾自己的,程度等级评判为正常。

（2）轻微视力障碍,仅偶尔在特殊情况下需要照顾,其他情况下能安全照顾自己的,程度等级评判为轻度障碍。

（3）低视力(矫正后),在正常环境下生活需要照顾的,程度等级评判为中度障碍。

（4）视力丧失,无法适应生活环境而完全需要照顾的,程度等级评判为重度障碍。

视力正常的老年人,可参与展览、棋艺等常规活动;视力异常的老年人,可根据自身情况及爱好选择音乐会、诗词朗诵等活动,继续保持或强化其他方面正常的功能,弱化因视力障碍带来的自卑心理。

4. 沟通交流

（1）在交流中能够理解准确,表达清晰的,程度等级评判为正常。

（2）在交流中经提示后能理解,给予一定时间能简单表达的,程度等级评判为轻度异常。

（3）不能表达和理解,有一定困难,需频繁重复或简化口头表达的,程度等级评判为中度异常。

（4）不能表达和理解他人意思的,程度等级评判为重度异常。

沟通能力正常的老年人,可参与朗诵、演讲、歌唱等各类常规活动;沟通能力异常的老年人,结合自身情况,可选择一些简单的桌游、艺术陪伴等活动。

（四）社会参与能力

个体与周围人群和环境的关系与交流的能力,包括生活能力、工作能力、时间/空间定向、人物定向、社会交往能力。

1. 生活能力

（1）个人日常生活完全自理,同时能正常料理家务(如做饭、洗衣等)的,程度等级评判为正常。

（2）个人日常生活基本自理,在他人协助下可做些家务,但质量欠佳的,程度等级评判为轻度受损。

（3）个人日常生活部分自理,在督促下可洗漱,但行动迟缓的,程度等级评判为中度受损。

（4）个人日常生活需要部分帮助或完全依赖他人帮助的,程度等级评判为重度受损。

生活活动能力良好的老年人可参与绝大部分的常规老年人活动;生活活动能力不佳的老年人可参与一些简单 DIY 活动,如串珠子、协助挑菜洗菜、制作相册等。

2. 工作能力

（1）原来熟悉的脑力工作或体力技巧性工作可照常进行的,程度等级评判为正常。

（2）原来熟悉的脑力工作或体力技巧性工作有所下降,给予一定时间仍可进行的,程度等级评判为轻度缺失。

（3）原来熟悉的脑力工作或体力技巧性工作不如以前或部分遗忘的,程度等级评判为中度缺失。

（4）原来熟悉的脑力工作或体力技巧性工作仅保留片段或完全遗忘的,程度等级评判为重度缺失。

工作能力评估正常的老年人,可参与常规活动,尤其是与其年轻时的工作相关的活动,会令老年人更有参与的动力和信心;工作能力缺失的老年人,根据缺失的程度来组织老年人参与一些与其之前的工作相似但难度较低的活动。

3. 时间/空间定向

（1）对时间、地点和空间等识别和判断能力正常的,程度等级评判为正常。

（2）时间和方位观念有些下降,可在他人提示下作出正确判断的,程度等级评判为轻度缺失。

（3）时间和空间概念较差,对稍久些的时间和空间方位判断迟缓或不准的,程度等级评判为中度缺失。

（4）时间和空间概念很差,对时间和空间完全无法正确判断,不能单独外出的,程度等级评判为重度缺失。

时间/空间定向正常的老年人可参与常规外出活动;时间/空间定向异常的老年人应避免参与外出活动,在机构内参加活动时也需注意监护。

4. 人物定向

（1）知道周围人们的关系,理解亲朋好友称谓的意义,可分辨陌生人的大致年龄和身份的,程度等级评判为正常。

（2）只知道家中亲密亲人的关系,不会分辨陌生人的大致年龄或称呼的,程度等级评判为轻度缺失。

（3）只认识家中的亲人,可称呼子孙,但不能分辨其他熟人的,程度等级评判为中度缺失。

（4）只认识保护人,其他亲人和熟人不能分辨的,程度等级评判为重度缺失。

人物定向正常的老年人,可参与常规识人识物的益智类活动;人物定向异常的老年人可根据严重程度参与不同类别的桌游及简单的团体活动,活动中应注意监护老年人。

5. 社会交往能力

（1）能适应单纯环境,主动与人接触,可正常交流和攀谈的,程度等级评判为正常。

（2）脱离社会,被动与人接触,谈话中话少或不主动的,程度等级评判为轻度缺失。

（3）可勉强与人交往,但谈吐内容不清,表达不恰当,容易上当受骗的,程度等级评判为中度缺失。

（4）完全难以融入单人或多人环境,难以与人接触或互动的,程度等级评判为重度缺失。

社交能力正常的老年人,可参与常规活动;社交能力缺失的老年人,可根据缺失的严重程度参与心理健康类活动,并注重与其交流,加强监护,防止老年人上当受骗或出现意外情况。

（五）意外风险评估

1. 跌倒风险评估　跌倒（fall）是一种不能自我控制的意外事件,指个体突发的、不自主的、非故意的体位改变,而脚底以外的部位停留在地上或者更低的平面上。老年人发生跌倒率高,是老年人伤残和死亡的重要原因之一。

评估跌倒的诱发因素,包括内在因素与外在因素。内在因素包括衰弱、神经肌肉和关节疾病、视力障碍、认知功能异常等;外在因素包括多重用药、照明、地面环境等。

老年人跌倒除直接导致意外伤害外,常常伴有心理、生理方面的障碍,故应对老年人进行跌倒风险评估,以最大限度消除在活动开展过程中老年人发生跌倒的隐患。

跌倒风险评估通常使用 Morse 跌倒评估量表。该表是一个专门用于预测跌倒可能性的量表,通过观察多种功能活动来评价活动对象重心主动转移的能力,对活动对象动、静态、平衡进行全面评估,是一个标准化的评定方法。该量表临床应用广泛,具有较好的信度、效度和敏感度。Morse 跌倒评估量表包括有无跌倒史、医学诊断个数、是否使用助行器具、静脉输液/置管/使用药物治疗、步态/移动和精神状态 6 个方面内容。Morse 跌倒评估量表包含 6 个动作项目,将每一评定项目分为不同的分值予以记分。最高分为 30 分,最低分为 0 分。总分为 125 分。Morse 跌倒评估量表见表 2-1。

表 2-1　Morse 跌倒评估量表

评估内容	评分 / 分	日期
近 3 个月有无跌倒 / 视觉障碍	□ 0= 无　□ 25= 有	
超过 1 个医学诊断	□ 0= 无　□ 15= 有	
使用助行器具	□ 0= 没有需要 □ 0= 完全卧床 □ 0= 护士扶特 □ 15= 使用拐杖、手杖、学步车 □ 30= 扶家具行走	
静脉输液 / 置管 / 使用药物治疗	□ 0= 无　□ 20= 有	
步态 / 移动	□ 0= 正常,卧床、轮椅代步 □ 10= 乏力 / ≥65 岁 / 直立性低血压 □ 20= 失调及不平衡	
精神状态	□ 0= 了解自己能力 □ 15= 忘记自己 / 意识障碍 / 躁动不安 / 沟通障碍 / 睡眠障碍	
总分: 125 分	得分:	
评估者签名:		
护士长签名:		

具体评分细则:

1. 有无跌倒史　0 分:指 3 个月内无跌倒;15 分:老年人以跌倒入院或入院后发生过跌倒? 如没有,近 3 个月内有无跌倒发生?

2. 医学诊断个数　0 分:一个医学诊断;15 分:超过一个医学诊断。

3. 使用助行器　0 分:没有需要,卧床;护理人员扶持;15 分:使用辅助行走工具(拐杖、手杖、助行器等)行走;30 分:扶靠家具行走。

4. 静脉输液 / 置管 / 使用药物治疗　0 分:无;20 分:有,药物治疗(镇静制、降压药等药物)。

5. 步态 / 移动　0 分:正常,卧位、轮椅代步;10 分:乏力 /65 岁 / 直立性低血压;20 分:失调、不平衡(双下股残疾或功能障碍)。

6. 精神状态　0 分:了解自己能力;15 分:忘记自己 / 认知障碍 / 躁动不安 / 沟通障碍 / 睡眠障碍。

Morse 跌倒评估量表评分结果小于 25 分为低危跌倒风险;25~45 分为中危跌倒风险;大于 45 分为高危跌倒风险,高危跌倒风险的老年人每月评估 1 次。除此外,病情变化或使用易致跌倒药物时需重新评估。

低危跌倒风险的老年人可参与常规活动;中危跌倒风险的老年人应尽量避免参与灵活度大的活动,并注意辅助器具的使用,在参与活动时需加强监护;高危跌倒风险的老年人可根据实际情况参与一些简单的室内活动或床旁活动。

2. 吞咽功能评估　评估是否存在吞咽困难以及吞咽困难的程度,主要使用的方法有饮水试验和反复唾液吞咽试验。

(1)饮水试验:老年人取坐位,评估者将听诊器放置于老年人剑突与左肋弓之间,嘱老年人饮水一口,正常人在 8~10s 后可听到喷射性杂音,若有食管梗阻或运动障碍,则听不到声音或延迟出现,梗阻严重者甚至可将水呕出。此方法简单易行,可作为初步鉴别诊断食管有无梗阻的方法。

(2)反复唾液吞咽试验:老年人取坐位,或半坐卧位。评估者把手指放在老年人下额下方,嘱老年人尽量快速反复吞咽。喉结和舌骨随着吞咽运动越过手指向前上方移动,然后再复位,通过手指确

认这种上下运动,下降时即为吞咽的完成。口干老年人可在舌面沾少量水,观察 30s 内老年人反复吞咽的次数和喉上抬的幅度,检查时手指位置:示指—下颌骨下方;中指—舌骨;环指—甲状软骨 / 喉结;小指—环状软骨。检查 30s 内吞咽次数:老年人 >3 次即正常。喉上抬幅度:中指能触及喉结上下移动 2cm 为正常,<2cm 为异常。

吞咽功能正常的老年人可参与美食品鉴、品茗等活动;吞咽功能异常的老年人可结合自身情况参与其他常规活动。

3. 协调功能的评定　通常从交互动作、协同性、准确性三方面对其进行评估。常用试验有以下几项:

(1)指鼻试验:指鼻试验是老年人先将手臂伸直、外旋、外展,再以示指尖触自己的鼻尖,然后以不同的方向、速度、睁眼、闭眼重复进行,并两侧比较。

(2)轮替动作试验:轮替动作试验是交互动作障碍的评价方法。嘱老年人以前臂向前伸平并快速反复地做旋前旋后动作,或以一侧手快速连续拍打对侧手臂,或足跟着地以前脚掌敲击地面等。小脑共济失调的老年人这些动作笨拙,节律慢而不均,称轮替运动障碍。

(3)准确性测验:准备同心圆图案,最小直径 1cm,每圈之间的距离为 1cm。老年人手持铅笔,从垂直距离纸面 10cm 处,以每秒一点的速度向中心圆打点,共作 50s,双手分别进行,注意肘关节勿触桌面。将落在图中心同心圆 1~5 轨道中和图外不同区域的点数分别记录。

协调功能正常的老年人可参与趣味运动会及各类常规活动;协调功能异常的老年人可参与简单的桌游、身体协调锻炼活动,促进协调功能的建立,但应注意在活动过程中适时协助老年人,给予老年人参与的信心。

4. 平衡与步态功能的评估　平衡是指身体重心偏离稳定位置时,通过机体自发的、无意识的或反射性的活动以恢复其机体自身稳定的能力。一个人的平衡功能正常时,能够保持体位,完成各项日常生活活动,如跑、跳等复杂运动,在随意运动中调整姿势,安全有效地对外来干扰作出反应。主要应用的评估方法有平衡功能三级分法和平衡功能检查法。

三级分法将人体平衡分为坐位平衡和立位平衡两种状态,每一种体位下又都按照相同的标准分为三个级别进行评定。具体分级标准如下:

(1)一级平衡:属静态平衡,是指受试者在不需要任何帮助的情况下能维持所要求的体位(坐位或立位)。

(2)二级平衡:即自我动态平衡,是指被测试者能自我调整和控制身体稳定性的一种能力。并在一定范围内主动移动身体重心后仍然能维持其原来的体位。

(3)三级平衡:即他人动态平衡,是指被测试者在受到外力干扰而移动身体重心后仍能恢复和维持原来体位,以维持或建立新的平衡。

平衡功能检查法是用来检查前庭平衡功能是否正常的方法。检查平衡功能的方法很多,可将其大致分为静平衡和动平衡功能检查两大类。

(1)静平衡检查法

1)闭目直立试验:检查方法为老年人直立,两脚并拢,双上肢下垂,闭目直立,维持 30s,亦可两手于胸前互扣,并向两侧牵拉,评估者须观察老年人有无站立不稳或倾倒。老年人站立稳定,为前庭功能正常。异常结果:有前庭周围性病变时,表现为躯干倾倒方向朝向前庭破坏的一侧,与眼震慢相方向一致;中枢性病变时,症状表现为躯干倾倒方向与眼震慢相不一致。双足站立一直线上,足跟接足趾,闭目站 30s,称 Mann 试验。此法较双足并立敏感,老人不能单足站立时可用此法。

2)直立伸臂试验:老年人闭目直立,平伸双臂。如左侧前庭损伤,眼震慢相向左,头、躯干及上肢均向左扭转,左臂向下偏移、如掷铁饼姿势。

(2)动平衡检查法

1)行走试验:检查方法为老年人闭眼,向正前方行走 5 步,继之后退 5 步,前后行走 5 次。评估者观察老年人步态,并计算起点与终点之间的偏差角。当偏差角大于 90° 者,示两侧前庭功能有显著差异。或老年人闭目向前直线行走,迷路病变者偏向前庭功能弱的一侧。

2)垂直书写试验:请老年人端坐,左手放膝上,右手悬腕垂直书写文字一行,15~20cm。睁眼或闭眼各书写一次,两行并列。观察两行文字的偏离程度和偏离方向,偏斜 <5° 为正常,>10° 表示两侧前庭功能有差异。

3）过指试验:老年人与评估者相对端坐,评估者双手置于下方,伸出双示指,请老年人抬高双手,然后以评估者的双示指为目标,老年人用两手示指分别去碰触,测试时睁眼、闭眼各做数次,再判断结果。正常人无过指现象。迷路及小脑病变时出现过指现象。

步态是指老年人以其习惯的姿态及速度来回步行数次,评估者观察老年人步行时全身姿势是否协调、下肢各关节的姿位及动幅是否正常、速度及步幅是否匀称、上肢摆动是否自然等;其次嘱老年人作快速及慢速步行、坐下站起、缓慢地踏步或单足站立、闭眼站立等动作。对用拐杖的老年人应分别做用拐杖和不用拐杖的步态检查,了解老年人步态真实性。步态评估常使用 Tinetti 步态量表,其满分12 分,分值越低,表明步态异常的程度越大(表 2-2)。

表 2-2　Tinetti 步态量表

测试项目	评分项目	分数
1. 坐平衡	0:在椅子上倾斜或滑动 1:稳定,安全	
2. 起立测试	0:接到指令后必须有帮助才能起立 1:能自行起立,但需用臂辅助起立 2:不用臂辅助即能自行起立	
3. 试图起立	0:接到指令后必须有帮助才能起立 1:自己能起立,但需要 >1 次的尝试 2:能自行起立,一次成功	
4. 即刻站立平衡（开始 5s）	0:站立时不稳（摆架子、移动足、身体摇晃） 1:站立时稳,但需使用拐杖或其他辅助设施 2:站立稳,不需拐杖或其他辅助支持	
5. 站立平衡	0:不稳,不能保持平衡 1:稳,但两足距离增宽（足跟间距）10.16cm,使用拐杖或其他支持 2:两足间距基本正常,不需要支持	

平衡与步态功能正常的老年人,可结合自身情况参与老年人体育类活动;平衡与步态功能异常的老年人,可借助轮椅参与一些桌游或需要坐着进行的团体活动,注意把控活动的时间与强度,在活动中加强对老年人进行安全监护。

五、老年人活动需求评估的注意事项

（一）提供适宜的评估环境

评估环境应安静、舒适、光线柔和、温度适宜,并注意保护老年人的隐私。在对老年人进行活动需求评估时,选择合适的评估场地、营造舒适的评估环境,都能使老年人感到被重视,增加老年人对评估者的信任和评估专业性的认可,令老年人获得更优质的服务体验感,为评估者在评估过程中与老年人建立良好的关系打下基础。反之,如果不注重评估环境的选择与准备,容易让老年人产生怀疑,误认为评估太过随意,自己没有得到应有的尊重,评估者不具备专业性,老年人很可能不愿意配合评估。

（二）合理安排评估时长

老年人由于反应较慢,行动迟缓,思维能力下降,加之多病共存,评估时要有充足的时间与老年人及主要照护人（家属、照护员等）沟通、交流,尽量让老年人自己表述,而非他人代言。但应注意的是,时间充足并不代表评估时间越长越好,在评估时,评估者应根据评估的项目及老年人的实际情况,合理安排评估时间,既不能只求快速完成,也不能占用老年人太多休息时间,避免老年人出现疲倦、抵触现象。

（三）选择适当的评估方法

评估者可利用观察法、检查法、实验法等对老年人进行综合评估,问卷填写也是养老机构常用的评估方法。如遇到老年人个人情况或评估的项目比较特殊,评估者可提前与专业健康评估师、照护师、康复师等进行沟通协商,组建评估小组为老年人实施评估,切不可自以为是,或将老年人当成试验对象,盲目为老年人进行评估,以免造成老年人发生意外伤害事件。

（四）因人而异进行有效沟通

在与老年人沟通的过程中,评估者应特别注意,有些老年人因为自己社会角色、家庭地位的转变,容易出现孤僻、羞怯、猜疑、焦虑、自卑等不良心理体验,他们有的因为这些不良心理不愿参加活动,有的想参加却羞于表达和接受,评估者应在评估前对老年人的情况做到了然于心,针对性地对老年人进行心理评估与引导,打消老年人的疑虑,鼓励老年人积极参与活动,扩宽自己的交往圈子,重拾人生的自信,开启不一样的花样银发生活。

（五）注重沟通技巧的运用

评估者在对老年人进行评估时应尽量运用通俗易懂的语言,语速缓慢,语言清晰,注意停顿和重复,合理运用耐心倾听、触摸、拉近空间距离等沟通技巧,增进与老年人的情感交流,使收集到的信息更加真实、完整、准确。在评估中与老年人交流时,尽量选择坐位或蹲位,投以关注的目光、微笑的表情,以示对老年人的尊重。评估者可握住老年人的手,耐心倾听对方诉说,不时点头表示在认真听,适当地给老年人整理被子、梳理头发、递水杯、扶正老花镜。不可出现触摸老年人头部、面部等动作,以免让老年人感到不被尊重;避免让老年人抬头和评估者说话;相对而坐时避免跷二郎腿;避免称呼老年人为"老爷爷""老奶奶"等。

（六）评估内容与项目紧贴活动需求

若评估过程中,评估者对老年人进行评估的项目过多,偏离主题,容易让老年人对自己的身体状况失去自信,对参加活动望而却步,甚至怀疑评估者的用意是通过评估来收取不当费用或具有其他动机,故评估者对老年人进行评估的内容与项目必须与要开展的活动紧密相关,做到"不漏做、不多做"。不可占用老年人的时间将无关的项目也放进去评估,增加老年人的体力负担与疑惑心理。

（七）其他

如果面对的是特殊的老年人,如失语老年人,评估者应注意以下几个方面:

1. 使用标志性语言　对于神志清楚、听力正常的老年人,可以用语言为其讲解评估内容,指导老年人采用非语言行为来表达自己的感受和需要,如用手指指向某个部位,握紧拳头表示该处疼痛;竖起大拇指表示满意舒适;用手拍打臀部表示大小便;翻转手掌表示需要翻身等。应注意所使用的手势语应是老年人平时运用熟悉的,必要情况下可请老年人的主要照顾者(家属、照护员等)进行解说翻译,以免双方沟通出现差错。

2. 使用提示卡片　老年人可以使用写上简单语句的小卡片表达自己的情况,如"可自己如厕""旁人协助如厕"等。

3. 使用文字表达需要　对于有书写能力的老年人,评估者可为老年人准备写字板、笔,让老年人通过文字与评估者进行交流。

第二节　老年人活动调研方法与程序

导入情景

小刘刚到小镇敬老院参加工作,院内有 30 名老人,大多数都是留守老人,子女在外务工,很少回来看望他们,同时老人们文化水平较低,也不会用流行的通信设备和子女交流,所以都很孤独。小刘想给老人们一个惊喜,便悄悄策划了一次院内书法绘画鉴赏会,还邀请了当地小有名气的书画老师来和老人们交流,希望老人们可以在艺术的氛围中排解孤寂,开心生活。但到了活动当日,老人们看着活动室里挂满的书画作品和前来交流的书画老师,都毫无兴致地离开了,小刘很苦恼。

工作任务

1. 请说明进行老年人活动需求调研的必要性。
2. 请列举老年人活动调研的方法。
3. 请简述老年人活动调研程序。

老年人的活动多种多样，老年人的需求也各不相同。想策划组织一次好的活动，首先得了解所服务的老年人的活动需求，其次得考虑老年人的机体功能，做到让老人"想参加活动、能参加活动"。所以需要进行活动需求调研。

一、老年人活动调研方法

（一）问卷调查法

可用来获得定量的数据，也可用来获得定性的描述，通过调查、访问、谈话、问卷等方法搜集有关资料。

进行问卷调查时，应尽量让老年人自己进行答卷，如老年人因语言文字表达、理解等原因不能很好参与调查时，应由赡养人、照护人代言，但注意切不可主观臆断老年人的想法，完全替老年人回答。

（二）访谈法

常规的访谈主要指面谈和电话访谈，但随着网络时代的发展，很多老年人无论是居家养老还是在养老机构生活，都能够接触、学习到当今流行的电子通信设备，故访谈的方式呈现多样化，如通过视频电话、微信语音和视频等方式进行。

访谈应根据老年人的具体情况以不同方式进行。如文化程度较低、自理能力较差、性格内向的老年人，更适合在安静、安全感高的环境中进行单人访谈；兴趣爱好广泛、健康活力、个性开朗的老年人，更喜欢进行团体访谈。

二、老年人活动调研程序

（一）了解调研背景

了解调研背景，是进行老年人活动调研的基础，它为之后所有的调研程序的进行提供了可行性的依据。

（二）确定调研方法

选取适合的调研方法，并展开调研。如需要使用问卷调查，则应制做好问卷，有针对性地进行问卷发放。

（三）收集、整理资料

将调研的资料收集、整理，了解老年人对活动的需求。

（四）拟定活动策划书

根据资料撰写活动策划书。

（五）进行评估工作

对老年人展开健康评估，选定参与活动的老年人。

（六）活动准备

确定活动人数，选择并布置场地、设备，做好人员安排及预案。

（七）活动开展

按照计划开展活动，在活动中灵活应对出现的问题。

（八）活动反思

活动后收集参与者的意见，召开小组会议，总结反思本次活动，促进下一次活动的有利开展。

（林婉玉 薛 瑶）

第三章　老年人活动的策划及现场管理

第三章
数字内容

学习目标

1. 掌握老年人活动策划方案、活动公告和邀请函撰写的基本要求。
2. 熟悉老年人活动的场地、时间、人员及危机管理。
3. 了解老年人活动策划方案的注意事项。
4. 学会撰写老年人活动策划方案、活动公告和邀请函。
5. 具有较高的职业素养,爱岗敬业,尊重、关心老年人。

　　尊老敬老是中华民族的传统美德,是我们每个从事养老服务的工作人员都应该拥有的美好品质。老年人曾经是世界的创造者,他们饱经沧桑,经历了世事变迁,积累了丰富的经验,为社会创造了大量的财富。但是人到老年,由于离开了几十年的社会工作环境回归家庭,侧重点发生了变化,生活的目标也发生了转移;同时,生活方式和习惯的改变、社会及家庭地位的下降;再加上身体各系统生理功能的衰退,健康状况每况愈下,对他们的心理会产生极大的影响,容易出现失落、孤独、无助、焦虑、漂泊感等不良情绪。因此,需要从事老年保健与管理的工作人员加大对老年人群体的重视,以着力改善老年人生活质量为出发点,充分挖掘老年人各方面的潜质,根据他们的身心特点和需求,组织策划一些有益于老年人身心健康的活动。通过活动让他们真正感受到国家及社会的关爱和温暖,解除其心理压抑和孤独感,提高老年人参与社会的积极性,激发老年人关爱自己、关爱健康的自我保健意识,提升老年人的获得感和幸福感。

第一节　老年人活动的策划

一、撰写老年人活动的策划方案

导入情景

　　××养老院是当地公建民营养老示范园,设置床位500张,目前收住长者284人。养老院引进"医养结合"的先进康养模式,为长者提供生活照料、膳食照料、医疗照料和精神照料等一体化服务,以保障老人衣食住行都能得到周全、贴心的照护。现在,又到了一年一度的重阳节,养老院协同×××市电视台、×××区义工组织、×××街道办事处及社区卫生服务中心、×××学院老年人保健与管理系等,计划给本院长者举办一次"重温热情岁月,唱响老年生活"的文化娱乐活动,以激发老年人对生活的热

情,感受社会的关爱,弘扬祖国人民敬老爱老的优秀传统。

工作任务

1. 请结合案例,给养老院撰写一份有温度的活动策划方案。

2. 请给参加活动的单位和个人撰写活动公告和邀请函。

3. 如何做好本次活动的宣传和推广。

老年人活动策划方案是对老年人活动组织行为的一种预先策划,是人们为了达成某种特定的目标,进行精心设计和安排的过程。撰写老年人活动策划方案应遵循老年人活动策划的原则和科学创新理念。策划原则是老年人活动策划的指针和纲领,它包括科学原则、系统原则、可行原则、协调原则、资源原则和参与原则。依据科学创新理念和方法,强调老年人活动的整体性、全局性及效益性,并从老年人实际情况出发(如活动对象的性别、年龄、体能、智能等方面的特点),从内容和形式上撰写具有前瞻性、吸引力和切实可行的策划方案。另外,老年人活动策划方案还要关注活动主题与主办机构的意愿、活动形式与内容、活动组织人员之间的协作等,并有效地运用可用资源,量力而行;同时还要充分考虑老年人的参与性和互动性的设计,给更多的老年人提供参与活动的机会,提高他们参与活动的兴趣和积极性。理念是老年人活动策划的灵魂,它的形成基于策划组织人员对老年人身体和心理的深刻了解,基于对中国传统文化的准确把握,以"以人为本"和"和谐理念"为核心,运用科学方法和沟通艺术,撰写出一份体现本地文化和风土人情的老年人喜欢的活动策划书。

撰写老年人活动策划方案要在调查、分析材料的基础上,根据本次活动的目的和宗旨,详细评估老年人对活动的需求,了解他们的身体功能、智能精神及活动能力等,以确定最安全、最舒适、最适宜的活动方式和内容,并对活动的每个环节进行详细分析、研究,要做到运筹帷幄,未雨绸缪,既注重对整个活动的宏观调控,又注意活动细节的微观调节,以保证活动的顺利、圆满进行。撰写老年人活动策划方案目前没有完全统一的写作格式,但是,一份完整的活动策划方案其基本要素大致相同,撰写人可以根据实际活动内容灵活把握。

(一)活动策划方案的标题

活动策划方案的标题是对老年人活动内容的高度概括,应具有深层诠释本次活动意义的作用。俗话说:"读书读皮,看报看题",标题应先声夺人,引人入胜,要想让读者一见钟情,就要在标题中增加有效信息和趣味性,把最重要的、最能吸引眼球的、反映最新或本质的关键词放在标题的前面。标题不要太复杂,应具体、清晰,简单明了,朗朗上口。一个好的标题,可以起到大众传播性和延时性。活动策划方案标题的主要表现形式有以下四种:

1. 主标题+副标题 主标题是活动策划方案的大标题,用来提出活动的中心或主旨,主标题应居中书写,字号稍大于正文。副标题一般是对具体活动内容的补充说明,应在大标题下面。正常情况下,要在大标题第三个字下开始写破折号,中间不空行,所用字体也应区别于主标题。如"情暖金秋,爱在重阳——×××医院重阳节大型义诊活动"。

2. 基本部分+限定部分 基本部分表述的是本次活动的性质和类型,限定部分主要说明活动的时间、地点、人员、规模等,如"中国首届老年人运动会策划方案",其中"老年人"和"运动会"是基本部分,"中国"和"首届"是限定部分。通过活动的名称我们就可以了解活动的基本内容和基本方向。

3. 事由+文种 事由指的是事情的原委、来由,即本次活动的内容;文种指的是某种活动的性质、类型或用途。如"爱老敬老明星评选活动策划方案""老年心理健康知识宣传活动策划方案"。

4. 事由+文种+活动组织主体 活动组织主体指的是在特定环境中为了有效地实现共同目标和任务,确定组织成员、任务及各项活动之间的关系,对资源进行合理配置的过程。作为××活动组织,能够使个体的力量得以汇集、融合和放大,以体现组织的功用。如某市"庆重阳·夕阳美"老年人优秀文体节目展演暨"百城千村"健身交流活动策划方案;××市老年志愿者开展"创建文明城市骑行宣传和保洁"活动策划方案等。

(二)活动策划的背景

背景应根据策划书的特点在以下项目中选取重点内容进行阐述,具体项目有:基本情况简介、活动开展的原因、组织策划部门、活动的对象及现状、当地的习俗文化、社会影响力及相关的目的动机等;其次应说明问题的环境特征,主要考虑环境的内在优势、劣势、外在机会及威胁等因素,对其做好全面的分析(SWOT分析法),将重点放在环境分析的各项因素上,对过去和现在的情况进行详细的描述,并通过对情况的预测制订策划书。如环境不明,则应该通过调查研究等方式进行分析并加以补充。

（三）活动策划的目的及意义

活动的目的及意义主要是活动组织策划者计划通过本次活动要解决什么样的问题? 希望活动对象在参加这次活动后能有什么样的行动? 活动目的及意义的阐述应用简洁明了的语言表述清楚,在陈述目的要点时,本次活动的核心构成或策划的独到之处及由此产生的意义都应该明确写出,层次清晰,文笔生动。

（四）活动策划的主题

活动的主题是举办本次活动的中心思想,应根据活动的背景情况、开展活动的内容、活动的目的及意义合理设置。活动的主题要独特新颖,有鲜明的个性,能突出本次活动的特色;主题描述要形象,语言简明扼要,词句能打动人心,应具有强烈的感召力。如"让爱飞翔"作为母亲节"感恩母亲"活动的主题;"把爱大声唱出来"作为"重温热情岁月,唱响老年生活"活动的主题。

（五）活动策划的举办机构

举办机构是指负责活动的组织、策划、服务及其他事宜的有关单位,可以是企业、行业协会、政府部门和新闻媒体等,一般有主办单位、承办单位、协办单位、支持单位、赞助单位等。从顺序上应该是先主办单位,再承办单位和协办单位,最后把所有参与的单位按参与度的大小全部写上去,以显示主办单位对各单位支持的重视和感谢。

（六）活动策划的组织领导

重大活动一般都要成立组委会,设正、副主任职位。组委会主任一般是由主办单位的领导担任,承办单位的领导担任组委会副主任。有些活动主办单位只是挂名,主要的组织工作是由承办单位负责,因此在设组委会的同时还要设一个筹委会,这种情况下,筹委会主任应该是由承办单位的主要负责人担任,副主任由承办单位的其他负责人担任。有的活动还会设特邀顾问,特邀顾问一般是社会名流或德高望重的行业领导,在名次安排上特邀顾问一般安排在组委会领导之前。活动的组委会和筹委会下面还可设立若干个部门,部门和人员分工要明确,避免出现相互推脱的现象;另外各部门尽量安排在一起办公,以方便工作的交流与协调。

（七）活动策划的服务对象

在活动策划时要充分考虑活动参与对象的情况,如居住区域特点、年龄、性别、身心状况、特长、兴趣爱好及需求等方面的因素,根据当地的风俗习惯和文化背景,把文化的多样性和丰富性通过各具特色的本地文化习俗表现出来,以求形象生动,印象深刻。

（八）活动策划的规模

活动规模的界定包括三个方面:一是活动影响面和覆盖面;二是举办活动的场馆面积;三是所有参与活动对象的人数及特点。对以上问题,我们在做策划方案时都需要作出准确的预测和规划。

（九）活动策划的地点

老年人活动的地点应选择交通方便、安静、安全、有醒目标志的地方。活动策划方案应写清楚整个活动的具体地址,包括报到地点和举办活动的地点,如果有分项活动,还需要说明分项活动会场的地点。交通方面需注明乘坐飞机、出租车、公交、地铁,或步行等不同交通工具的路线和到达报到地点可能需要的时间,同时附上详细的交通图。

（十）活动策划的时间

在策划活动时间上要注明本次活动的开始和结束的时间,如果有分项活动,还需注明分项活动的具体时间。时间记录包括年月日,缺一不可。

（十一）活动进度的安排

活动进度安排作为策划方案的主体部分,要力求表现方式简洁、内容详尽、语言通俗易懂。活动进度的安排主要包括活动流程的进度安排、奖项设置、时间设定、人员的组织分工等。活动流程进度应涵盖从活动策划到实施的全部过程的时间,何年、何月、何日、何时的各个项目安排都要在流程进度表上标识出来,特别需要提醒的是,在活动总时间安排上要留有余地,具有可操作性,以防意外事件发

生时的应急处理。另外,涉及奖项的评定标准、活动规则的内容可选择以附录的形式出现字表达,也可适当加入图标。

（十二）活动经费的预算

活动经费预算是指为达到活动目标而对实施活动所需要的所有费用的估计、预算编制和成本控制等方面的策划管理活动。经费的预算既要有科学性,还要具备一定的灵活性。整个活动所产生的各项费用应根据实际情况进行具体、周密的计算,并注明各项活动经费收支,以清晰明了的形式列出,以供主办单位了解本次活动所需要的经费的范围。在此项需要注意的是,尽量把各种费用控制在合理的支出范围之内,以便获得最优的效益。

（十三）活动宣传推广

宣传推广是为老年人活动的筹备和举办服务的。在做宣传策划书时,要抓住活动本身的亮点或优势,再进行针对性的包装,通过微信、广播、视频、平面海报、正式文件等形式进行广泛宣传,以扩大活动的影响力。

（十四）活动的风险评估

活动的风险评估必不可少,对可能遭遇的经济风险、政策风险、自然风险、安全风险、不可抗力的风险等预先考虑,当活动出现风险时,除有明确的规避风险的意见外,还要做好各种风险的应急预案。并预估损失的概率是多少,造成的损失有多大等也应在策划书中加以说明。

（十五）活动策划方案的落款

活动策划方案的落款有策划人的单位、姓名及文本形成的时间。

（十六）活动策划方案的附件

活动策划方案的附件主要是随策划方案一起呈送的附属文件,包括预测策划前景的相关资料及相关的批文、批示、支持策划的权威性、可行性的系统材料,附件应注明序号,以便核对,如附件1~3所示。

附件1　活动需求评估及知会单

床号：　　　　　　个案姓名：　　　　　　性别：
进住日期：＿＿＿年＿＿月＿＿日　评估日期：＿＿＿年＿＿月＿＿日　宗教：
教育程度：　　　　婚姻状况：　　　　职业：
文化背景：□省内　□省外　□华侨　□其他
沟通方式：□普通话　□地方语言　□英语　□其他
喜好：
专长：
疾病史：□心脏病　□糖尿病　□抑郁症　□认知障碍症＿＿＿度　□限食
视觉：□正常　□有障碍　　听觉：□正常　□有障碍
嗅觉：□正常　□有障碍　　触觉：□正常　□有障碍
味觉：□正常　□有障碍　　幻觉：
睡眠情形：＿＿＿＿＿＿＿＿　妄想：
抗精神药物使用：
简易智能：MMSE＿＿＿＿分,说明

认知活动功能

意识力：□集中　□易分散　□不清	定向感：□正常　□障碍（□人　□时　□地）
理解力：□正常　□缺损	记忆力：□正常　□缺损（□长期　□短期）
动作计划：□正常　□缺损	空间关系：□正常　□缺损
解决问题：□佳　□尚可　□差	表达：□可以表达　□无法完整表达

日常生活功能：肢体障碍：＿＿＿＿＿＿辅具

进食 分	移位 分	梳洗打扮 分	穿脱衣物 分
行动能力 分	上下楼梯 分	上厕所 分	洗澡 分
大便控制 分	小便控制 分	Barthel 指数总计 分	
□ 0~59分：严重	□ 60~79分：中度	□ 80分以上：轻度	

心理社会功能：家人关系、情绪等

精神活动功能

情绪	□正常 □淡漠 □焦虑不安 □抱怨激动 □忧郁、哀伤 □失控 □其他
行为	□内容＿＿＿＿＿＿＿＿＿＿＿＿＿＿＿＿＿ □频率 次/d
人际	□主动与人互动 □热络与人互动 □被动式互动 □对招呼没反应 □疏离 □退缩 □拒绝 □其他
自我	□欣赏自己 □低自尊自怜 □缺乏自信 □责备自己 □无法测知 其他 说明

活动目标

短期目标：	中长目标：

预计活动项目

文康休闲活动： □体能活动 □兴趣小组 □宗教活动 □个人才艺 □其他	治疗性团体： □认知训练 □感官刺激 □怀旧团体 □现实导向	重症区活动： □ □ □

知会协作小组

护理组		主责护士： 护理长：
社工组		主责社工： 社工组长：
康复组		组长：

主任批示＿＿＿＿＿＿＿＿＿＿＿＿＿＿＿＿ 评估者：

附件 2　老年人活动签到表

×××活动签到表

_____年_____月_____日

姓名	性别	年龄 / 岁	身体状况	电话	长者签名	陪同者签名

附件 3　老年人活动满意度调查表

尊敬的长者:
为了提高活动组织质量,增进大家的了解和感情,现对此次活动进行满意度调查,希望您能认真、翔实地填写该调查表。在此,感谢您对我们工作的支持,同时为耽误您的宝贵时间表示歉意!

请您在以下的选项中选择一个正确答案,并在此选项上打√

1. 您对本次活动的评价是	A 非常满意	B 满意	C 尚可	D 不满意
2. 您对这次整个活动的满意度是	A 非常满意	B 满意	C 尚可	D 不满意
3. 您对这次活动信息的公布与宣传是	A 非常满意	R 满意	C 尚可	D 不满意
4. 您对这次活动时间的安排是	A 非常满意	B 满意	C 尚可	D 不满意
5. 您对这次活动场地的安排是	A 非常满意	B 满意	C 尚可	D 不满意
6. 您对这次活动过程的气氛和秩序是	A 非常满意	B 满意	C 尚可	D 不满意
7. 您对这次活动饮食的式样、质和量是	A 非常满意	B 满意	C 尚可	D 不满意
8. 您对这次活动的组织策划是	A 非常满意	B 满意	C 尚可	D 不满意
9. 您对这次活动工作人员的服务是	A 非常满意	B 满意	C 尚可	D 不满意
10. 您对这次活动安排的项目是	A 非常满意	B 满意	C 尚可	D 不满意
11. 您对礼物或奖品(式样、质、量)是	A 非常满意	B 满意	C 尚可	D 不满意
12. 您对这次活动参与情形的感觉是	A 非常满意	B 满意	C 尚可	D 不满意
13. 您对这次活动照片的呈现方式是	A 非常满意	B 满意	C 尚可	D 不满意

续表

14. 您对此次活动是否满意? 若不满意,具体不满意的地方有哪些? 请提出您的建设性意见。
15. 通过本次活动,您有哪些收获?
16. 您更希望参与哪种类型的活动?(可多选) 运动方面: □高尔夫　□登山　□垂钓　□羽毛球　□瑜伽　□太极拳　□乒乓球　□散步　□跳舞　□美容美体 □其他 文化方面: □书法/绘画　□茶艺　□唱歌　□乐器　□棋牌　□公益活动　□家庭亲子　□时尚派对　□智能科技讲座　□法律常识讲座　□健康讲座　□其他

填表日期: _____年_____月_____日

活动策划方案的撰写内容及要求见图3-1。

本策划书只提供了活动策划应当具备的基本骨架,具体要求应根据举办活动的不同内容和不同形式灵活设计。小型策划书可以直接填充;大型策划书可以不拘泥于表格,自行设计,力求内容详尽、页面美观;策划书封面的制作力求简单;策划书可以进行包装,如用设计的徽标做页眉,图文并茂等;一个大型的策划书,可以有若干个子策划书;如有附件可以附于策划书后面,也可单独装订;策划书需从纸张的长边装订。总之,一份完美的策划书除具备上述要素外,还应有创新性和个性风格。

知识链接

如何设计一份有温度的策划书?

策划书其实就是一个活动的计划书,是实现活动目标的航标,是展现给活动参与者的文字语言。如何把一份冰冷、枯燥的策划书撰写成有温度、有情感的策划书呢?

1. 文字和语言　一滴墨激起千层浪,一支笔点亮千盏灯。让手中的笔墨激活文字,用生命的文字传递亲情。文字和语言不仅仅是心的"声音",还是爱的使者和化身。在设计策划书时,我们要选用柔和、细腻、优美、动听的文字和语言来营造温馨的环境,让智慧、温暖的文字语言缓缓流入长者的心田,使他们有被温情簇拥的感觉。

2. 长者元素的运用　整个策划书可以从多方面体现长者元素,尤其是与活动主题相关的长者元素,如策划书可使用长者元素的背景图片、水印等。

3. 立体书　可以选择视觉冲击感较强的立体书,起到视线引导的作用。一份新颖、充满活力,并且色彩对比相对较大的立体策划书呈现在长者面前时,让他们有眼前一亮的感觉。

4. 选取一个有故事的主题　策划书的内容方面以一个温暖的故事作为主线,娓娓道出青春的璀璨和岁月的沧桑,抒发长者对往昔的思念,激发他们对美好生活的向往。

活动策划方案

标题 —— 活动内容的高度概括，先声夺人，引人入胜

背景 —— 活动开展的依据、动机

目的及意义 —— 通过活动要解决什么样的问题及产生的社会效果

主题 —— 活动的中心思想，简明扼要，突出特色，有强烈的号召力

举办机构 —— 负责活动的有关单位

组织领导 —— 组织活动的领导，包括正、副主任

服务对象 —— 参与活动的对象

规模 —— 活动影响面和覆盖面，场馆的面积，活动对象的人数及特点

地点 —— 交通方便，安静，安全，有醒目标志

时间 —— 开始和结束时间，年月日写全

活动进度安排 —— 流程进度安排，奖项设置，时间设定，人员的组织分工

经费预算 —— 费用的估计，预算编制和成本控制

宣传计划 —— 货真价实的包装，通过微信、广播、视频、海报、正式文件等形式进行宣传

风险评估 —— 经济风险，政策风险，自然风险，安全风险，不可抗力的风险及应激方案

落款 —— 策划人的单位、姓名及文本形成的时间

附件 —— 附属文件

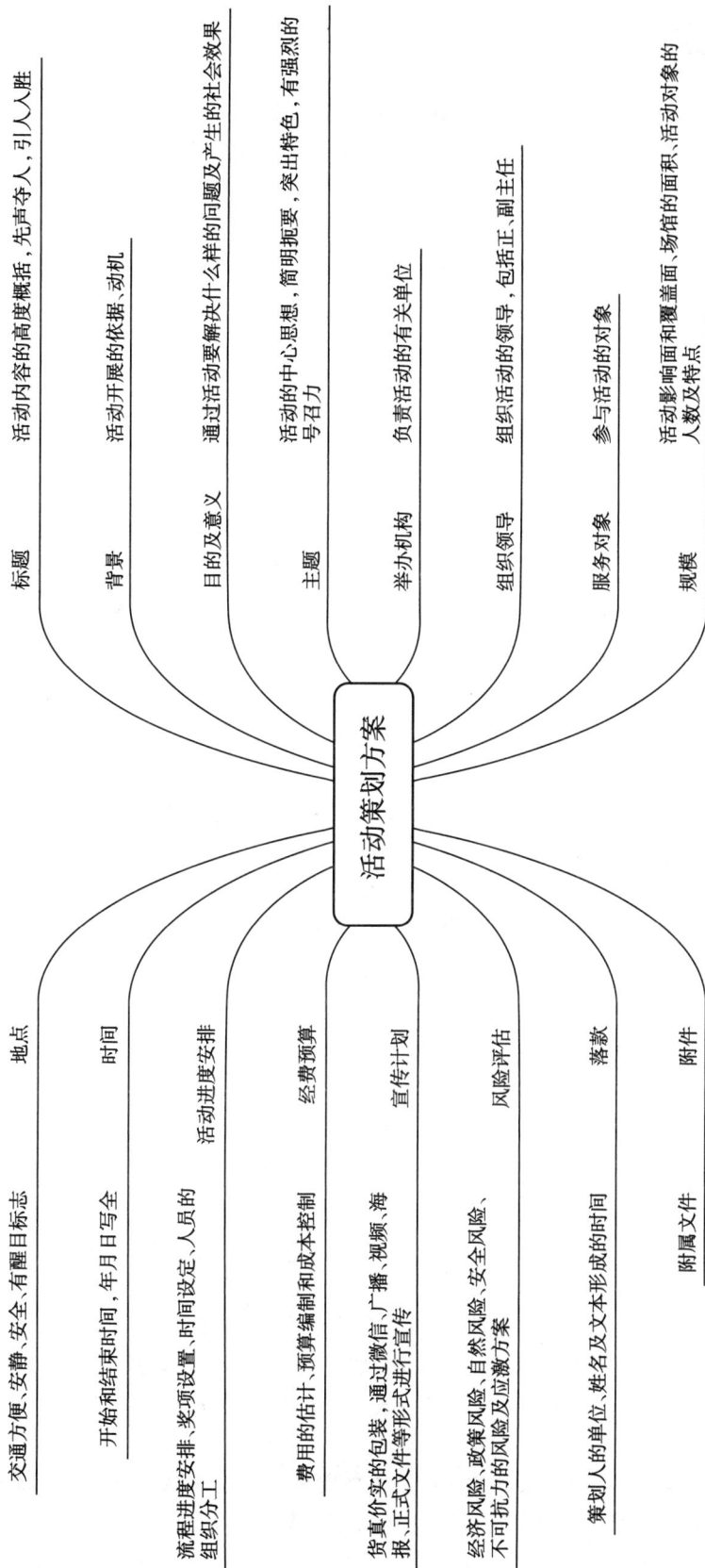

图3-1 策划方案的撰写内容及要求

二、撰写老年人活动的海报和邀请函

导入情景

×××社区居民免费体检通知

我中心定于××××年××月××日开始为本辖区内65岁以上老年人推出一系列的免费体检活动。

体检项目包括：血糖、血脂（甘油三酯、胆固醇、高密度脂蛋白、低密度脂蛋白）、肝功能（谷丙转氨酶、谷草转氨酶、总胆红素）、肾功能（尿素氮、肌酐）、血常规、尿常规、空腹B超（肝、胆、脾、胰）、心电图、肺脏X线检查。

体检时间安排：

周一至周五：早上8：00—10：00。

温馨提示：1. 体检时需空腹8小时以上。

2. 体检必须携带身份证。

3. 此活动只针对本辖区居民。

×××社区卫生服务中心
××××年××月××日

工作任务

1. 结合案例，为社区卫生服务中心制作一份65岁以上居民免费体检的精美海报。

2. 制作本次活动的海报时需要注意哪些细节？

（一）活动海报

活动是由共同目的联合起来并完成一定社会职能的动作的总和，活动由目的、动机、动作和共同性构成，具有完整的结构系统。海报是向公众报道或介绍有关戏剧、电影、文艺表演、体育比赛、报告会及展览会等使用的一种应用文书，举办活动前需要发布活动海报，告知人们本次活动事项，如活动时间、地点、内容、时长、参与方式及适宜人群等，目的是通知相关人员来参加活动。活动海报的撰写比较灵活，其基本要素包括三个方面：标题、正文和结尾。

1. 标题

（1）在正文上书写"海报"二字，字体大而醒目，以吸引人们的注意。

（2）标题的位置可根据排版设计摆放。

（3）海报标题的写法有五种形式

1）用主办单位的名称＋事项＋文种组成，如：×××养老院九九重阳节"重温热情岁月，唱响老年生活"活动海报。

2）用主办单位的名称＋文种组成，如：×××养老院"重温热情岁月，唱响老年生活"活动海报。

3）用文种作标题，直接写上"海报"即可，如："重温热情岁月，唱响老年生活"活动海报。

4）用主办单位的名称作标题，直接写上"海报"如："×××养老院"活动海报。

5）直接书写活动内容，如"老年朋友以舞会友"海报、"春季如何预防呼吸道疾病的感染"海报等。

总之，要尽量选择能吸引人们对活动的内容发生兴趣的标题，也有的在正标题前加几句概括活动目的和意义、说明活动宗旨、精彩程度的话作眉题，以渲染气氛，调动人们的参与热情。

2. 正文 海报的正文要用简洁的文字写清楚活动的内容、时间、地点、时长、参与方式和注意事项等。为增加海报的吸引力，在介绍内容时，语言设置可有一定的鼓动性，也可配置形象、生动的图案，以扩大宣传效果。其形式如下：

（1）一段式：该表述方式常用于项目较少的活动,一段成文,简洁明了,通常只用三言两语就可概括活动的内容和形式。例如"××××年××月××日14：00—16：00,我院将举办老年趣味运动会,欢迎各位长者踊跃参加和观赛"。

（2）项目排列式：此表述方式适用于内容较多的活动,撰写海报正文时,把活动的多个项目按时间顺序排列成文。例如：迎新春活动海报正文"万象更新迎新春,欢欣鼓舞献爱心"活动的内容有：

1）"干干净净迎春节",安排项目有：力所能及地整理房间卫生、整理个人卫生。时间：农历腊月26—28日。

2）"欢欢喜喜送祝福",安排项目有：慰问长者、写春联和贴春联。时间：农历腊月29—30日。

3）"恭恭敬敬拜大年",安排项目有：集体拜年、到房间给行动不便的长者拜年。时间：正月初一。

4）"快快乐乐秀才艺",安排项目有：集体大合唱、戏曲联唱、象棋比赛、书法绘画展、套圈小型娱乐活动等。时间：正月初二。

5）"热热闹闹猜谜语",安排的项目有：猜字、猜植物、猜动物、猜人物、猜用物、猜自然现象等;谜面有图谜和字谜,以适用于不同文化层次的人。时间：元宵节。

（3）附加标语式：有的海报在正文首或正文末加上排列整齐的标语,起到画龙点睛的作用。如："拿出真诚,以心换心;心中有爱,处处是家""忍为贵,和为善""播散微笑,收获真情""诚心待人,心心相印""撒播爱心种子,传递健康理念"等,配上这类标语之后,起到渲染吸引作用,但切忌哗众取宠,招摇撞骗。

3. 结尾　结尾的内容有主办单位、海报的制作时间等。如果主办单位名称已在标题中出现,在落款处可以不写,只写年、月、日。

一份优秀的海报能深深地吸引众人的目光,其中一个非常重要的原因是版面处理得好。构图是设计海报的骨架,是每个活动海报策划人员必须面对并掌握的一项基本技能,要想让海报出彩,必须在构图上下功夫。下面介绍几种常用的构图形式：①对称式构图：具有平衡、稳定、前后及左右相呼应的特点,有动态对称和静态对称两种形式。②倾斜式构图：利用斜线指向特定的物体,给人不稳定感,同时又充满活力,富有视觉冲击力。③S形构图：物体以S的形状从前景向中景和后景延伸,特点是画面比较生动,富有空间感。④压角式构图：主体文字在版面中呈现压住四角的排版形式,突出中心主体,画面看起来更加稳固。⑤居中式构图：是最常见的一种形式,能够突出主体,又赋予画面稳定感。⑥三分法构图：又称井字法构图,井字的四个交叉点是主体的最佳位置,使主体自然成为视觉中心,具有突出主体并使画面趋向均衡的特点。⑦散点式构图：将指定数量的主体散落在画面当中,为防止散乱,宜用隐形结构线将各个"点"暗连起来,使之相互呼应,形成内在联系。制作活动海报时,应根据具体内容和活动方式灵活运用,让海报更具艺术性和欣赏性。

（二）活动邀请函

邀请函是邀请亲朋好友、领导、专家或知名人士等参加某项活动时所发的请约性书信。它是现实生活中常用的一种日常应用写作文种。在国际交往以及日常的各种社交活动中,这类书信使用广泛。邀请函一般结构包括标题、称谓、正文、落款四部分。

1. 邀请函格式要求

（1）标题：由礼仪活动名称和文种名组成,还可包括个性化的活动主题标语,用大字书写的"请柬"两字,在第一行中间或者占用一页,当作封面。如"感恩母爱,让爱飞翔"活动邀请函、"因为有她——家倍幸福"母亲节活动邀请函、"妈妈是爱的代言人"活动邀请函等。

（2）称谓：即被邀请者的单位名称或者姓名,另起一行或一页顶格书写,姓名之后写上职务、职称等,如"尊敬的×××先生/女士"或"尊敬的×××总经理（局长）""尊敬的×××教授"等。

（3）正文：邀请函的正文是指活动主办方正式告知被邀请方举办本次活动的缘由、目的、事项及要求,写明活动的日程安排、时间、地点,并对被邀请方发出得体、诚挚的邀请。开头部分用"特邀请您出席或者列席"照应称呼,再用过渡句转入下文;主体部分可采用序号加小标题的形式写明具体事项,最后写明联系方式。正文结尾一般要写常用的邀请惯用语,如"敬请光临""欢迎光临""敬请届时光

临"等。

（4）落款：要写明活动主办单位的全称与发函日期并盖章，发函日期写明具体的年、月、日。

2. 常见的邀请函类型

（1）商务会议邀请函：商务邀请函是商务活动主办方为了郑重邀请其合作伙伴（投资人、材料供应方、营销渠道商、运输服务合作者、政府部门负责人、新闻媒体朋友等）参加其举行的庆典、会议及各种礼仪活动而制作的书面函件。它体现了活动主办方的礼仪愿望和友好盛情；反映了商务活动中的人际社交关系。企业可根据商务礼仪活动的目的自行撰写具有企业文化特色的邀请函。

（2）会议邀请函：会议邀请函是专门用于邀请特定单位或人士参加会议，具有礼仪和告知双重作用的会议文书。请看例文：

尊敬的××先生／女士：

您好！

我们很荣幸地邀请您参加将于××××年××月××日在×××举办的×××会议。本次会议的主题是：×××。

真诚地期待着您的支持和参与！

×××× 年 ×× 月 ×× 日

（3）其他类型邀请函：邀请函的类型很多，比如：单位邀请函、个人邀请函，普通邀请函、正式邀请函等，但基本格式大同小异，可根据活动内容、方式及被邀请者身份准确撰写。

3. 撰写邀请函的注意事项

（1）邀请函的设计要美观大方，不可用书信纸或单位的信函纸草草了事，而应用红纸或特制的请束填写。所用语言应恳切、热诚，文字须准确、简练、文雅。

（2）邀请函的发送对象有三类情况：①发送到单位的邀请函应当写单位名称。由于邀请函是一个礼仪性文书，称呼中要用单称的写法，不宜用泛称（统称），以示礼貌和尊重。②邀请函直接发给个人的，应当写个人姓名，前冠"尊敬的"敬语词，后缀"先生""女士""同志"等。③网上或报刊上公开发表的邀请函，由于对象不确定，可省略称呼，用"您"或以"敬启者"通称。

（3）"邀请函"三字是完整的文种名称，与公文中的"函"是两种不同的文种，因此不宜省略写成"关于邀请您出席×××会议的函"，而正确写法为"关于邀请您出席×××会议的邀请函"。

（4）被邀请者的姓名应写全，不应写绰号或别名，以示尊重；在两个姓名之间应该写上"暨"或"和"，不用顿号或逗号。

（5）写明举办活动的地点和举办活动的具体日期：如：××××年××月××日（星期×）。

实训 3-1 撰写老年人运动会的活动策划方案、邀请函及海报

河南省×××市×××养老院计划在××××年××月××日九点举办"我健康，我快乐，运动伴我行"快步走老年运动会。请您撰写活动策划方案和活动邀请函；并制作一份精美的运动会海报。

【实训目的】

1. 掌握撰写老年人活动策划方案和邀请函的基本要求。

2. 学会撰写老年人活动策划方案和邀请函，并自己独立完成本次活动海报的设计与制作。

【实训学时】

2学时。

【实训步骤】

（一）撰写老年人运动会策划方案

1. 活动主题　主标题为"我健康，我快乐，运动伴我行"，副标题为"×××养老院老年趣味运动会"。

2. 活动背景　尊老敬老是中华民族的传统美德，随着社会老龄化的日益加剧，空巢老年人越来越多，儿女工作繁忙，无暇顾及老年人的精神与生活，因此养老院、敬老院等成为了老年人欢度晚年的场所。老年人离开自己熟悉的生活和工作环境，离开熟悉的邻居、同事、朋友和家人，到陌生的环境和陌

生的人相聚,难免会产生孤独、寂寞、抑郁等不适,面对这种情况,养老院工作人员为丰富老年人精神文化生活,促进老年人之间更好地交流与了解,计划举办"我健康、我快乐、运动伴我行"为主题的春季趣味运动会。

3. 活动目的与意义　通过本次活动,一是让老年人真正享受到体育运动带来的健康和快乐,增强老年人自我效能感和面对生活的信心;二是增进老年人之间的友谊,互帮互助,携手共进;三是呼吁社会上更多人来关注老年人群体,敬老爱老,让他们时时刻刻能够感受到社会给予的关爱;四是建立支持网络,提升老年人人际交往的能力,使老年人之间在生活和精神上获得相互的支持和帮助。真正实现"老有所养,老有所为,老有所乐",达到锻炼身体、愉悦精神、陶冶情操、交流思想的目的。

4. 活动参与对象　河南省×××市×××养老院入住的所有老年人,采取自愿报名、工作人员积极动员后报名的方式进行,报名人数为46人。工作人员16名,医务人员2名。

5. 活动项目介绍

（1）个人赛

1）穿针引线。

2）投掷飞镖。

3）投掷羽毛球。

（2）团体赛

1）你来比划我来猜。

2）赶猪进栏。

6. 比赛规则

（1）个人赛

1）穿针引线:在规定时间(30s)内将针穿在红线上,按穿在线上的针的数量的多少为准,穿针数最多者获胜。

2）投掷飞镖:在规定时间内(1min)每个老人最多投掷5镖;参赛老人需站在离镖靶2m处的红粗线外进行投掷;镖靶最内圈的红心为10分,绿圈8分,黄圈6分,蓝圈4分;累积分数最高的为获胜者。

3）投掷羽毛球:将A、B、C个纸篓分别放置在距投掷红线1m、2m、3m处,每个参赛老人投掷5个羽毛球,投进A篓中的一个羽毛球10分,投进B篓中的一个羽毛球20分,投进C篓中的一个羽毛球30分,累积分数最高者获胜。

（2）团体赛

1）赶篮球进栏接力赛:在30m直线跑道上进行比赛。每组有2位老人组成,两位参赛选手A和B分别站在规定跑道的起点和终点处,由A用羽毛球拍先把篮球赶向终点,再由站在终点处的B将篮球赶回起点,以用时最少者获胜。赶篮球途中,篮球赶出跑道或用手脚帮忙,均不计分。

2）你来比画我来猜:每组由2位老人组成,自愿结合。比赛时工作人员亮出词条的内容,一位老人比画,另一位老人猜。在猜词游戏中,比画者以说出词条中包含的任何字为违规,该词条作废;遇到不会的词条可以跳过,最多可以跳3个。每组限时3min,以猜出词条数量最多者获胜。

7. 活动举办机构

（1）主办单位:×××市老龄委、×××市电视台。

（2）承办单位:×××市×××养老院。

（3）协办单位:×××集团公司、×××学院老年服务与管理系。

8. 活动地点　×××市×××养老院操场。

9. 活动时间　××××年××月××日9:00—11:00。

10. 活动宣传　宣传主要采用张贴海报、开会动员和个别沟通的方式进行。很多老人积极性很高,当得知比赛消息和比赛项目后,部分老人就已经开始进行穿针引线、投掷飞镖、投掷羽毛球等训练了。

11. 活动经费预算(表3-1)。

表 3-1　活动经费预算

项目	用具	茶叶	水果	奖品	应急物资	总计
费用 / 元	400	100	200	500	200	1 400

12. 活动人员安排

活动负责人：×××。

主持人：××。

裁判长：×××。

副裁判长：×××、×××。

记分员：×××、×××、×××、×××。

小组引导员：×××、×××、×××、×××。

场地布置：×××、×××。

摄影：×××。

医疗服务：×××、×××。

13. 活动流程（表 3-2）。

表 3-2　×××养老院"我健康,我快乐,运动伴我行"老年趣味运动会

时间	项目	主持人	领导	地点
9：00—9：15	开幕式	××	××××	操场
比赛流程				
时间	项目	参与人员	地点	备注
9：20—9：50	穿针引线	选手、裁判长、裁判员、记分员、引导员	操场	赛前将选手分组；三项个人赛同时进行
	投掷飞镖			
	投掷羽毛球			
9：50—10：40	赶篮球进栏接力赛	同上	同上	赛前分组；两项团体赛同时进行
	你来比划我来猜			
10：40—11：00	颁奖	获奖者	同上	
11：00	闭幕式（合影留念）			

14. 活动注意事项

（1）遵循"友谊第一,比赛第二""公正、公平"的原则,文明赛风,和谐赛场,赛出风格,赛出水平。

（2）每项比赛分设一等奖 1 名,二等奖 3 名,三等奖 5 名,优秀奖 10 名,其余老人给予参与奖。

（3）比赛开始前,对参赛老人要先进行详细的体格检查,并询问目前身体健康状况,对身体不适合参加此次活动的老人,要劝其退赛,并安排其加入啦啦队阵容,以保持老人的参与感。比赛过程中,医务人员要时刻关注老人身体情况,稍有不适,应立即停赛,并做好抢救的准备。

15. 活动后事项

（1）满意度调查：活动结束后的 3d 内,请参赛和观摩的老人填写活动满意度调查表,收集老人对本次活动的组织策划、后勤服务、活动的项目、前期宣传和后期制作、活动时间和场地安排、奖品质量等整个活动过程的宝贵意见和建议,以便我们能更好地作出改进,提高下次活动的质量和服务品质。

（2）赠送活动照片和视频：赠送参赛老人赛场精彩表现的照片和视频,让"精彩瞬间"变成永恒,成为老人美好的回忆,丰富而深刻。

（二）撰写邀请函和制作活动宣传海报

1. 撰写运动会邀请函（图 3-2）

尊敬的×××：

您好！

我们很荣幸地邀请您参加将于××××年××月××日在××市×××养老院举办的"我健康，我快乐，运动伴我行"老年趣味运动会，运动会时长为两个小时（9：00—11：00）。

真诚地期待着您的支持和参与！

×××养老院

××××年××月××日

2. 制作运动会海报　具体方法见前面的活动海报制作要求。

【实训评价】

1. 知识掌握（30%）　要求掌握撰写老年活动策划方案、邀请函和活动海报的基本要素和注意事项。

2. 操作能力（40%）　能独自完成或与其他人合作完成撰写老年活动策划方案、邀请函和活动海报；能准确地评估活动中可能发生的风险，并做好预防和应急预案的处理。

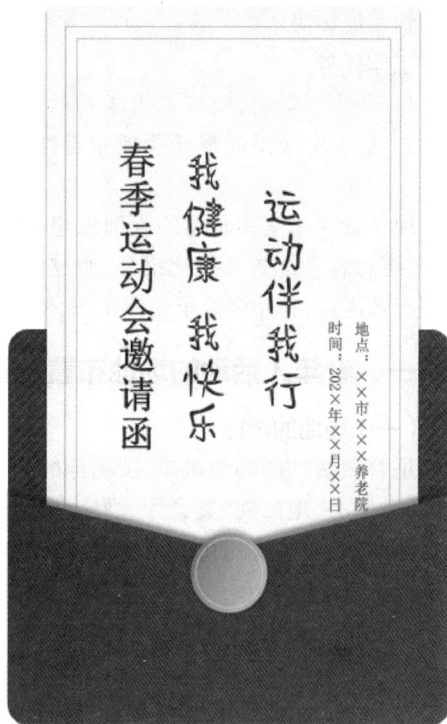

图 3-2　趣味运动会邀请函

3. 人文素养（30%）　活动的整个过程都要注意保护老年人的隐私；增强安全风险管理意识；注重人文关怀，提高服务品质，提升老年人的幸福感和归属感。

实训 3-2　撰写"食品安全与卫生"知识讲座活动策划方案、邀请函及海报

"美时美刻，健康人生"

——×××社区"食品安全与卫生"知识讲座

膳食、营养、食品安全与人民生活息息相关，合理营养是健康的基础。为了提高社区老年人的文化生活水平，让老年人通过丰富多彩的活动"吃出健康"，防止偏听偏信一些保健食品的虚假宣传，减少疾病，延缓衰老。计划在××××年××月××日"九九重阳节"的节日期间（9：00—10：30），为本社区内 60 岁以上的老年人举办"美时美刻、健康人生"关于"食品安全与卫生"的知识讲座，讲座地点为社区居民委员会的一楼会议室。通过本次活动，提升老年人社区参与程度和社区归属感，使他们更好地融入社区生活；并增进邻里之间的感情，形成相互关怀的社区文化。

1. 请撰写一份本次活动策划方案和邀请函。

2. 请制作一份精美的活动海报。

第二节　老年人活动的现场管理

导入情景

重温热情岁月，唱响老年生活

夕阳美养老院为丰富老年人的生活，计划开展活动主题为"关爱老人健康，情系老人记忆"的活动。此活动的目的是帮助老人回忆往事，给老人一个展示自己和结交朋友的平台，从而引导他们重温过去的快乐生活，让老人获得安宁平和的心境，帮助他们在一定程度上消除不良的消极情绪，从心灵

上得到满足和快乐。

工作任务

1. 请结合案例，做好本次活动的现场管理。

2. 在本次活动的现场管理中存在哪些危机因素，应该如何防范？

现场管理是运用科学的管理思想、管理方法和管理手段，对现场的各要素如人、财、物、时间及环境等，进行合理配置和优化组合，通过计划、组织、控制、协调、激励等管理职能，保证活动现场按既定计划有效运行，并始终处于受控状态，使活动得以顺利进行。

一、老年人活动的场地布置及管理

（一）场地的选择

适合做活动的场地很多，按场地的位置分有室内场地和露天场地；按场地功能分有会议室、展览馆、活动中心、电影院、宴会厅、酒店、会所等。活动场地的选择是活动策划方案的重要内容之一。一个合适的场地对活动的成功举办具有非常重要的意义。

1. 根据活动规模选择场地　参与活动的嘉宾数量是选择活动场地大小的主要因素之一。主办单位应首先考虑参加活动的人数，根据人数选择适合的场地，避免场地过大造成浪费，也避免场地过小造成拥挤。

2. 根据活动类型选择场地　举办不同主题活动的类型是选择场地第二个重要因素。如：老年人活动可选择在固定的建筑物内举办，如会议室、展览馆、活动中心、电影院、宴会厅等。这种场地往往是永久性的、多功能的，经过装饰和调整可以适合举办不同类型的活动。

3. 根据交通成本选择场地　参与活动的嘉宾的交通方式是选择场地的第三个重要因素。如果是自己前来，场地一般选择在市内交通方便的地方，最好邻近环路或者地铁。如果是主办方统一安排车辆，场地一般选择在环境优美的地方，体现主办方的别出心裁和与众不同。

4. 根据费用预算选择场地　费用预算是选择场地的第四个重要因素。

5. 根据提供的服务选择场地　服务是选择场地的第五个重要因素。老年人参加活动要考虑活动场地的照明强度、温度与湿度、卫生间设施、电梯、座位等。对于出入口，要选择宽敞平坦、台阶少、有残疾人通道的场地；尤其是疏散通道、急救车辆的通行区一定要保持畅通无阻。

（二）场地布置

活动场地的布置要围绕整个活动的主题而展开。为了保证活动的正常进行，我们在进行场地布置时要遵循以下的五个原则：第一是要与主题相一致；第二是要合理地划分功能区域；第三是要预留通道；第四是要加强警戒；第五是要注意清理障碍物和危险物品。主要的布置模式有：

1. 剧院礼堂式　这种布置最前面是主席台，面向主席台摆放一排排座椅，中间留有较宽的过道（图 3-3），这种形式多适用于参与人数较多的活动，如较为正式的会议、主题报告讲座、启动仪式等。它的不足是参会者没有地方放资料，也没有桌子可用来记笔记。因此，为方便书写，建议准备垫板代替桌子。

图 3-3　剧院礼堂式

2. 教室式　这种布置和学生教室一样,最前面是投影屏幕或白板,接着是主席台,主席台后面有桌子和椅子,中间留有走道,方便主持人走进老年人中间与大家交流(图3-4)。此种模式可针对会议室面积和观众人数灵活布置,参会者有放置资料及记笔记的桌子。适用于新闻发布会、研讨会、培训、讲座等。

图 3-4　教室式

3. 宴会式　这种形式较为随意,适用于中式宴会如答谢会、招待会、茶话会等(图3-5)。大家边吃边聊,有利于调动参会老年人的积极性。

图 3-5　宴会式

4. 长方形式　将桌子围成长方形中空,围上桌布,中间放置一些绿色植物,桌子外面摆放椅子。前方放置投影,并设置主持人位置,在每个座位前面的桌子放置麦克风,以方便不同位置的参会者发言(图3-6)。此模式容纳人数较少,适用于小型的学术研讨会、座谈会、茶话会等。

图 3-6　长方形式

5. 体育馆式　大多数的赛事采取体育馆式布置形式,座位设置在赛场四周,这种布置能提高观众对比赛的参与度。

6. T形台式　即主席台向观众区延伸,三面被观众席所包围,能拉近表演者和观众的距离,便于欣赏(图3-7)。如老年时装秀可采取这种布置形式。

图 3-7　T形台式

7. U形式　桌子按U形摆放,椅子摆在桌子外面,中间放置绿色植物(图3-8)。这种形式可以把观众和组织者连在一起,感觉更随意些,如茶话会。

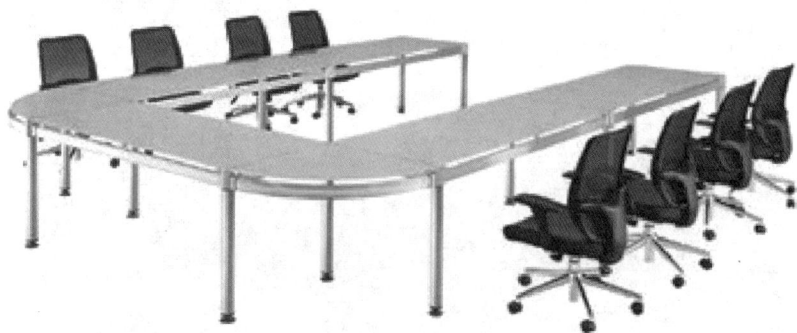

图 3-8　U形式

8. 鸡尾酒会式　以酒会式摆桌,只摆放供应酒水、饮料及餐点的桌子,不摆设椅子,以自由交流为主的一种会议摆桌形式,可以让参会者自由交流,构筑轻松愉快的氛围。

二、老年人活动的时间管理

按时、保质、保量地完成每一次活动,是举办活动的工作人员最希望达成的目标。因而合理地安排任务时间是活动管理中一项关键内容,其目的是通过合理分配资源,发挥最佳工作效率,保证任务按时完成。

（一）老年人活动时间策划

项目活动时间估计是指对完成项目的各种活动所需要的时间而作出的估算。项目活动时间的估计是老年人活动进度中非常重要的工作,直接关系到各项任务起止时间的确定,以及整个活动的完成时间,估算时需要考虑活动的各时间参数、活动时间的影响因素、活动时间的构成以及活动时间的估算方法。历时估算主要工具和技术有:专家判断法、经验类比法、利用历史数据估算、模拟方法、德尔菲法、三时估算法、预留时间、最大活动历时等。

（二）老年人活动节目进度安排策划

活动进度计划是在确定老年活动目标时间的基础上,设置活动起止时间,重点确定每一个环节、每一个步骤的活动内容所需要的时间,并将其落实到具体部门和人员,尤其对突发事件要预留应

急时间。为了使活动顺利完成,必须有效控制老年人活动的进度。影响活动进度的因素主要有以下几个方面:

1. 资金的影响　资金是开展老年人活动的基础。组织活动时要推进资金管理信息化建设,将资金预算管理与资金应用和监控相结合,及时准确地反映资金运行状况和风险,以提高决策的科学性和资金管理的及时性。同时,要做到资金使用的合法性和规范性,以确保活动的顺利进行。

2. 利益相关者的影响　利益相关者是指组织外部环境中受组织决策和行动影响的任何相关者。开展老年人活动的相关部门有行政部门、设计单位、赞助商、银行以及运输、通信、供电等部门,其工作进度直接或间接影响活动的进度。因此要协调好各相关单位之间的关系,充分发挥组织管理和监督作用,以保证对活动进度的控制。

3. 物资供应的影响　在举办老年人活动的过程中,设备设施、食品、酒水、饮料、礼品、奖品及必要的装饰品等,能否按时抵达,质量是否符合要求,都将直接影响活动的进度和质量。

4. 情况变更的影响　在活动过程中出现变更是难免的。大的方面包括政治、经济、技术以及突然自然灾害或重大的不可抗拒的因素等方面的各种不可预见的因素。小的方面包括老年人临时改变想法或者出现了意外情况等。撰写活动策划时应全方位评估,以便能及时采取应对策略。

5. 承办单位自身管理水平的影响　活动现场情况千变万化,承办单位的人员协调出现问题、方案和计划不周、活动现场管理不善、出现问题没有及时解决等都会影响活动进度。

正是由于上述各种因素的影响,进度计划的执行过程难免会产生偏差,一旦发生偏差,就要及时分析原因,采取必要的纠偏措施或调整原进度计划,这种调整过程是一种动态控制的过程。

（三）老年人活动举办及持续时间策划

1. 活动举办时间　活动获得成功的重要条件是挑选一个合适的时间,保证大多数人能出席。对于大多数老年人而言,由于没有固定的上下班时间限制,所以举办活动的时间比较宽裕,安排比较自由。但要考虑到老年人的生活安排和日常作息时间,尽量不打乱老年人的常规生活。另外还要考虑到你希望邀请到的主办单位、承办单位、协办单位等的领导,尽可能避开一周中最忙碌的时间。

2. 活动持续时间　活动持续时间应根据参与活动人员的年龄、身体状况、活动类型和强度等多方面因素决定。一般老年人活动时间不宜太长,应控制在45min以内,如果超过1h,应安排中间休息,避免让老年人感觉劳累。

3. 活动避开事项　为了保证活动效果,要高度关注活动时间的季节因素、交通因素、节假日因素等,尽量避开一年当中雷雨和山洪的多发期,避开酷暑和冰天雪地,避开一些重要的节日,避开交通拥堵时间等,选择一个最有魅力的季节、一个风和日丽的日子来举办老年人活动。

4. 活动中注意事项　大部分老年人因为身体的原因,多有尿频的现象,在活动中需要给他们留出足够的时间如厕;在活动开始前,还要了解活动期间老年人有没有需要服药的,如有按固定时间服药的情况,后勤人员要做好登记,并安排老年人到指定的位置就座,以方便提醒和帮助老年人服药。如果活动不是一次完成的,应该在每次活动结束后强调下次活动的时间,且在下次活动开始前,用电话、短信或上门儿等方式再次提醒。

三、老年人活动的人员管理

活动的人力资源管理,是指活动机构为了实现既定目标,运用现代化的科学方法,对人力资源进行有效开发、合理利用和科学管理的过程。同时有效挖掘人力资源现有能力和潜在的能力;对人力资源进行预测、合理培训、组织规划和调配;对人的思想、心理和行为进行恰当的诱导、控制和协调,充分发挥人的主观能动性,实现人尽其才,事得其人,人事相宜的目标。

（一）老年人活动人力资源管理基本原则

1. 科学标准管理与个性化的人际管理相结合的原则

（1）确定标准:标准是对重复性事物和概念所做的统一规定,它以科学知识、理论、技术与实践经验的无缝衔接为基础,经有关方面协商一致,由主管机构批准,以特定形式发布作为共同遵守的准则和依据。标准就像靶子一样,可以作为行为的准则。正常情况下,人与人都有其共同之处,因此无论人的问题多么变幻莫测,只要制定了具有弹性的相对完整的制度,任何人事问题的处理结果都会趋于一致和稳定。

（2）科学管理：科学管理的核心是以提高工作效率为目的的。老年人活动策划的推行在经验、魄力、创意或资金等多方面提供参考的条件下，还必须运用相关的科学知识及方法进行管理。科学的管理方法是确保活动达到目标的重要条件。

（3）尊重人才：良好的人才环境，是一笔巨大的无形资产，对内产生凝聚力、创造力和推动力，对外具有影响力、竞争力和吸引力。老年人活动能否顺利开展，在于对全体组织者及人力资源的有效应用。掌握正确处理人际关系的原则是吸引人才并有效运用的关键。

（4）人尽其才：人尽其才是指让每个岗位上的员工都可以充分地发挥他们的才华与能力。世上少有无才之人，只有用材不当的混乱管理。用人不能求全责备，而要用其所长。人尽其才、才尽其用、人岗相适、人事相宜是人力资源开发与管理中必须遵循的重要原则。

2. 挖潜与培养相结合的原则　随着老龄化人口比重的不断增大，人们生活水平的提高以及养老观念的转变，使得当今社会对老年保健管理专业高端技能型专门人才的需求越来越大，因此，应强化内部挖潜和合理调配人员与人才培养相结合的原则，加快老年保健管理领域的专业人才培养，以适应人口老龄化对养老护理、老年心理等专业化服务的迫切需求。具体方法如下：

（1）社区或养老院内对相关人员进行培训或送出去培养。

（2）挖掘现有的人才潜力，将能力相当的人调到能发挥其所长的岗位上来；也可利用返聘或延长已经到退休年龄的人员，缓解老年人服务人才的缺乏。

（3）聘任有一定文化素质和组织能力的毕业生轮岗做更具挑战性的工作。实践证明此方法是行之有效的。

3. 教育与培训相结合的原则　按需施教、因材施教是教育培训应遵循的人才培养原则。教育培训是老年人活动策划推行中对工作人员施加影响的重要方式，为全面提高服务质量和效益，应紧紧围绕老年人活动策划事业发展需求，对相关人员进行教育或培训，以适应各种新观念的转变和老年群体差异性的变化，保证工作人员的操作能力随着活动的要求而不断发展，长期保持进取的活力。

（二）老年人活动志愿者管理

老年人活动组织过程中的大量工作是由志愿者来完成的。根据《中国青年志愿者注册管理办法（试行）》的定义，志愿者是指不为物质报酬，基于良知、信念和责任，自愿为社会和他人提供服务和帮助的人。对于许多活动来说，志愿者是维系活动源泉的"血液"。但因志愿者志愿服务的无偿性，使得对这类人群的管理增加了一些不可控性。能否有效地招募、培训和激励志愿者成为许多老年人活动组织管理运行运作中一个生死攸关的部分。

1. 志愿者招募　志愿者招募就是通过发布此次活动的志愿者需求信息，按要求选拔录用符合要求的志愿者的活动过程。志愿者为活动提供的服务有个体志愿者和集体志愿者两种形式。①个体志愿者：是根据活动的需要从社会上招募而来，市民和互助性组织是其来源的一个主要渠道。②集体志愿者：最常见的招募渠道是高校或中学等教育单位或企业等，有些地区的学校要求学生必须完成最低限度的志愿服务。无论是个体志愿者还是集体志愿者，他们都乐意加入志愿者的队伍，为他们所热爱的社会公益事业提供志愿服务。

2. 志愿者培训　志愿者培训就是通过对志愿者进行活动的相关知识和能力培养，使其获得为活动服务所需的知识和技能的过程。对活动志愿者的培训应当寻求多元化的培训模式，坚持实用性、有效性及多样性原则，提高志愿者服务质量。

（1）活动基本框架：首先让活动志愿者了解活动对象的一般情况、活动的形式、活动的项目、活动的规模等，并提供老年人活动的策划方案，让志愿者对活动有充分了解，以便给参加活动的老年人提供最佳的服务。

（2）场地情况：带领志愿者对活动场地进行考察、调研，帮助他们了解场地的规模、场地设施和设备、配套设施、周围环境等，了解各个不同活动区域和服务流程。并介绍场地人员就座情况、过道设置、人员的分流等活动安排，应特别强调各类应急情况处理的措施、安全与风险管理的预防等。

（3）具体工作任务情况：参加老年人活动的志愿者要了解如何履行他们的工作职责，并对他们所从事的具体服务内容进行有针对性的培训，必要时，在他们接触到参加活动的老年人之前，要进行一些预演和角色扮演练习,以便更好地适应活动时的要求。

(4)职业道德:要进行待人接物的礼仪培训,加强爱岗敬业、社会公众责任心的培养,更要注重精神层面和组织归属感的培养。

3. 志愿者激励　志愿者的激励就是要设法让志愿者将个人需要与活动需要、社会需要联系在一起,使其所付出的努力不仅可以满足志愿者的个人需要,同时也可以满足活动的需要。给予志愿者不断的激励是建立一支强大有力、忠诚可靠的志愿者队伍最重要的保障。激励分为非物质激励和物质激励。①非物质激励:安排志愿者与运动员、音乐家和艺术家等会面,表扬、嘉奖、宣传等。②物质激励:入场券、证书、胸章、衣服等。

四、老年人活动的风险管理

(一)老年人活动风险管理的概念

所谓风险管理是识别、度量项目风险,制定、选择和管理风险处理方案的过程。风险管理是一个动态的、循环的、系统的、完整的过程。老年人活动举行过程中发生的火灾、暴风雨、设备故障、参与者突发性疾病等,都可称为风险性事件,它具有突发性、破坏性、不确定性、紧迫性的特征。风险管理就是要在偶然性中发现必然性,在风险中发现有利因素,把握风险发生的规律,综合运用多种方法、手段和措施,尽力避免风险所造成的危害和损失,变害为利,以最低的成本将各种不利后果减少到最低程度。做好活动风险管理目的在于消除或降低风险所带来的威胁和损失。

(二)老年人活动风险的识别与防御机制

1. 选择场地　在选择场地时要根据活动项目、活动形式、活动规模等综合考虑。环境条件主要有自然条件、社会条件、生态条件等。自然条件包括地形、地势、气候因素等。社会条件包括交通、供电、社会风俗习惯、经济条件等。举办活动的场地确定后,应立即到现场进行考察和调研。

(1)建筑物的安全性:建筑物必须坚固安全,建材经久耐用,以达到防风、防震、防火、防水的功能。另外,还要考虑建筑物的节能性、舒适性、隔音性等。

(2)室内场地的安全性:活动组织者要考察活动室内的物质环境,如设备、橱柜、桌凳等有无伤害老年人的锐角和突起;出入门的地面是否光滑、无棱角;出入的通道应宽敞无杂物,洗手间应为防滑地面。

(3)户外场地的安全性:户外活动场地的地面应平整无坑洼,以防止老年人跌倒与擦伤;使用的运动器材应安全耐用,并注意器材的定期检查和维护;老年人活动时应有设专人陪伴,放手不放眼,老年人的活动应在工作人员视野之内。

(4)健康安全性:老年人健康安全的重要性是整个活动的核心。一是保障老年人生理的健康,场地的材料是安全的,不应该有刺鼻的气味、尖锐的角、物体坠落的危险、过量的铅和甲醛等有害物质。二是保持老年人的心理健康,环境创设的内容要轻松愉快,能为老年人带来安全感、舒适感;也可创设一些进行情绪发泄的空间,以帮助老年人保持良好的情绪。

2. 财务与人身安全　要及时提醒老年人,参加活动时身上不用带太多现金,贵重物品不要乱放或随意交给他人保管;活动现场的通道应保持畅通,人员应有序流动,并安排工作人员维持秩序,避免发生人员聚集现象。另外,活动组织方应为参与活动者购买足够的保险,从而在遭遇失窃、自然灾害以及其他一些意外情况时,能得到理赔,以减少损失。其三,活动组织方应建立一个全面综合的登记系统,监控活动所有参与人员的出入情况,以确保参与者的人身安全。

3. 自然灾害　详细了解举办活动区域的季节特点、交通拥堵情况、温度、湿度等,避开不良季节和天气,以保证活动的顺利进行。

4. 人为灾害/暴力行为　举办大型活动时,活动组织者一定要注意防火、防食物中毒、防暴力行为、防示威或对抗。活动前认真评估活动参与对象、活动场地、活动用物等方面的潜在危机,做好质量控制工作。活动过程中,做好参与人员的管理工作,时刻关注活动现场的意外情况,以防不良事件发生。

(三)制订风险应急预案

计划是指根据对组织外部环境与内部条件的分析,提出在未来一定时期内要达到的组织目标以

及实现目标的方案途径。要想制订一份完善安全的计划,一是要熟悉活动的所有细节,了解活动的特点;二是了解和协调道路交通,了解建筑物结构和材料的安全情况;三是活动组织者应该与场地的活动协调员、保安人员等相关方面密切配合,共同制订安全计划。

（四）评估风险管理计划

风险管理计划是一个能够帮助危机系统解决的、具有普遍意义和一致性观点表达的步骤和方案,是克服风险的基石和纲领性文件。风险管理计划是一个动态的"活文件",它随着外界因素对活动的影响而不断变化,不论何时发生风险都应该及时对风险管理计划进行评估,以便更好地确保所有参与人员的安全。任何活动都是独一无二的、不可复制的事件,参与者的人数变化、活动场地的变化、天气的变化等,每当活动出现不可预见性的变化时,我们都必须重新审阅风险管理计划,及时对其进行改进和更新,不让危险有机可乘。

（五）风险应对策略

风险管理计划的形式是多种多样的,每一种风险不论是何种形式,都会对活动构成威胁。以人为本、减少危害、依法规范、依靠科技、整合资源是一切管理的基本原则。第一,我们应该在风险发生前制订科学性和适应性风险应变方案,以确保风险到来时有备应对;第二,加强管理,高度重视;第三,统一领导,分级负责,临危不乱;第四,协同应对、快速反应,及早处理;第五,行胜于言,在风险突然降临时,积极的行动要比单纯的广告和宣传手册中的华丽词汇更有意义;第六,掌握信息发布的主动权。一般来说,在出现风险时最好成立一个新闻中心,将风险真相告诉社会大众,有必要安排一人专门写稿,介绍风险的详细情况以及活动管理者所作出的决策,以保证活动的继续进行和维护活动的信誉。

（付　平）

老年人活动策划与组织的实施

04章

第四章
数字内容

学习目标

1. 掌握各类老年人活动实施的基本要求。
2. 熟悉各类老年人活动实施的管理流程。
3. 了解各类老年人活动实施的注意事项。
4. 学会策划与组织各类老年人活动。
5. 具有爱岗敬业、热忱奉献的职业情感。

随着我国老龄化程度的不断加深,养老服务供给体系建设日益受到各方关注。老年人离开了社会的大舞台,加上机体的生理功能和抵抗力的逐渐下降,健康状况每况愈下,使老年人极易产生孤独、失落感,感觉被社会遗弃,自我封闭意识增强。我们要响应国家健康老龄化、积极老龄化的先进理念,根据老年人的身心特点、需求、爱好和能力等,积极为老年人开展丰富多彩的老年活动,如组织节日庆典活动、生日宴会活动、趣味运动会、茶艺表演及参加志愿者活动等,为老年人提供展示自我和参与社会活动的平台,达到促进老年人身心健康,提高其生活质量的目的。

第一节　策划组织老年人节日庆典活动

节日是指生活中值得纪念的重要日子。是世界人民为适应生产和生活的需要而共同创造的一种民俗文化。每个国家、民族和地区都有自己的节日。节日庆典活动是老年人晚年生活的一个重要组成部分,让老年人感到被爱、被需要、被照顾。老年人聚集在一起庆祝节日,通过回忆过往,相互交流分享,可以帮助老年人建立和维持友谊。常见老年人节日庆典活动有生日活动、节日活动等。

一、策划组织老年人生日活动

导入情景

住在颐乐园的林奶奶,喜爱插花,并在每周三下午在机构中进行插花教学活动,教会了很多爱好插花的老年人,大大丰富了机构老年人的休闲文化生活。林奶奶的 69 岁生日马上就要到了,为感谢她为机构作出的贡献,同时表达对她深深的祝福,工作人员和她的子女们计划为林奶奶办一场生日主题活动。

工作任务

1. 策划林奶奶生日主题活动的注意事项。
2. 请撰写一份完整的生日主题活动策划书。

（一）老年人生日活动概述

在我国,老年人过生日俗称"祝寿"。祝寿一般从六十岁或六十六岁开始,按照传统习惯,生日是按虚岁计算,即按实际年龄提前一年。老年人平常的生日小庆,逢十如七十、八十、九十等为大寿,要大庆;有些地方认为"十全为满,满则招损",往往"做九不做十"。老年人过生日一般会举行寿宴,宴请亲朋好友来为老年人祝福,并且老年人要吃一碗象征长寿的长寿面来庆生。

（二）老年人生日活动的仪式

在我国,为老年人祝寿是最具有中国特色的社交礼仪之一,各地虽因文化差异内容也略有区别,但是总体上来说祝寿仪式大体相同。随着经济社会发展、西方文化的影响以及家庭结构的变化,越来越多的老年人选择与子女分开居住或者入住养老机构,过生日(祝寿)的仪式和内容也相应发生变化。

1. 老年人传统生日(祝寿)仪式 传统的祝寿仪式相对来说是比较复杂的。

（1）祝寿准备:给老人祝寿,儿女们要提前做好各项准备工作。

1）预备招待宾朋的菜肴和酒水。

2）准备寿面、寿桃、寿糕等。

3）布置寿堂:寿堂一般设在堂屋正厅,屋内张灯结彩,正面墙壁中间悬挂百寿图或红纸书一大金色寿字。中堂两边为"福如东海长流水,寿比南山不老松"等祝福语句的对联。墙下放礼桌,桌上陈列寿桃、寿糕、寿酒等,两边设一支或两支红蜡烛。桌前地上铺设红毡或花席,以备后辈人行拜寿礼。

（2）祝寿仪式

1）祝寿献礼:寿辰之日,寿诞老年人端坐寿堂椅上,晚辈们衣冠整齐,恭恭敬敬按辈分高低依次磕头祝寿,并献上贺寿礼品。

2）寿宴:寿宴开始,晚辈们给寿星敬酒,寿星把寿糕、寿果等吉祥食物分给大家。长寿面是寿宴上必有的食物,在吃面时晚辈们要把自己碗中的面条拨向老年人碗中一些,寓意为老年人"添寿"。寿宴后稍事休息,大家陪寿星看戏、看电影等活动。寿宴结束,送走宾客,祝寿仪式便圆满落幕。

2. 老年人现代过生日(祝寿)仪式 现代的祝寿仪式和内容比传统祝寿要简化许多,举办的场地可以选择在老年人家中、酒店、养老机构的活动中心等,来祝寿的人员主要是儿女和其他亲属。养老机构中老年人还可以选择过集体生日,机构的工作人员、志愿者也会参与;祝寿活动形式也更多样化,可以根据老年人个体的需求设计活动,如唱生日快乐歌、玩游戏、制作生日卡片等形式;准备的寿礼也由传统的寿桃、寿糕等变为生日蛋糕,但是寿面还是作为祝寿活动最后一项仪式保留下来。

以下介绍一些适合在机构中为老年人开展的生日活动:

（1）把"生日快乐"的标签贴在过生日的老年人的房门上,这样一来,每个人都知道这位老年人要过生日,自然一整天都能得到生日祝福。

（2）用气球装扮房间。

（3）生日当天为老年人佩戴一个"今天我生日"的牌子。

（4）邀请老年人的家人前来探望,与家人合影。要是家人不能来,提议他们打个视频电话,传递生日祝福。

（5）来参加生日活动的人在手工活动区制作一张个性化的生日卡片,附上生日祝福语。

（6）赠送老年人象征生日祝福的礼物。

（7）庆祝活动中设计一些老年人们喜欢的趣味活动,如游戏、谜语等。

（8）把老年人人生中重要时刻的照片陈列在照片廊里,也可选择一些重要日子里的照片,如婚礼、儿孙们的出生日,或者制作成幻灯片不断地播放,以唤起老年人美好的回忆。

（9）播放老年人最喜欢的音乐,巧妙地创造出一种宁静、和谐的意境。

（10）请厨师做一些老年人最喜欢的食物。

（11）请摄影师为老人拍下生日活动中精彩瞬间作为留念。

知识链接

寿 文 化

　　"寿"字被认为是最具吉祥意义的汉字之一，按《辞海》的解释是指寿命，或谓年岁长久之意，亦指老年人。自古以来，中国人皆以实现"福、禄、寿、喜、财"为幸福生活的最高目标，谓之为"五福"。"五福"中又有"五福寿为先"的说法。"寿"字寄托着人们的期盼、祝福和向往，是中国人共同向往的人生目标之一，成为中华民族祖祖辈辈永恒的祈福迎祥主题，并且在民间逐渐形成一种特有的"寿"文化。

（三）老年人生日活动策划的注意事项

　　1. 活动策划要尊重老年人的意愿和选择　在进行老年人生日活动策划时，要记住至关重要的一点，生日是老年人的而不是我们的。对于那些喜欢热闹的老年人，可以给他们大办特办；反之，静静地祝福也是很好的。寿星要参与到生日主题策划中来，以他们的意愿和选择为主。

　　2. 策划庆祝活动时要考虑老年人的精力和健康状况　通过询问老年人和他们的家人，尽可能地了解清楚——他 / 她喜欢大型聚会还是小型聚会？他 / 她是否更钟爱和家人一起度过的时光？要是老年人对举办生日活动犹豫不决，那么就要考虑提供其他选择，比如与重要的人一起享受生日聚会、和家人朋友一起品尝茶点、去喜欢的餐馆开心地吃一顿，或者去喜欢的景点参观游玩，然后享受美食。

　　3. 让长辈感到自己与众不同，创新生日庆祝形式　传统的老年人生日宴会活动主要形式有：拜寿、唱生日歌、许愿、送祝福礼物等。但是如果活动策划者非常了解老年人，可以根据老年人兴趣爱好设计生日活动，让老年人在过生日的时候感到自己与众不同。并且可根据老年人五感感受的偏好，赠予老年人恰当的生日礼物（表 4-1）

表 4-1　赠予老年人恰当的礼物

五感	视觉	触觉	嗅觉	味觉、听觉
礼物	纪念相册、涂色本、游戏书（字谜，九宫格）	摆件、新衣服、围巾	舒缓精油、香包	生日蛋糕、老年人喜欢的戏曲

（四）老年人生日活动的策划与准备

　　1. 活动主题　老年人生日活动主题要尊重老年人的意愿、满足老年人的需求，主要以庆祝、感恩、纪念、团圆、长寿等为主题。

　　2. 活动规模　传统的生日会宴请亲朋好友，摆酒席，规模较大。现代的生日活动规模较小，主要是老年人和子女亲属。目前许多养老机构和社区还会举行老年人集体生日会，一般参与生日宴会的人在 20 人左右。

　　3. 参加对象　老年人过生日，参加的人员主要为老年人、子女、亲朋好友。养老机构和社区举行的生日会活动也会邀请机构的负责人、志愿者等参与到老年人的生日活动中来，活动形式丰富多彩。

　　4. 活动场地　老年人的生日活动场地要尽量选择在室内开阔的地方举办，例如家人为老年人举行生日庆祝活动，一般在酒店、饭店开展。机构为老年人庆祝生日，一般在宽敞的活动室或食堂开展。对于行动不便的老年人，活动场地尽可能地选在老年人熟悉的场所。活动开始前，要根据老年人的喜好提前布置生日会场。

　　5. 活动时间　老年人生日活动一般要提前至少 10d 准备，确定活动的具体细节。一般活动进行的时间控制在 1.5h 以内，避免老年人过度疲劳。

6. 活动流程　见实训 4-1。

二、策划组织老年人节日活动

导入情景

在传统佳节端午节到来之际,白鹤养老院举办"五彩安康"端午节主题活动,旨在弘扬中华传统文化,体验民俗魅力,丰富老年人生活,增强老年人的归属感。

工作任务

1. 请你为这次活动进行策划组织并编写一份策划组织方案。

2. 作为活动策划者,请说明策划老年人的节日活动应该注意的事项。

3. 请结合案例,组织本次节日活动。

节日庆祝活动是在不同的国家和地区在长期的生产实践活动中产生的一种特定的社会现象,是在特定的日子发生的、经过精心策划的、能对公众产生吸引的一系列的融合旅游、娱乐、休闲、文化等参与性消费形式的各类庆典和活动的总和。在特定的节日为老年人举行活动,丰富老年人晚年生活,有利于老年人的身心健康。我国的节日庆典活动可分为传统节日和现代节日。

（一）主要节日活动概述

1. 传统节日活动

（1）春节:春节是我国传统习俗中最隆重的节日。春节习俗是庆贺过去的一年,也是祈祝新年快乐,来年五谷丰登、人畜兴旺。在为老年人策划庆祝春节活动时,主要是以团圆为主题,可以策划"迎新年、庆新年"为主题的活动,如贴春联、剪窗花、年夜饭菜单定制、包饺子、新春茶话会、歌曲大联欢、抛球运动、做灯笼等活动。

（2）元宵节:称灯节、小正月、元夕、上元节,为每年农历正月十五日,也是庆贺新春活动的延续。在为老年人策划庆祝元宵节活动时,可以选择赏花灯、吃汤圆、猜灯谜等,设计如"欢欢喜喜闹元宵"为主题的节日活动,让老年人融入活动中,感受同庆佳节、其乐融融的团聚氛围。

（3）清明节:称踏青节、行清节、三月节、祭祖节等,节期在仲春与暮春之交。设计清明节节日活动时,要考虑到老年人思念逝去亲人的心情,例如设计"生命回顾老年缅怀"为主题的活动,让老年人的心情得以释放,告别过去。另外根据老年人的身心特点,可以设计"清明节踏春游"为主题的活动,让老年人走出家门或养老机构,拥抱大自然,放松身心,欣赏美景,穿插一些游戏活动,达到愉悦身心、锻炼身体的目的。

（4）端午节:又称端阳、重午、重五。策划端午节老年人活动时,要围绕纪念和团结为主题,例如设计"粽香寄情""欢乐龙舟赛"等主题活动,通过包粽子、做香囊、模拟龙舟赛等活动让老年人在感受传统节日蕴含的温暖情感,同时又保证安全的前提下愉悦身心。

（5）中秋节:中秋节是团圆的节日,在开展老年人活动时,尽量邀请老年人和家人一同参加活动,例如设计"迎中秋"为主题的活动,通过做月饼、赏月等活动,让老年人感受节日的团聚气氛,同时提高老年人的动手能力,增强他们的自信心。

（6）重阳节:又名重九节、九月九、茱萸节、菊花节等。开展老年人活动可以结合中国传统的尊老、敬老、爱老、助老的文化,设计例如"情满九月九、爱在夕阳红"主题活动,招募志愿者和爱心人士为机构老年人送温暖,开展节日庆祝活动。也可以开展故地重游等活动,带老年人到博物馆、历史纪念馆去参观。

2. 现代节日活动

（1）元旦:即公历的 1 月 1 日,俗称"公历年""阳历年"或"新历年"。元旦适宜开展的老年人活动多为辞旧迎新,例如"迎新茶话会"等主题活动,穿插游戏互动、文艺表演等,营造轻松愉快的氛围。

（2）母亲节:一般在每年的阳历 5 月第二个星期日。策划母亲节活动时,活动策划者邀请老年人的子女参与到活动中来,让老年人感受到作为母亲的伟大,子女体会到母亲的辛苦。通过谈心、交流、

游戏活动,亲子互诉心肠,增进父母与子女之间的感情,让老年人感受到家人的温暖。

（3）父亲节:多数在每年阳历6月的第三个星期日。父亲节活动的策划一般也以感恩和关怀为主,策划"父爱如山"等主题活动,通过游戏互动、互诉心肠、追忆往事等方式,关怀和感恩父亲,以此让老年人感受子女的关怀,身心情感得到寄托。

（4）国庆节:我国的国庆节是指中华人民共和国成立的纪念日,即每年的10月1日。在策划国庆节老年活动时,以提高老年人的爱国意识和情怀为主题,设计"我的祖国"为主题的活动,通过大合唱、爱国主义影片展播、爱国演讲比赛等形式,使老年人感受到祖国的强大,增强民族自信心和自豪感。

（二）老年人节日活动的意义

节日活动作为一种行为层面的文化,通过饮食、仪式以及其中的各种符号彰显出来。老年人作为社会最宝贵、最需要关怀的群体,为他们策划节日活动,有利于传达节日活动的意义,以及节日活动的传承。并且可以通过活动提高老年人的归属感和融入感,促进老年人之间的交流、沟通与了解。结合节日的活动给老年人提供交流的平台,鼓励老年人主动走近他人,促使他们融洽相处,让老年人感觉到受到尊重和重视,提高生活满意度和适应社会。

（三）老年人节日活动的策划和准备

1. 活动主题　老年人节日活动的主题是活动的主旋律,也是贯穿整个活动的主线。不同的节日活动主题和意义都不一样,在活动策划时不可偏离主题,并且主题与活动内容相一致。通过广泛的讨论,征求老年人的需求,为老年人设计其专属的节日庆祝活动主题。例如,端午节的活动主题要围绕端午节的习俗,同时要考虑老年人的身心特点和需求,开展包粽子、折纸龙舟、趣味比赛等活动庆祝节日。

2. 活动目的和意义　通过节日活动,调动老年人的积极性,让老年人在活动中感受节日的气氛,回顾自己人生中的重要历程,积极面对当下的生活。扩大社交网络,丰富老年人的晚年生活。

3. 活动参与对象　节日活动的主要参与对象为老年人,策划要考虑老年人的身体、年龄、认知状况等。并且要尊重老年人参加活动的自主选择权,不强迫老年人参加活动,并以老年人的安全为重。

4. 确定活动时间　老年人节日活动须提前和养老机构、社区内的老年人确定好活动的具体时间和细节。一般活动开展的时间在节日当天或者提前一两天,与老年人的正常作息时间不冲突。活动时间控制在1.5h以内,并且中途安排老年人休息,避免过度疲劳。

5. 确定活动地点　为老年人举办节日活动,尽量在机构或者社区的活动中心、会议室或开阔安全的室外开展,保证场地大小和参加活动的人员相适宜,并且要保证现场无障碍,方便老年人进出。

6. 活动流程　见实训4-2。

实训4-1 老年人生日活动策划方案

【实训目的】

1. 熟悉生日活动策划方案的撰写。

2. 学会如何策划组织一场生日主题活动。

【实训学时】

1学时。

【实训步骤】

1. 活动主题　美丽人生从古稀开始。

2. 活动参与对象　林奶奶、林奶奶的子女、亲朋好友、机构领导、活动策划者、志愿者等共20人。

3. 活动时间　××××年××月××日14:00—15:00。

4. 活动地点　×××养老院二楼多功能厅。

5. 活动目的和意义　"老吾老以及人之老",尊老敬老是中华民族传统美德。林奶奶为机构为社会作出了很大的贡献,举办生日主题活动,是对林奶奶的感谢、感恩和祝福,更是宣传孝文化,倡导尊老敬老的美德。

6. 活动内容　暖身活动、创作活动、庆生（表4-2）。

表4-2 具体实训活动流程

活动主题	美丽人生从古稀开始	地点	×××养老院二楼多功能厅
日期	××××年××月××日14：00—15：00	时间	60min
带领者	活动策划者、志愿者		

活动流程				
进行内容	预估时间/min	活动内容	所需材料	备注
暖身	10	向活动参加者特别是寿星林奶奶问好、寒暄，进入暖身活动 活动名称：祝福拳		活动策划者、志愿者
创作	20	押花姓名画	圆形彩色卡纸、押花包	活动策划者、志愿者
庆生	20	拜寿、祝寿、献花送祝福、林奶奶发言、唱生日歌、切蛋糕、拍摄团体照	花、蛋糕	活动策划者、志愿者
讨论	10	活动策划者和志愿者及时跟进，与老年人交流，征询对本次活动的意见；讨论老年人在此次活动过程中的参与状况和特殊事件		活动策划者、志愿者

7. 人员分配 本次活动的人员安排详见表4-3。

表4-3 活动人员工作安排

工作小组	工作任务	准备内容
准备组	策划组织活动、采购活动所需物品、邀请活动参与者、购买生日派对所需用物、活动现场的布置	活动策划书、图画纸、铅笔、橡皮擦、音响、摄像机、音乐、蛋糕、茶点、花等
执行组	来客登记、安排座次、主持活动流程、现场声光设备控制、拍摄、活动现场秩序维护	签到表、现场音乐、摄像机

8. 经费预算 本次活动的经费预算详见表4-4。

表4-4 活动经费预算

项目	图画纸	铅笔、橡皮擦	蛋糕	花	茶点	合计
费用/元	50	20	300	100	100	550

9. 活动注意事项 由组织单位制作邀请函。活动举办期间，做好活动现场的秩序维护，确保参与者的人身安全。提前制订应急方案，活动现场应配备医护人员。

10. 活动总结和效果评估 活动配备摄影师全程录像，并在活动结束后留存影音档案，给老年人留下温馨的回忆。活动期间注意与老年人的沟通交流，了解老年人的身体状况和承受能力。活动策划者在活动结束后对整个活动流程以及活动现场状况进行分析，形成书面的总结报告。

【实训评价】

1. 知识掌握（30%） 能掌握撰写老年人生日活动策划书的相关知识，以及活动开展的注意事项。

2. 操作能力（40%） 能学会与其他人合作开展老年人生日活动，能预计活动中的突发情况并做好应急预案；能在活动中协调各工作人员一起有效组织、开展活动。

3. 人文素养（30%） 注意老年人和自身的防护，有安全意识及风险管理理念；准备要充分，评估全面。

实训 4-2 端午节老年人活动策划方案

【实训目的】

1. 熟悉节日活动策划方案撰写。

2. 学会策划组织一场节日主题活动。

【实训学时】

2 学时。

【实训步骤】

1. 活动主题 "五彩安康"端午节主题活动。

2. 活动参与对象 老年人、活动策划者、志愿者。

3. 活动时间 ××××年××月××日(端午节)14:30—16:00。

4. 活动地点 ××养老院活动中心。

5. 活动目的和意义 弘扬中华传统文化,体验端午传统民俗,丰富老年人晚年生活,老年人相互交流分享,增进情感。

6. 活动内容 暖身活动、手工制作、妙想龙舟赛、颁奖合影(具体实训活动流程详见表4-5)。

表 4-5 具体实训活动流程

活动主题	"五彩安康"端午节主题活动		地点	××养老院活动中心
日期	××××年××月××日 14:30—16:00		时间	90min
带领者	活动策划者、志愿者			
活动流程				
进行内容	预估时间/min	活动内容	所需预备	备注
暖身	10	向老年人问好、寒暄,祝福老年人节日快乐 暖身活动:击鼓传花	花	活动策划者、志愿者
手工制作	20	1. 利用PPT讲解五彩绳的祈福纳吉的寓意,以及如何利用材料包制作五彩绳 2. 老年人动手制作五彩绳并佩戴展示 3. 老年人相互交流、分享	五彩绳材料包(五彩绳、串珠)PPT	活动策划者、志愿者
	20	1. 利用PPT讲解香囊的制作方法 2. 老年人动手制作香囊 3. 老年人相互赠送、佩戴,分享交流	香囊材料包(彩色布料、各种功效的材料、针线、流苏)、剪刀、PPT	活动策划者、志愿者
妙想龙舟赛	30	1. 老年人分别"乘坐"龙舟,分三组进行通关比赛 2. 参赛者分别通过障碍地带、脑部锻炼、找不同点三个关卡,最先通关者获胜 3. 比赛选出一、二、三等奖 4. 老年人交流分享	纸板龙舟PPT	活动策划者、志愿者
颁奖、合影	5	为龙舟赛获奖老年人颁奖并合影留念	奖品、相机	活动策划者、志愿者
结束、分享	5	活动策划者和志愿者及时跟进,与老年人交流,征询对本次活动的意见;在活动结束后记录老年人在此次活动过程中参与状况和特殊事件		活动策划者、志愿者

7. 人员分配　具体人员安排详见表4-6。

表4-6　活动人员工作安排

工作小组	工作任务	准备内容
准备组	策划组织活动、采购活动所需物品、邀请活动参与者、活动现场的布置、宣传	活动策划书、音响、照相机、水果、茶点、花、五彩绳材料包、香囊材料包、纸板龙舟等
执行组	安排座席、主持活动流程、现场拍摄	签到表、现场音乐、摄像机
后勤组	水果、茶点补给、应急医疗保障、处理突发事件	应急医疗设备水果、茶点

8. 经费预算　活动的经费预算详见表4-7。

表4-7　活动经费预算

项目	五彩绳、材料包	香囊、材料包	纸板龙舟	花、水果、茶点	奖品	合计
费用/元	100	100	100	100	100	500

9. 注意事项　活动期间做好活动现场的秩序维护,确保参与者的人身安全。提前制订应急方案,活动现场应配备应急医护人员。

10. 活动总结和效果评估　活动配备摄影师全程录像,并在活动结束后留存影音档案,给老年人留下温馨的回忆;老年人积极沟通,完成互动环节;注意与活动参与者沟通,获得反馈意见,及时改进活动。

【实训评价】

1. 知识掌握(30%)　能掌握撰写老年人节日庆典活动策划书的相关知识,以及活动开展的注意事项。

2. 操作能力(40%)　能学会与其他人合作开展老年人节日庆典活动,能预计活动中的突发情况并做好应急预案;能在活动中协调各工作人员一起有效组织、开展活动。

3. 人文素养(30%)　注意老年人和自身的防护,有安全意识及风险管理理念;准备要充分,评估全面。

（白晴晴）

第二节　策划组织老年人体育类活动

老年体育活动是指对老年人进行的,以增进健康延缓衰老、防治老年性疾病、丰富晚年业余生活为目的的身体锻炼活动。老年人常见的体育活动包括老年人普通体育运动和老年人趣味体育活动。老年人的健康问题产生了巨大的体育锻炼需求,使得老年人的体育参与热情不断提高,也使以体育为主题的活动成为重要的老年人活动类型。

一、策划组织老年人普通体育活动

导入情景

某小区是一个20世纪90年代所建的老旧小区,小区居民中约70%的住户为离退休的老年人。但是由于是老旧小区,当年建设的时候没有安装健身器材,所以小区缺乏开展体育活动的条件。因此,老年人的日常活动仅仅局限在打牌、聊天等。

工作任务

1. 请结合此小区的实际情况,说明哪些体育运动项目适合在本小区开展?

2. 请尝试策划和组织该小区的老年人进行一场体育活动。

普通体育运动可以锻炼老年人的心肺循环功能,提高老年人的体力、耐力和新陈代谢潜在能力,是最有价值的老年人活动之一。

（一）老年人普通体育活动形式

常见老年人普通体育活动包括散步、慢跑、球类运动、倒退走路、太极拳等。

1. 散步　散步是出于锻炼身体或愉悦身心的目的进行的一种随意活动,具有休闲性。散步能使身体各器官系统更加协调,对预防高血压、冠心病、颈腰椎病等老年人常见疾病有很好的功效性,是一项简单、和缓的健身运动。散步按照速度、路程远近、姿势动作的不同有很多方式,其中更适合老年人的是速度适中、路途较近、动作难度较小同时具有特定功效性的散步方式,如普通散步法、逍遥散步法、摆臂散步法、摩腹散步法、倒退散步法。

2. 慢跑　跑步是足部更加快速远离地面的有氧运动。长期坚持跑步能够强健骨骼,锻炼肺活量。跑步技术简单,但为避免对身体健康造成影响,需要在跑步前进行简单热身。跑步分慢跑和加速跑两种,老年人应选择较为缓和的慢跑进行锻炼。

3. 球类运动　适合于老年人锻炼的球类运动有健身球、乒乓球、羽毛球、网球、台球、门球和高尔夫球等,可根据个人的兴趣和爱好加以选择。其中,健身球主要是增强指、腕关节的韧性、灵活性和协调性,可增强指力、掌力、腕力,对预防老年人手抖及指关节和腕关节僵直颇有好处。

4. 倒退走路　人倒退的时候身体往后倾,腰部的压力也顺着往后,对于腰椎间盘突出的老年人具有很大的益处。可以帮助减轻腰椎的压迫感,缓解腰椎间盘突出,有益于改善老年人的睡眠质量。

5. 太极拳　太极拳是我国的非物质文化遗产,是一种刚柔并济、急缓相间、连绵不断的中国传统拳术。其动作和缓、连贯,运气吐纳自然,适合老年人疏通经脉、修身养性。除太极拳外,太极扇、太极剑也属于太极拳中器械的一种,具有健身作用的同时,极具艺术观赏性。

6. 广场舞　是居民自发地在较为广阔的空间里,伴随音乐节奏所进行的具有健身作用的舞蹈。广场舞节奏感强、舞步简单易学、形式多样,能够增强老年人身体协调性、节奏韵律感、思维记忆力,达到放松心情,娱乐身心的作用。

7. 瑜伽　瑜伽是集身体、心理与精神为一体的练习。瑜伽姿势易于掌握,在活动身体的同时,能够改善人的心理和精神状态,故吸引着越来越多的老年人练习。需要注意的是瑜伽姿势看似简单,却需要调动人体的各种力量,因此练习时应循序渐进,老年人在最初练习时,时间应控制在半小时以内。

（二）老年人普通体育活动对身体健康的作用与意义

1. 预防心血管病　体育锻炼可以对心血管系统的形态、功能及调节能力产生良好影响,从而提高机体的工作能力。人量研究表明,参加有规律的体育健身锻炼可以明显地降低心血管疾病的形成和发生。此外,经常参加体育运动的人,血管壁肌层增厚,弹性好,有利于血液流通,血液中胆固醇的总含量比一般人要少得多,可改善和加强血管运动的调节作用,降低血压。

2. 改善呼吸系统的功能　人体通过体育健身锻炼,可以使呼吸加深,吸进更多的氧气,排出更多的二氧化碳,从而使肺活量增大,残气量减少,肺功能增强。经常参加体育锻炼,身体适应能力较强,呼吸更加平稳、深沉、匀和,频率也较慢,安静时呼吸频率为 7~11 次/min,比不参加健身锻炼的人减少 5~7 次/min。呼吸强度与呼吸中枢对缺氧和二氧化碳的耐受性增强,减少呼吸道疾病的发生。

3. 提高消化系统的功能　由于呼吸加强,可以增强体内营养物质的消耗,使整个机体的代谢增强。体育锻炼可使胃肠的蠕动增强,消化液分泌增多,改善肝脏和胰腺的功能,消化和吸收的功能也都相应提高,从而使食欲增加。体育锻炼过程中,膈肌大幅度地上升和下降,腹肌的前后交替运动,对肠胃有按摩作用,有助于增进"流水线"的运动速度,有促进消化的作用,使肠胃的血液循环得到改善,肠胃的功能增强,从而提高整个消化系统的功能,为人体的健康和长寿提供良好的物质保证。

4. 改善神经系统功能　经常参加体育锻炼,可使神经系统的功能得到适应性的变化和提高,神经系统的兴奋性和灵活性也得到改善。老年人合理的体育锻炼可以防止和消除大脑疲劳,保持精神饱

满,思维敏捷,记忆力提高,这正是神经系统功能健壮的表现,所以体育锻炼是发展和保持神经系统功能有效的手段。

5. 对运动系统的影响 研究表明,在长期锻炼影响下,人体运动系统会产生一系列积极性适应,减缓老年人骨质疏松。常有规律地参加体育健身锻炼,可以使骨密质增厚,骨变粗,骨面肌肉附着处凸起明显,进而提高骨质密度和骨的强度达到预防骨裂的目的。随着形态结构的变化,骨骼更加粗壮和坚固,在抗折、抗弯、抗压缩和抗扭转方面的性能都有了提高。另一方面,可使肌肉发生明显的变化。

6. 减缓心理应激 通过体育锻炼可有效地减缓人的心理应激。应激是人体对外部环境的一种身心反应,如工作、学习、人际关系、生活等。在生活与工作中,人需要一定程度的应激,这有助于提高生活的质量和工作的效率,一般而言,轻到中等程度的应激比较适宜。虽然长时间或高强度的应激会带来身心的紧张,但是研究显示,坚持参加低到中等强度的、有规律的有氧锻炼(如跑步、游泳或骑自行车等)是减少应激的最有效的方法。

(三)老年人进行普通体育活动的注意事项

1. 养成锻炼习惯 要有决心和毅力,持之以恒,坚持不懈,克服懒散的习惯。

2. 进行必要的健康检查 老年人开始一个项目锻炼之前和运动一段时间以后,最好请医务人员做必要的身体检查。前者旨在判断健康状况,检查是否有老年性疾病,协助选择合理、正确的锻炼方法;后者旨在分析运动和健康的关系,鉴定锻炼效果,调整或修改运动项目和强度,进一步提高运动的效果。

3. 遵守循序渐进的原则 老年人在锻炼时要根据自己的体质、原来是否运动和运动的强度来决定运动量的大小。动作要由慢到快、由易到难、由简到繁,逐渐增加锻炼的时间。每次运动要由静到动、由动到静,逐渐过渡。开始前要有准备活动,停止前要有整理运动。

4. 加强自我监督 老年人一般体质较差,运动量过小则达不到锻炼的目的,动量过大则可能会给身体带来损害。因此,自我监督十分必要,具体做法是经过一段时间的锻炼,如果运动时微微出汗,运动后感到轻松、舒畅,食欲、睡眠比以前好,说明运动恰当,效果良好;如果运动时感到头晕、胸闷、心慌、气促,运动后食欲减退、睡眠不好,有明显的疲劳感,则说明运动量过大。如果运动时脉搏增加不多,无发热感,说明运动量太小。

5. 选择适当的运动项目 老年人可选做体操、散步、慢跑、自行车(短程慢速)、球类(乒乓球、羽毛球)、游泳、太极拳、八段锦等。不宜做强度过大、速度过快的剧烈运动。

此外,老年人进行体育运动时还要注意,不要在饭后马上运动,以免引起胃肠道疾病或消化不良等。吃完饭 1~2h 后再运动比较好;如果身体不舒服,就不要勉强运动;运动时要用鼻吸气,因为空气经鼻吸入,鼻毛可阻挡一部分空气中的尘埃,防止它们进入气管和肺,鼻腔黏膜还可调节空气的温度和湿度,不致让冷空气直接刺激呼吸道;呼吸时要自然,不要长时间憋气,因为憋气时胸腔内的压力较大,不利于血液回流心脏。

知识链接

体育锻炼中运动损伤的预防

在体育运动过程中所发生的各种损伤统称为运动损伤。运动损伤与一般的工伤或日常生活中的损伤有所不同,它的发生与运动项目、训练安排、运动环境、运动有的自身条件以及技术动作有密切的关系。运动损伤对体育健身参加者来说,将影响其健康、学习和工作,也对体育健身者造成不良的心理影响,妨碍体育健身的正常开展。

由此,在体育健身中我们对运动损伤的预防应有充分的认识,需要很好地掌握运动损伤的发生规律,切实做好预防工作,使之最大限度地减少或避免运动损伤。同时,还应了解和掌握一些体育健身运动中常见的运动损伤的产生原因、预防和处理方法,从而使体育健身健康安全而富有成效。

（四）老年人普通体育活动的策划与准备

1. **活动主题** 活动主题可以围绕体育活动的类型,如健步活动、广场舞活动、球类活动等,根据活动的目的,配合活动的特殊节点或意义开展。老年人活动主题要鲜明、有特色,才能对老年人产生吸引力。

2. **活动规模** 体育活动通常人数越多氛围越热烈,但老年人体育活动具有特殊性,突发状况较多,因此活动规模要限制在一定范围内,一般在 30 人左右。

3. **参加对象** 以自理老年人为主。

4. **举办时间及安排** 老年人普通类体育活动一般具有相当的活动量,因此举办的时间尽量安排在温度适宜的春秋天。时间不宜过长,一般不超过 1h。

5. **活动地点** 应选择地势平坦的户外或空间广阔、采光性较好的室内进行。

6. **活动准备**

（1）招募活动参与人员。活动参与对象的确定一定要通过社区居委会或者物业、养老机构相关人员与老年人充分沟通,充分掌握老年人的身体状况信息。

（2）准备活动所需物品:横幅、奖品、急救药品等。

（3）检查活动所需物料,核对清单。

7. **活动流程** 见实训 4-3。

二、策划组织老年人趣味性体育活动

导入情景

某老年公寓有孤寡老人 120 余名,老年人们没有亲人的陪伴,整天待在屋子里不愿意出门,生活乏味无趣。一年一度的全民健身日就要到了,为了让老年人走出房门,增加社交圈子,加强体育锻炼,老年公寓专门针对老年人组织了一场名为"我运动,我快乐"的趣味保龄球活动。

工作任务

1. 概述趣味体育活动的形式。

2. 请尝试策划和组织适合老年人的趣味体育活动。

趣味性体育活动是普通类体育活动的延伸,活动组织者通过修改竞技运动规则,加入一些有趣的道具,结合老年团体游戏的玩法,令其变成趣味运动项目。它对体能要求相对较低,竞技要求降低,娱乐性增强,以达到锻炼身体、娱乐身心、营造气氛的效果,如"背靠背运球""踩气球""吹乒乓球"等。相对于普通类体育活动,趣味性体育活动对参与者的运动技巧及体能要求更低,更加适合老年人群。

（一）老年人趣味性体育活动形式

1. 水上漂

器材:乒乓球、碗。

项目规则:嘴吹乒乓球:桌子上摆放若干个碗,一个接一个依次排开,第一个碗和最后一个碗中没有水,其余几个碗中装满四分之三的水,第一个碗里放入乒乓球,将乒乓球从第一个碗吹进第二个碗,依次往下,直至将球吹入最后一个碗中,中间掉球者重新开始,最快完成者获胜。该运动能使老年人的肺活量得到锻炼。

2. 保龄球

器材:空矿泉水瓶、篮球。

项目规则:用 10 个矿泉水瓶摆成一列(为防止水瓶歪倒,可以保留三分之一的水在瓶中),用篮球将在距离矿泉水 5m 处击打矿泉水瓶,击倒瓶子数量最多者获胜。该运动能使老年人的心肺、四肢功能得到锻炼。

3. 夹球

器材:玻璃球、碗、筷子。

项目规则:一个碗里盛放较多的玻璃球,旁边放一个空碗,在 3min 时间内,用筷子夹到空碗里的玻璃球最多的人获胜。筷子夹球能够使老年人的手眼协调能力得到锻炼。

4. 接力跑

器材:羽毛球、羽毛球拍。

项目规则:每 5 人一组,分为若干组,每人手拿一支羽毛球拍分别站在指定位置,第一个人用球拍托羽毛球,开始快步走,距离为 10m,传递给下一个人,依次传递,最快完成羽毛球传递的小组获胜。

5. 掷飞镖

器材:飞镖、镖盘。

项目规则:镖盘置于离投镖处一定距离(视老人身体状况而定)外的墙上,每位选手掷十镖,最后以十镖累积环数定胜负。投掷飞镖除了健身功能外,还有很大的娱乐性,投掷飞镖需要一定的技巧,为了准确击中,投掷时需要凝神、静心、屏气、拢指、转腕、扭腰、转臂、使上下肢的关节得到锻炼。

6. 套圈

器材:塑料或铁丝圈、玻璃杯。

项目规则:每人站在离投放物 1.5m 外,投十个圈设法将杯子套中,每一个杯子有对应的分值,最后将套中的分值累加。

7. 自行车慢骑

器材:自行车。

项目规则:每人一辆自行车,哨声响后开始骑行,最慢到达终点者获胜,途中脚落地者被淘汰。该运动能使老年人的平衡能力得到训练。

8. 投沙包

器材:沙包、桶。

项目规则:每 5 人一组,分为两组,每人有 5 个沙包,依次将沙包投进 3m 外的桶里,一定时间里投进最多的那个组获胜。

9. 打陀螺

器材:陀螺、鞭子。

项目规则:一组老年人同时开始抽打陀螺,工作人员开始计时,以陀螺不再旋转为止,旋转时间最长的获胜。打陀螺可以锻炼手臂的力量,眼睛也必须盯着运动的陀螺,能够锻炼眼神。刚开始玩的老年朋友可以先从小陀螺开始,再逐渐打大陀螺,在欢笑和娱乐中不知不觉就起到健身效果了。

10. 心心相印(背夹球)

器材:篮球。

项目规则:20m 距离,两端各站 12 人,每端分成 3 组,每组 2 人,背夹一篮球,步调一致向前走,进行接力时,接力方必须在线内完成接力活动,以最后完成用时最少的队伍为胜,违规一次加时 5s。(每个团体 2 组、每组 8 人、男女不限)。

(二)老年人进行趣味性体育活动的意义

1. 提高老年人参与积极性,改善心情 趣味性体育活动,简单易做,趣味性强,对老年人具有很强的吸引力,能激发老年人的参与热情。各种主题趣味运动项目把老年人从日常沉闷的生活中解放出来,让大家彻底释放压力。压抑在趣味中消逝,信心在运动中增强,了解交流在不知不觉的过程中完成,集体的力量也在无限的快乐中悄悄凝聚。

2. 增强体质,有利于老年人身体健康 趣味性体育运动选择的项目充分考虑了老年人身体运动的自然状态和强度,不会过度,不会伤身,最能促进强身健体,而且还可以促成他们养成平时爱运动的好习惯。进行这样的活动,使得老年人在身体运动起来的同时,心情也获得愉悦,非常有利于身体健康。

3. 增强沟通能力,密切人际关系 趣味性体育活动一般都是较多的人一起参与完成,有时需要成员沟通进行,在这个过程中,可以增强老年人的人际沟通能力。

4. 使老年人心理放松,获得愉悦的心灵体验 趣味性体育活动既不同于竞技性体育运动的紧张性,也不同于普通类体育运动的单调性,能使老年人获得轻松愉悦的心灵体验。

（三）老年人进行趣味性体育活动的特点

1. 项目创新，耳目一新　通过多种特制新颖器材，令参与团体感觉新鲜，为视觉及听觉都带来更多享受，亦可让参加项目者更为投入。

2. 新颖乐趣　运动项目简单有趣，好玩，通过项目概念讲解及简单演示，便可明白项目游戏规则及如何参与，大部分项目与游戏形式结合，趣味性很高。

3. 参与性强　与传统运动会相比，趣味运动会更凸显团体的共同参与，几十人甚至上千人均可在一场趣味运动上共同参与。脱离传统运动会只能"多人观看，少人参与"的不足之处。

4. 参与门槛低　弥补了传统运动会上只拼力量、速度的不足，趣味运动项目对体能的要求不高，不论老少、男女均能共同参与体会。

5. 气氛活跃　因趣味运动项目区域要求不高，只需要不大的面积便可进行，观众与参赛者的距离很近，场里场外像打成一片。开场、比赛、颁奖整个环节的气氛都特显活跃、热闹。

6. 可控性强　因为有出色的裁判团体，加以细节的项目规则，有条不紊、环环相扣的项目分数统计规则，让活动能很顺利进行。

知识链接

老年人防跌倒训练

随着年龄的增加，老年人的身体功能出现逐渐衰退现象，其中平衡能力下降是一个突出表现。中老年人应该加强平衡练习，提高防摔倒能力。

1. 睁眼"金鸡独立"　站立位，两眼睁开，两手自然放在身体两侧，任意抬起一只脚，试试能站立更长时间。随着睁开站立完全游刃有余之后可以进阶为闭眼单脚站立，闭眼单脚站立初期要手扶固定扶手。

2. 闭眼重心移动　闭目站立位，两脚分开与肩同宽。双臂向两侧平举，身体先向左侧摆动，再向右侧摆动。然后可逐渐将两脚向一起靠拢，以增加锻炼难度。

3. 倒走　倒走是一种很好的锻炼身体平衡和协调的练习方法，在进行倒走练习时要注意选择平整且没有机动车的道路，在倒走时速度不宜过快，最好有朋友及家人陪伴。

（四）老年人趣味性体育活动的策划与准备

1. 活动主题　活动主题可以围绕活动的类型，如击鼓传花、踢毽子、丢沙包、打陀螺等，根据活动的目的，配合活动的特殊节点或意义开展。老年人活动主题要鲜明、有特色，才能对老年人产生吸引力。

2. 活动规模　趣味性体育活动因为趣味性对老年人的吸引力较大，老年人参与的积极性较高，但老年人体育活动具有特殊性，突发状况较多，人员过多，现场不易控制，因此活动人员规模要限制在一定范围内，一般在 30 人左右。

3. 参加对象　社会和养老服务机构老年人均可参加，针对不同自理能力，可以设计有针对性的趣味体育活动。

4. 举办时间及安排　老年人普通类体育活动一般具有相当的活动量，因此举办的时间尽量安排在温度适宜的春秋天。时间不宜过长，一般不超过 1h。

5. 活动地点　应选择地势平坦的户外或空间广阔、采光性较好的室内进行。

6. 活动准备

（1）招募活动参与人员：活动参与对象的确定一定要通过社区居委会或者物业、养老机构相关人员与老年人充分沟通，充分掌握老年人的身体状况信息。

（2）准备活动所需物品：横幅、奖品、急救药品等。

（3）检查活动所需物料，核对清单。

7. 活动流程　见实训 4-4。

实训 4-3 策划和组织老年人健步比赛活动

为增强社区老年人锻炼身体的意识,提高他们参与锻炼的积极性。某社区居委会准备在周六举办一场老年人主题为"运动陪我行,快乐伴一生"的健步比赛,为了保证此次活动安全、圆满地开展,社区专门成立了比赛筹备小组,并且展开了紧张忙碌的准备工作。

【实训目的】

1. 熟悉老年人普通体育活动策划和方案撰写。

2. 学会策划组织一场普通体育活动比赛。

【实训学时】

2 学时。

【实训步骤】

撰写活动策划方案:

(1)活动主题:"运动陪我行,快乐伴一生"健步比赛。

(2)活动参与对象:社区年满 60 岁的居民,报名限额 20 人。社区居委会工作人员 5 人,志愿者 10 人。

(3)活动时间:×××× 年 ×× 月 ×× 日 9:00—10:00。

(4)活动地点:生态公园。

(5)活动目的和意义:增强社区老年人体育锻炼身体的意识,提高社区老年人参与体育锻炼的积极性。

(6)活动内容:热身、主题活动、颁奖(表 4-8)。

表 4-8 健步比赛活动流程

活动主题	"运动陪我行,快乐伴一生"健步比赛		地点	生态公园	
日期	×××× 年 ×× 月 ×× 日 9:00—10:00		时间	60min	
带领者	老年活动策划者				
活动流程					
进行内容	预估时间/min	活动内容		所需预备	备注
准备	20	签到,发放号牌;领导讲话,介绍注意事项;做热身运动		签到表、号码牌、起点和终点划线、悬挂横幅	
主题活动	30	1. 选手比赛 根据发令枪提示,所有参赛老年人一起出发,比赛开始 2. 记录成绩 安排 3 名志愿者专门记录每一位老年人成绩;并且安排专人对参赛过程中老年人的精彩瞬间进行拍照留念 3. 公布成绩 根据时间统计,确定每一位老年人的参赛成绩,确定冠亚季军的归属 4. 颁奖 为所有参赛老年人颁奖,志愿者与所有参赛老年人一起合影留念		休息区、矿泉水、医务人员、计时器、成绩记录单	
整理和总结	10	1. 清理比赛场地 捡拾活动场地垃圾;撤掉横幅 2. 总结反思 对活动中的一些好的做法和问题进行总结反思		卫生工具	

（7）人员分配：工作人员分为 3 个小组，见表 4-9。

表 4-9　活动人员工作任务分配

工作小组	工作任务
准备小组	招募志愿者；参赛老年人的报名登记和资格审核；购买所需用物
执行小组	活动的主持；号牌的发放；成绩的记录；奖品的发放
保障小组	活动秩序的维护；突发状况的应急处理

（8）经费预算：本次活动的经费预算详见表 4-10。

表 4-10　活动经费预算

项目	数量	单价 / 元	小计 / 元
号牌	30 个	5	150
奖品	30 份	20	600
矿泉水	5 箱	30	150
横幅	5 幅	30	150
合计			1 050

（9）活动注意事项：①遵循"友谊第一，比赛第二"的原则，比赛要公平公正。②比赛全程为 1 000m，比赛设一等奖 1 名，二等奖 3 名，三等奖 6 名。参与奖 20 名。③紧密关注老年人身体状态。老年人身体素质相对较弱，在进行普通类体育活动前要对老年人的身体状况进行了解，对不适合参与活动的老年人，如心脏病病人可对其建议不参加；活动过程中，避免老年人过度劳累，对出现体力下降的老年人可建议其休息；活动结束后，为有需要的老年人提供座椅和矿泉水。全程有志愿者和医务人员，及时处置突发状况。

（10）预计效果：老年人身体得到锻炼，激发老年人积极体育运动的积极性，通过活动老年人扩大了自己的社交圈，收获了乐趣。

【实训评价】

1. 知识掌握（30%）　说出老年人普通体育活动的类型和注意事项。

2. 操作能力（40%）　能学会与其他人合作开展老年人普通体育活动，能预计活动中的突发情况并做好应急预案；能在活动中协调各工作人员一起有效组织、开展活动。

3. 人文素养（30%）　注意老年人和自身的防护，有安全意识及风险管理意识（15%）；准备要充分，评估全面（15%）。

实训 4-4　策划和组织老年人趣味保龄球体育活动

【实训目的】

1. 熟悉老年人趣味体育活动策划和方案撰写。

2. 学会策划组织一场老年人趣味型体育活动。

【实训学时】

2 学时。

【实训步骤】

撰写活动策划方案：

（1）活动主题："我运动，我快乐"趣味保龄球活动。

（2）活动参与对象：老年公寓老人，限额 20 人；老年公寓护理员 5 人。

（3）活动时间：×××× 年 ×× 月 ×× 日 9：00—10：00。

（4）活动地点：老年公寓活动中心。

（5）活动目的和意义：为增强社区老年人锻炼身体的意识，提高他们参与锻炼的积极性，提高锻炼的趣味性。

（6）活动内容：暖身、主题活动、颁奖（表4-11）。

表 4-11　趣味保龄球活动流程

活动主题	"我运动，我快乐"趣味保龄球活动	地点	老年公寓活动中心
日期	××××年××月××日 9：00—10：00	时间	60min
带领者	老年活动策划者		

活动流程				
进行内容	预估时间/min	活动内容	所需预备	备注
暖身	10	签到；和老人们打招呼，进行开场互动；场地布置和用物准备	签到表；矿泉水瓶、篮球	
主题活动	30	1. 讲解比赛规则 2. 抽签。按照抽签顺序进行姓名登记 3. 进行活动。按照抽签顺序进行，每人五个篮球，总成绩为五次成绩总和，记录每个老年人的总成绩。上一位老年人进行中，通知下一位老年人做好准备。每次击球完成后，有专人迅速摆好矿泉水瓶和捡拾篮球	由专人负责摆矿泉水瓶、捡拾篮球、记录成绩	
颁奖	10	1. 为获奖老年人颁奖，注意尽量做好人人有奖，减小奖品间的差距 2. 合影留念	奖品；相机	
整理和总结	10	1. 清理比赛场地 2. 总结活动的经验教训	卫生工具	

（7）人员分配：工作人员分为3个小组，见表4-12。

表 4-12　活动人员工作任务分配

工作小组	工作任务
准备小组	准备装水矿泉水瓶10个，篮球2个；报名登记；布置活动中心
执行小组	活动的主持；比赛按顺序进行；成绩的记录；奖品的发放
保障小组	活动秩序的维护；突发状况的应急处理

（8）经费预算：本次活动的经费预算详见表4-13。

表 4-13　活动经费预算

项目	数量	单价/元	小计/元
矿泉水	2箱	50	100
奖品	20份	20	400
合计			500

（9）活动注意事项：①遵循"友谊第一，比赛第二"的原则，所有参与人员都要适当奖励。②紧密关注老年人身体状况，有特殊情况时，及时联系医务人员。

（10）预计效果：老年人从运动中收获快乐，扩大了自己的社交圈子。

【实训评价】

1. 知识掌握（30%）　说出老年人趣味体育活动的形式和注意事项。

2. 操作能力（40%）　能学会与其他人合作开展老年人趣味体育活动，能预计活动中的突发情况并做好应急预案；能在活动中协调各工作人员一起有效组织、开展活动。

3. 人文素养（30%）　注意老年人和自身的防护，有安全意识及风险管理意识（15%）；准备要充分，评估全面（15%）。

（任崇伟　潘建田）

第三节　策划组织老年人志愿活动

导入情景

为响应街道创建卫生城市的号召，小区老年志愿服务队的老李，准备召集服务队的老伙计们进行一次小区公共区域环境清洁活动，并借机教育小区居民爱护环境卫生，共同营造美好家园。

工作任务

1. 结合案例，简述老年志愿者在从事志愿活动时的注意事项。

2. 请模拟组织本次老年人志愿活动。

就整个社会层面来说，老年志愿者活动是老年人参与社会的一种重要形式。老年人参与志愿者活动所体现出来的广泛而深远的价值，意味着老年人不仅不是社会的负担，还是重要的社会资源。对于老年人来说参与志愿者活动不仅能减轻社会和家庭的负担，而且还能发挥余热，继续为社会作出贡献，也能帮助老年人建立积极而正面的形象，让整个社会形成尊老敬老的良好社会风气，形成和谐的美好局面。

志愿者（volunteer），联合国定义为"自愿进行社会公共利益服务而不获取任何利益、金钱、名利的活动者"，具体指在不为任何物质报酬的情况下，能够主动承担社会责任而不获取报酬、奉献个人时间和行动的人。部分老年人虽然进入老年期，但身体比较健康，本人也热心于社会公益事业，有比较强烈的参与志愿者活动的需求。老年人退而不休，自愿参加志愿者活动，它所体现出来的广泛而深远的影响，已远远超出志愿者活动本身的价值。这意味着老年人不仅不是社会的负担，还是重要的社会资源，他们参与志愿者活动的内涵由休闲娱乐转向生产创造，他们发挥余热，继续为社会作贡献。目前，老年志愿者活动已呈现出多部门、多层次、多渠道、多形式蓬勃发展的良好态势。参与志愿者活动已经成为老年人社会参与的主渠道。

一、老年人参加志愿活动的优势

1. 时间优势　从事志愿者活动需要花费大量的时间，而赋闲在家的退休老年人正好具备了这个条件，他们有充裕的时间参与志愿者活动。大部分老年人的生活存在单调乏味、内心空虚、娱乐项目少等，合理应用闲暇时间，从事志愿活动可以丰富他们的生活，并促进其身心健康，同时还会产生良好的社会效益。志愿活动需要大量空余时间，而老年人闲暇时间多，能充分保证活动时间。

2. 心理优势　老年人心智成熟稳重，面对问题，考虑全面，能够沉着冷静地分析与解决问题。老年人做事执着，有恒心，能持续参与志愿者活动，弥补了青年志愿者缺乏持久性的缺点。

3. 经验优势　老年人生活阅历广，具有丰富的工作经验和生活经验，处理问题方法多。尤其是对

解决邻里矛盾、孩子的教育等问题有独特的方法和技巧。许多看似不可调和的问题,由老年志愿者出面调解,往往可以起到意想不到的效果。老年人生活阅历丰富,处理各种事情有条不紊。

4.专业优势　老年人是一个特殊的群体,他们中人才济济、藏龙卧虎。他们从事过各行各业的具体工作,具备一专多能、一技之长、实践经验丰富等优势,特别是警察、律师、医务工作者等,他们在从事志愿活动时可以充分利用自己的专业特长,做好维护社会安全、法律咨询及健康知识宣教等方面的工作,具有其他年龄组的志愿者无可比拟的优势。

5.其他优势　很多老年人有丰厚的传统文化方面的特长,如书法、国画、戏剧等,可以发挥其所长,做好传统文化的传承和发展。另外,老年人还具有做事细心、有耐心,了解社区最基本的状况和百姓诉求等优势。老年人德高望重,用其自身为人处世的经验,给予受助者积极的开导和启发,更容易让受助者产生信赖感。

二、老年人志愿活动类型

1.社会服务　社会服务是老年人志愿活动的主要类型,包括社区服务、未成年人教育和保护、义诊、支教、科普宣传、科技咨询、维护交通安全、大型活动志愿服务等。

2.老年人互助　老年人互助主要是指老年人之间的互帮互助。例如,身体健康的老年人为行动不便的老人代购日用品、打扫卫生、看护陪伴失能老人……通过这些活动,他们能换取志愿者积分和奖状,还能用积分换取每月的生活用品。实践证明,互助养老提高了老年人汲取社会资源的能力,满足了老年人的日常交往、精神慰藉等较高层次需要,推广互助型养老模式将是积极应对人口老龄化的可靠选择。

三、老年志愿者活动的意义

老年人通过参与志愿活动,既得到了社会对个人的尊重和满足,又体现了个人对社会的责任和贡献,真正实现了老年人的社会价值。事实上,志愿者活动是公民义务和责任的一种表现,它不仅给社会带来了巨大的价值,也给老人带来新体验以及有能力和创造力的感觉,让老年人的生活丰富多彩。因此志愿者活动也是老年人适应退休后生活和体现社会价值的需要,社会各界应当给予理解和支持。具体来说老年志愿者活动有以下几方面的意义:①扩大交际范围,排除孤独感;②丰富人生阅历,增长知识,开阔视野;③发挥余热,实现人生价值;④老年志愿者活动是老年人参与社会的一种重要形式,承载着积极老龄化丰富的内涵、目标和行动的重要意义。

此外,老年人参与志愿活动也可以起到良好的社会示范作用,号召全社会进行公益活动。

四、老年人参加志愿活动的影响因素

1.身体状况　老年人因为身体功能下降,其身体状况是影响参加活动的一大因素,参加志愿活动时根据自身条件"量力而行"。

2.家庭是否支持　老年人参加志愿活动要协调好家庭内部的关系,获得家庭成员的认可和支持。子女出于关心老年人身体健康的考虑或者担心带来麻烦,因此,很多时候可能会不赞成他们参与志愿活动。因此,老年人需多和家人沟通,取得家人支持。

3.社会支持力度　老年志愿者活动虽然是一种非政府民间自发行为,但也需要政府支持。随着社会进步,中国志愿者团体不断增加,但是以老年人为主体的志愿者团体无论从数量还是覆盖范围来说都相对较少,政府应鼓励支持老年人志愿协会的成立和发展,从政策上、经济上积极支持。

知识链接

互助养老模式

老年人面临着"收入水平总体不高,失能问题日益突出,宜居建设相对滞后,全民对老年期生活准备不足等问题",为此,开展互助型养老方式,通过共建、共享、共同管理,提升老年人幸福感,成了政府和社会解决养老问题的良策。

按照互助养老的主导者,可将各地互助养老实践分为4种类型,一是政府主导型,如邯郸的"互助幸福院"模式;二是自治组织主导型,如昆明的"巧手暖暖团"模式;三是社会组织主导型,如上海的"老年生活护理互助会"模式;四是家庭主导型,如武汉的"合租互助"模式。

以上养老模式,均是建立在互帮互助的基础上,有效缓解传统家庭养老不足,给老年人的生活增添幸福感。互助养老模式,不仅节约成本,也符合中国文化传统,是养老市场的有益补充。

五、老年志愿活动的策划与准备

(一)活动主题

老年志愿活动主题要鲜明、有特色,才能对老年人产生吸引力。老年人志愿活动的主题可以围绕当前社会热点并结合老年人的特长展开,如社区安全防护、制止不文明行为等。

(二)活动规模

老年人进行志愿活动时,人员在空间上的分布往往比较分散,这就涉及协调、防护和安全的问题,一旦参与人数过多就会导致协调的困难。因此,活动规模一般控制在 10 人左右为宜。

(三)参加对象

以社区或机构中的自理老年人为主,尤其是热心公益且有一技之长的老年人。

(四)举办时间及安排

志愿活动相比于其他活动对于老年人体力的消耗比较大,尤其是一些室外的志愿活动,因此,活动时间不宜过长。此外,要提前预订活动场地,并对活动场地进行布置。整个活动流程要相互衔接,不要脱节。同时要把老年人的身体健康安全放在首位,保障老年人的权益不受损害。

(五)活动地点

老年志愿活动以室外居多,因此在活动中医疗防护和救助一定要保证。此外,一定要对活动场地提前进行检查,尽量选择障碍少、车辆少的场所开展活动。

(六)活动准备

1. 招募活动参与人员。招募通知中要包含以下信息:活动时间、地点、人数、主题、是否收费 / 金额等。

2. 准备活动所需物品:横幅、志愿者服装、茶水、药箱等。

3. 检查活动所需物料,核对清单。

(七)活动流程

见实训 4-5。

实训 4-5 "美丽社区·我是行动者"老年人环保志愿服务活动

【实训目的】

1. 熟悉老年志愿活动策划方案的撰写。

2. 学会策划组织一场老年人志愿活动。

【实训学时】

1 学时。

【实训步骤】

撰写活动策划方案:

（1）活动主题:美丽社区·我是行动者。

（2）活动参与对象:社区热心老年居民。

（3）活动时间:××××年××月××日9:30—11:00。

（4）活动地点:小区健身广场。

（5）活动目的和意义:为了倡导"奉献、友爱、互助、进步"的志愿者精神,提升社区文明程度,改善小区环境卫生状况,使老年人能够获得"老有所为"的心理体验。

（6）活动内容:清理小区绿化带内垃圾、环境保护宣传。

（7）人员分配:工作人员分为3个小组,见表4-14。

（8）经费预算:本次活动的经费预算详见表4-15。

表4-14　活动人员工作任务分配表

工作小组	工作任务
准备小组	邀请活动参与者;购买活动垃圾袋、卫生工具;印发宣传单页
执行小组	活动流程的衔接;活动分工;维护活动现场秩序;现场摄影
保障小组	饮用水补给、应急医疗保障

表4-15　活动经费预算表

项目	数量	单价/元	小计/元
垃圾袋	30个	0.5	15
卫生工具	5套	15	75
倡议书	100份	1	100
矿泉水	2箱	50	100
合计			290

（9）活动注意事项:老年志愿者的招募要遵循自愿原则,不能强迫参与;在活动过程中,老年人要量力而行,注意保护自身安全和健康;在劝说不文明行为时,要注意方式方法,避免与人发生冲突。

（10）预计效果:老年人志愿者的实际行动带动和影响了周边群众,大家共同对小区进行清理,使脏、乱、差的现状得到了改善;在志愿活动进行的过程中,我们的志愿者通过对来往的群众宣传,提高了大家的环境保护意识。

【实训评价】

1. 知识掌握（30%）　说出老年志愿活动的形式、影响因素。

2. 操作能力（40%）　能学会老年人志愿服务活动的流程和注意事项;能预计活动中的突发情况并做好应急预案;能在活动中协调各组工作人员,有效组织、开展活动。

3. 人文素养（30%）　充分尊重老年人的意见建议,不武断（15%）;准备充分,评估全面（15%）。

（潘建田）

第四节　策划组织老年人文化活动

导入情景

随着社会的发展,智能手机在生活中越来越普及,许多老年人因不会使用智能手机感觉到很难跟上新型通信工具的步伐。为了解决社区老年人"用机难"问题,拓宽他们对外沟通的渠道,同时也使广大老年人享受科技进步带来的便利,7月5日上午,××社区联合××志愿者协会,举办了一次老年人智能手机使用的公益培训活动。

工作任务

请策划和组织本次公益培训活动。

文化活动是以人民群众活动为主体,以自娱自教为主导,以满足自身精神生活需要为目的,以文化娱乐活动为主要内容的社会历史现象。它具有群众性、自娱性、倾向性和传承性,在精神调节、宣传教化、普及知识、团结凝聚等方面起到重要作用。文化活动涵盖的范围很宽泛,常见的文化活动有:书画展览、文艺演出、歌唱比赛、读书会以及各种形式的对于传统或现代文化的宣传、弘扬或学习的活动。在社会老龄化程度不断加深的今天,全社会都应关注老年人的精神文化生活,为老年人提供学习型、交往型、娱乐型等各类文化活动,促进社会和谐与稳定。

一、策划和组织老年人学习活动

现代社会的高速发展,尤其是信息通信技术、支付技术等新技术的广泛应用,在方便人们的同时,也给老年人的生活带来了巨大的挑战。为了提高晚年的生活质量,广大老年人或主动或被动地投身于这场"终身学习"当中。他们选择利用家庭、社区、学校等学习空间,通过正规教育和非正规教育两种方式接受新知识,不断充实和完善自己,尽显老年人的"老有所学"的人生态度。

（一）老年人学习活动的作用

老年人学习活动一方面可以丰富文化知识,充实自己的生活,排解孤寂,促进身心健康;另一方面也能挖掘老年人的潜能,继续为社会发挥余热。老年人学习活动既是自身的需要,也符合社会的期望。老年人学习活动的主要作用在于:

1. 老年人学习活动在充实自己的同时,还可增进人际互动　老年人走进再学习的课堂,就像回到了年轻时代——美丽的校园、宽敞的教室、新的老师和同学,还有自己最感兴趣的课程:音乐、舞蹈、戏曲、乐器、书法、绘画、手工、棋牌、健身、太极、钓鱼、保健、电脑知识等。年轻时,由于工作繁忙,家务缠身,只得把爱好藏在心底,人到晚年,却出乎意料地迎来了重拾兴趣爱好的"第二个春天",通过学习使得生活变得异常充实。此外,学习活动也是增进老年人邻里间情感的一个有效方式,帮助老年人结交新的朋友,扩大老年人的社交圈子,避免离退休后带来的抑郁及孤独感。

2. 学习活动需要开动大脑,能够延缓衰老　一些老年人退休前精力充沛,神采奕奕,可是退休后衰老就十分明显。

现代医学认为大脑是生命活动的高级中枢,到了老年大脑会逐渐萎缩,导致大脑的功能退化。坚持不断地用脑,可促进脑细胞的新陈代谢,大脑接收信息的刺激越多,脑细胞越发达,越有生命力,这样可以推迟大脑的退化和萎缩。

3. 通过学习掌握健康知识,维护和促进身心健康　调查显示,在老年人学习内容中,医疗保健知识占比最大,这主要是由于老年人由于身体衰老、疾病等对健康知识的需求增加所致。许多老年人进入老年期后,逐渐显现出各种急慢性疾病,如慢性支气管炎、高血压、高血脂、糖尿病等,这些疾病长期困扰着老年人,因此老年人对于保健知识比较渴求。通过参加讲座、看书、观看电视节目等形式的学习,老年人能够掌握一些医学健康知识,对于自身疾病的预防和保健具有很好的帮助。

（二）老年人学习活动的类型

1. 根据老年人学习活动的内容进行分类　根据学习活动的内容将老年人学习活动的类型分为对自己向往已久的知识、特殊的知识与技能、休闲娱乐的知识与融入以及人生的重新感悟等类型。

2. 根据老年人学习活动的主题内容进行分类　根据学习活动的主题内容将老年人学习活动的类型分为读书读报活动、语言文学类活动、医学保健类活动、计算机应用类活动、书画类活动、摄影类活动、综合应用类活动、体育健身类活动及文艺类活动等。

3. 根据老年人学习活动的学习形式进行分类　根据学习形式可将老年人学习活动的类型分为自学、讲授式学习、开办讲座等形式。

（三）老年人的学习动机

老年人学习的过程是一个对知识、技能与社会情感的积累与再认知过程。年龄增长带给老年人的心理焦虑会使老年人丧失自信，而参与老年学习、融入更多人的学习实践活动中，可以使老年人在身处急剧变化的社会与行将就木的年龄的恐慌中找回自信心，轻松愉快地面对老年生活。老年人的学习动机可以分为两类：第一类属于满足自身需要的学习动机，如兴趣爱好、强身健体、摆脱寂寞、结交朋友或者满足当前解决具体问题的需要等。第二类属于自我实现的学习动机，期望进一步深造和研究，提高自身素质等。如想成为一个学识渊博、见多识广、跟上时代的现代老年人。

（四）老年人学习活动的特征

老年人学习的特征主要体现在以下几个方面：

1. 老年人学习是一种生活方式　老年学习既是一种教育活动，更是一种生活方式。通过学习活动，既可重温自己熟悉的知识，又可学习新的知识，更能研究掌握现代科学知识和技能，如学习使用电脑、互联网冲浪等，也可结合社会热点、焦点开展一些调研活动，并将自己的心得撰写成文，或发表或研讨交流，这样既锻炼了大脑，又提高了自身的文化素质，使自己感到仍然置身于社会的主流。

2. 强调学习活动的主动意识　对于老年学习者而言，社会发展与竞争的压力对他们已经不再起作用。作为已经离开了社会职业生涯的老年人，他们参与学习更多是自身主体意识的驱动力在起作用，是一种基于个体自发的意愿与行为。

3. 老年人学习行为将持续终身　当老年学习者能够积极融入学习实践中时，他们往往能表现出异常强烈的学习意愿和追求，尽管学习过程中他们可能会遇到诸多困难与挫折，但是他们一般都会把学习终身坚持下去的。

知识链接

终身学习

　　"终身教育"这一术语自 1965 年在联合国教科文组织主持召开的成人教育促进国际会议期间，由联合国教科文组织成人教育局局长法国的保罗·朗格朗正式提出以来。

　　终身学习是指社会每个成员为适应社会发展和实现个体发展的需要，贯穿于人的一生的，持续的学习过程。即我们所常说的"活到老学到老"。在特殊的社会、教育和生活背景下，终身学习理念得以产生，它具有终身性、全民性、广泛性等特点。终身教育和终身学习提出后，各国普遍重视并积极实践。

（五）老年人学习活动的策划与准备

1. 活动主题　老年人活动主题要鲜明、有特色，才能对老年人产生吸引力。学习活动的主题可以围绕根据老年人的现实需要，也可以根据老年人的兴趣爱好，还可以围绕某些特定事件。

2. 活动规模　老年人学习活动规模不要过小，否则学习气氛不够热烈，但这不意味着人越多越好，一旦规模过大也会显得嘈杂，而且一旦发生突发状况，处理难度太大。因此学习活动的规模一般

人数最好限定 50 人左右。

3. 参加对象　学习活动对于人员的要求不高,只要有某个方面的学习兴趣或者爱好的老年人均可以参加,尤其是一些讲座类型的学习活动,即使行动不便的老人也可以参加。

4. 举办时间及安排　学习活动时间要求没有严格的限制,但时间安排不宜过长,以免造成老年人的疲劳。此外,还要根据活动时间安排,提前预订活动场地,并对活动场地进行布置。整个活动流程要相互衔接,不能脱节。

5. 活动地点　学习活动一般安排在室内。例如社区活动中心、养老机构的活动室等。桌椅板凳、多媒体、音响等一定要配套齐全;此外,还要考虑到部分行动不便的老年人,要设有无障碍设施和通道。

6. 活动准备

(1)招募活动参与人员。招募通知中要包含以下信息:活动时间、地点、人数、主题、是否收费 / 金额等。

(2)准备活动所需物品:横幅、小礼品、茶水、药箱等。

(3)检查活动所需物料,核对清单。

7. 活动流程　见实训 4-6。

二、策划和组织老年人书画活动

导入情景

王老师退休前是一个勤勤恳恳的模范教师,可自从退休后,一下子闲下来的他无事可做,一直郁郁寡欢,还经常因为琐事和老伴生气。后来,在社区工作者的建议下,王老师参加了社区的老年书画班,在班里面结交了不少志同道合的朋友,整个人的退休生活也充实了。春节的时候,街坊邻里还都请他帮大家写春联,忙得不亦乐乎。王老师觉着自己仿佛又找到了人生的价值。

工作任务

1. 概述老年人书画活动的益处。

2. 策划和组织一次社区老年人书画活动。

(一)书画基础知识

书画是书法与国画艺术的统称。

1. 书法　书法是以汉字为表现对象,用毛笔书写的艺术形式。书法作品分类如下:按照篇幅尺度,分为中堂、竖联、横幅、扇面等;按照所用材质的不同,可以分为碑和帖;按照字体形式,可以分为行、楷、草、隶、篆。其中篆书有大篆、小篆两种,小篆是秦朝统一文字所采用的书体;隶书由篆书简化而来,其特点是字形扁方,笔画形态“蚕头燕尾”;草书字形奔放,尤其狂草最为放纵,具有抽象的美感,代表人物有张旭、怀素;行书不如草书奔放又不如楷书呆立,工整而不失流动,其中最有代表性的作品当属被称为天下第一行书的王羲之的《兰亭序》;楷书整齐方正,是现代汉字书写的标准。

2. 国画　国画即中国画,它由诗、书、画、印共同构成了整体中国绘画的形式美。国画的装裱形式有立轴、扇面、卷轴、册页、镜心。中国画按题材划分为人物画、山水画、花鸟画、走兽画、风俗画;按技法和材料划分为水墨画、重彩、浅绛、工笔、写意、白描等。水墨画是中国画的代表,是由水和墨调配出不同的浓度所进行的绘画,不同的墨色有“墨分五色”之说,即焦、浓、重、淡、清;重彩是指绘画用色重,渲染方式与画面效果强烈;浅绛是以淡红、青色渲染为主的绘画;工笔绘画风格工整细致,先用狼毫勾勒画面轮廓,再用颜料层层渲染的绘画形式;写意画形简意丰,注重神态的表现与意境的抒发;白描即以墨线勾勒形象而不施色彩。

(二)老年人练习书画的意义

1. 充实生活　老年人年轻时在工作岗位非常充实和忙碌,退休后突然无事可做,往往会产生巨大的心理落差,感觉无聊和空虚。书画活动通常需要老年人学习一系列的基础知识和技能并进行长期的练习,这就会让老年人的退休生活变得更加充实。

2. 静气凝神 书画练习需要安静思绪,专心、细心且有耐心,长久练习可以使人的心灵更加宁静。

3. 提升修养 书画是中国古人智慧的结晶,不仅作品本身艺术性高,内容表达丰富,作品背后也暗含了不同的时代背景知识。学习书画的过程也是对深厚的传统文化了解的过程,对书画的学习可以提升一个人的文化修养。

4. 延缓衰老 练习书画能让人精神放松,延缓大脑的老化;同时书画运笔,需要全身启动,力送笔端,贯于纸上,整个过程能起到调动身体的作用,从而使人健康长寿。

5. 提升人际沟通能力 以书会友,以画交友,共同的爱好兴趣,可以吸引彼此进行交流,从而达到增强人际沟通的作用。

知识链接

书法治疗对于老年人认知改善的作用

汉字是世界上最古老的文字之一,其书写表达的传统艺术——书法是中国传统文化中的瑰宝,也是人类非物质文化遗产之一。心理学家的研究表明,进行一段时间的书法训练可以促进人的视觉感知及视觉专注,同时还会促进认知活动,达到生理上的放松,情绪稳定及行动协调。此外,我们还发现,个体在进行书法训练时,其负责空间和形象思维的右脑脑电波活动明显高于负责逻辑推理及语言表达的左脑的脑电波活动。汉字几何的视觉空间特征更符合书写者的自然视角模式,因而可以使书写者的身体受到较少不自然的特殊因素影响,并保持一种放松与平和的身心状态,这种状态可以进一步令书写者精神集中、心无旁骛、注意力分配合理等。

(三)老年人书画活动的策划与准备

1. 活动主题 活动主题可根据活动的目的,配合活动的特殊节点或意义开展。老年人活动主题要鲜明、有特色,才能对老年人产生吸引力。书画活动的主题可以围绕春节、国庆节等节庆日子,也可以围绕某些特定事件,如乔迁之喜、晚辈结婚等。

2. 活动规模 书画创作的时候都需要较大的书桌,所以一般的社区活动室不可能布置很多,因此人员规模也必然受限,一般人数最好限定20人以内。

3. 参加对象 以社区或机构中的老年书画爱好者为主体,报名自愿,也可根据情况邀请特定的老年人参加。

4. 举办时间及安排 活动时间要求相对宽松,没有严格的限制,四季均可,但如果时间安排在下午,要避开老年人的午休时间,同时时间不宜过长,以免耗光老年人的耐心。此外,还要根据活动时间安排,提前预订活动场地,并对活动场地进行布置。整个活动流程要相互衔接,不能脱节。

5. 活动地点 书画活动的地点室内和室外均可,一般室内居多。因此,活动场所主要选定在社区活动中心、养老机构的活动室等。不管室内还是室外,首先保证地面的防滑和安全,公共卫生间的距离较近且数量充足,照明和温湿度等环境条件适当。

6. 活动准备

(1)招募活动参与人员。通知中要包含以下信息:活动时间、地点、人数、主题、是否收费/金额等。

(2)准备活动所需物品:横幅、笔墨纸砚等书画用物、茶水、药箱等。

(3)检查活动所需物料,核对清单。

7. 活动流程 见实训4-7。

实训4-6 策划和组织老年人学习使用智能手机活动

随着智能手机的普及,不少老年人也学会用微信和孩子们视频聊天,这成了很多老年人的一大乐趣。近日,为了让老年人更好地享受信息化时代的便利,×× 社区在活动室开展了老年人智能手机操作培训活动,现场热闹非凡,吸引了近30位老年居民朋友们前来参加。

【实训目的】

1. 熟悉老年人学习活动的策划和方案撰写。

2. 学会策划组织一场老年人学习活动。

【实训学时】

1学时。

【实训步骤】

撰写活动策划方案:

（1）活动主题:老有所学,玩转智能手机。

（2）活动参与对象:×× 社区老人 30 人,社区工作人员 5 人。

（3）活动时间:×××× 年 ×× 月 ×× 日 9：00—10：00。

（4）活动地点:×× 社区活动室。

（5）活动目的和意义:通过本次活动,让老年人学会智能手机的基本操作,开拓和家人朋友沟通的新渠道,享受网络时代带来的精彩生活,实现老有所学、老有所乐。

（6）活动内容:见表 4-16。

表 4-16 实训活动流程

活动主题	老有所学,玩转智能手机		地点	×× 社区活动室	
日期	×××× 年 ×× 月 ×× 日 9：00—10：00		时间	60min	
带领者	老年活动策划者、社区工作人员				
活动流程					
进行内容	预估时间 / min	活动内容		所需预备	备注
暖身	5	向老年人问候,介绍此次培训活动。为营造气氛,首先通过"击鼓传花"游戏调动大家的热情		绣球	
主题活动	50	一、微信的视频电话功能操作 　1. 请老年人在应用商城下载微信应用软件,教他们注册登录 　2. 教老年人相互添加好友（引导建立社交） 　3. 教他们进行视频电话 　4. 朋友圈的操作　请老人拍下活动现场照片或者视频,发朋友圈（提高老年人参与活动的兴趣） 二、玩转微信群 　教老年人发、抢红包,活动主持人现场发小额红包给老年人抢,让他们体会到微信群社交的乐趣 三、网上冲浪 　主持人发布主题,教老年人运用语音或者打字输入和搜索信息,并分享到微信群和朋友圈		老年人每人带一部智能手机、多媒体、课件	
分享	5	主持人对学习活动进行总结,一起回顾活动的开展情况,同时评选 5 位"长者学霸"给予口头表扬;最后给参加活动的老年人发放小礼品		小礼品	

（7）人员分配：工作人员分为 3 个小组，见表 4-17。

表 4-17 活动人员工作任务分配

工作小组	工作任务
准备小组	邀请老年人；布置老年活动室；购置矿泉水、纸巾、小礼品等物品
执行小组	负责 PPT 制作和讲解；现场为老年人进行答疑
保障小组	环境卫生维护、茶水补给、小礼品的发放、应急医疗保障

（8）经费预算：本次活动的经费预算详见表 4-18。

表 4-18 活动经费预算

项目	数量	单价/元	小计/元
横幅	1 条	50	50
矿泉水	3 箱	30	90
小礼物	30 份	10	300
合计			440

（9）活动注意事项：①活动时间控制在 1h 以内，不宜过长。②志愿者在教学过程中要有耐心，切勿急躁。

（10）预计效果：老年人能够掌握智能手机的基本操作，让老年人们享受到科技进步带来的方便。

【实训评价】

1. 知识掌握（30%） 能说出老年人学习活动的作用、类型和特征。

2. 操作能力（40%） 能学会老年人学习活动的基本流程和注意事项；能预计活动中的突发情况并做好应急预案；能在活动中协调各组工作人员，有效组织、开展活动。

3. 人文素养（30%） 关注老年人的心理状况（15%）；准备充分，评估全面。

实训 4-7 "老少同乐迎新春"书画活动方案

重阳节来临之际，××社区邀请市书画协会来为小区老年书法班进行辅导，协会的书画家们对于老年人的书画创作进行了现场指导，并与老年人们一起挥毫泼墨，共同书写老年新生活的美好画卷。

【实训目的】

1. 熟悉老年人书画活动策划方案的撰写。

2. 学会策划和组织老年人书画活动。

【实训学时】

1 学时。

【实训步骤】

撰写活动策划方案：

（1）活动主题："挥毫泼墨度重阳"书画交流活动。

（2）活动参与对象：老年书画协会 5 人；社区老年书画班学员 10 人。

（3）活动时间：××××年××月××日 9：30—10：50

（4）活动地点：××社区老年活动室。

（5）活动目的和意义：①为书画爱好者提供展示自我的平台；②与老年人共同庆祝重阳节，营造浓厚的节日氛围；③提高老年人的书画技能，增加老年人参与书画活动的兴趣和热情。

（6）活动内容：协会书画家现场辅导老年人书法、绘画；协会书画家和书画老年班学员共同创作重阳主题书画作品（表4-19）。

表4-19　书画交流活动流程

活动主题	"挥毫泼墨度重阳"书画交流活动		地点	××社区老年活动室
日期	××××年××月××日9:30—10:50		时间	80min
带领者	活动策划人			
活动流程				
进行内容	预估时间/min	活动内容	所需预备	备注
活动开场白	10	介绍到场的书画家；介绍活动流程；请书画家代表致辞	活动嘉宾简介资料；横幅	
主题活动	60	1. 由书画家以"重阳节""老年幸福生活"为主题，进行书画创作，并就书画创作的基本功和技巧进行讲解（20min） 2. 学员和书画家进行分组、匹配，一个书画家对应三个学员；老年书画班学员进行书画创作，由负责辅导的书画家进行指导（30min） 3. 互赠书画作品（5min） 4. 集体合影留念（5min）	书画创作用的笔、墨、纸、砚；相机	
总结	10	活动策划人征询老年人对本次活动的意见；针对活动中出现的一些突发情况及应急措施的效果和不足进行讨论		

（7）人员分配：工作人员分为3个小组，见表4-20。

表4-20　活动人员工作任务分配

工作小组	工作任务
准备小组	横幅；书画用具；茶水
执行小组	协助书画创作；被辅导学员的分配
保障小组	环境卫生维护；茶水和食物补给；应急医疗保障

（8）经费预算：本次活动的经费预算详见表4-21。

表4-21　活动经费预算

项目	数量	单价/元	小计/元
墨汁	10瓶	15	150
宣纸	5刀	30	150
矿泉水	2箱	50	100
横幅	1条	50	50
合计			450

（9）活动注意事项：笔墨纸砚等书画用物提前采购好；注意观察老年人的身体，一旦出现不适情况，及时进行治疗；多讲鼓励的话语，激发老年人学习书画的信心。

（10）预计效果：使老年书画班学员的书画能力得到提高；增加老年人学习书画的热情；使老年人体会到全社会尊老、敬老、爱老的良好氛围。

【实训评价】

1. 知识掌握（30%） 说出老年人练习书画的意义、书法和绘画的主要形式。

2. 操作能力（40%） 能学会老年人书画活动的流程和注意事项；能预计活动中的突发情况并做好应急预案；能在活动中协调各组工作人员一起有效组织、开展活动。

3. 人文素养（30%） 充分尊重老年人的意见建议，不武断（15%）；准备充分，评估全面（15%）。

（潘建田）

第五节 策划组织老年人娱乐活动

近年来，随着我国经济的发展以及医疗条件和社会福利制度的不断完善，老年人对物质和精神文化的需求越来越高。为老年人创造更加良好的娱乐休闲生活环境，不仅关系到老年人的身心健康，能提高老年人生活质量，也关系到老年人家庭、整个社会的和谐与发展。常见的适合老年人娱乐休闲的活动有棋牌活动、游戏活动、桌游活动、垂钓活动等。

一、老年人棋牌活动

导入情景

四川成都某养老机构迎来了10余名新入住的老年人，为了帮助老年人适应新环境，结交新朋友，促进老人的身心健康，养老机构准备筹备一次棋牌娱乐活动。考虑到五子棋简单易学，老年人接受度较高，机构把本次活动主题确立为"棋"开得胜五子棋大赛。

工作任务

1. 作为机构活动策划组织者，请筹备本次活动。

2. 请结合案例，实施本次棋牌类活动。

（一）棋牌类活动的意义

棋牌是棋类和牌类娱乐项目的总称，是集科学性、知识性、竞技性、趣味性于一体的娱乐项目，包括中国象棋、围棋、国际象棋、蒙古象棋、五子棋、跳棋、国际跳棋、桥牌、扑克等。根据其对身心作用的强弱程度可分为简单棋牌游戏和复杂棋牌游戏。简单棋牌一般不伴有很复杂的心智活动，消遣性强，游戏作用大于思维活动，令人轻松。复杂棋牌一般都伴有较为复杂和强烈的心智活动，思维活动大于游戏作用，并具有较强的竞赛性，如围棋、中国象棋和国际象棋等。根据弈棋者下棋的速度又分为快棋和慢棋，其中慢棋以脑力活动为主，老少咸宜，可提高人的记忆力和大脑思维的能力。同时，棋牌活动属于团体活动，在活动中可以培养人们的合作精神和团体意识。对休闲娱乐时间较充足的老年人而言，缓慢、无明显时间限制的简单棋牌活动益处更多。

1. 锻炼思维，启迪智慧 棋牌活动以脑力活动为主，能锻炼大脑逻辑思维能力，培养人们独立思考的能力，启迪智慧。游戏中需要把计算能力、默记能力、分析能力、战略战术巧妙地糅合在一起，可启迪人的智慧，有助于益智、健脑和养志。

2. 增进友谊，陶冶情操 几个人组合在一起打牌或下棋，以此会友，可增进友谊，陶冶情操。以弈棋为例，除了比智力、比技巧外，还拼体力与耐力，是养性的好方法。弈棋者不争输赢，尽享弈棋之乐，可豁达心胸，除郁闷之气，促使身心愉悦。

3. 提高团队协作能力和人际交往能力 棋牌游戏需要3~5人组局一起玩，参与者的整体协调配合非常重要。活动中有大量信息的融入和不断切换的主题，需要老年人快速反应，有利于锻炼他们思

维的敏捷性和逻辑性,促进人际关系的和谐,可以更好地适应社会环境。

4. 调节情绪,促进康复　棋牌活动除可获得精神上的快感外,还能够修身养性、调节情绪、益智健脑。一些养生保健机构设立的娱乐厅中,专门设有各种棋牌,供调养康复者娱乐健身之用,使弈棋步出一般消遣行列,而为养生康复服务。

5. 延缓衰老　棋牌类活动能锻炼人的思维,提高智力,延缓衰老,丰富人们的精神生活。玩棋牌时的专注和投入有助于身心顺畅,提高记忆力。尤其是老年人随着身体老化,大脑思维、记忆等智力退化,经常参与棋牌活动,可以促使大脑始终保持注意力、计算力、学习力等运行状态,对防止大脑功能退化十分有益。

> **知识链接**
>
> **长者桌游训练小组**
>
> 桌游以其绿色、健康、形式丰富、面对面交流等特点大受欢迎。社工通过开展老年人桌游训练小组活动,可以训练老年人的注意力、记忆力、思维能力、手眼协调能力、专注力,有助于老年人愉悦身心、康复保健、沟通交流;家人之间开展桌游,还可以促进家庭和谐。
>
> 常见的桌游活动有:
>
> 1. 记忆棋(牌)　将具有相同花色的若干对棋(牌)混合覆盖放置,让老年人根据记忆抽取相同的两张即为获胜,直至抽完,获得数量较多者为胜。
>
> 2. 拼字达人　把标有不同偏旁部首或字母的卡片混合,找出里面可以组字或拼音的卡片放置在一起,组字或拼音较多者获胜。
>
> 3. 快乐叠杯　社工给出一张色卡,请老年人按照颜色顺序把彩色纸杯依次叠放,先完成者为胜。

（二）老年人棋牌活动的注意事项

1. 不宜长期久坐或维持同一姿势　在进行棋牌类活动时,人的注意力往往高度集中。长时间地全神贯注,颈部肌肉和颈椎长时间固定于一个姿势,容易造成肌肉僵硬,血管和神经受压迫而引起肩颈疼痛、手臂麻木甚至头晕目眩等不适;长期久坐还可以引起腰肌劳损,严重的可发生椎间盘突出;同时,久坐也可导致下肢静脉曲张。长时间的目不转睛,使眼睛瞬目减少,眼球干燥,容易患上干眼症;另外,下棋时间过长,会减少人的运动量,降低胃肠的蠕动,导致消化不良和便秘。因此,对于老年人,尤其是肥胖者、肩颈疾病病人、血脂高的人在进行棋牌活动时,每次不宜超过1h,每天1~2次为宜。切不可通宵达旦、废寝忘食,影响休息和工作,损害身心健康。

2. 心态平和,情绪稳定　棋牌活动带有一定的竞技性,而有些人本性争强好胜,在活动中容易产生争执,这样会使交感神经兴奋性增高,心跳加快,血管收缩,血压骤升,从而诱发心肌缺血,脑出血等心脑血管急性事件而危及性命。尤其是患有高血压、心脏病的老年人,在参与棋牌活动时,应叮嘱其友谊第一,比赛第二,调整好心态,避免情绪的激动。此外,在弈棋中素有"观棋不语真君子"的说法,组织者要提醒观战的人员不要为弈棋者支招,以免引起争执。

3. 选择适宜的活动场地　棋牌活动一般选择在室内进行。室内应保持良好的通风,调节合适的温度和湿度。老年人适合活动的室内温度是22~24℃,湿度50%~60%,过冷或过热都影响人体舒适度,尤其许多患有慢性病的老年人,对活动环境的需求要更加严格。避免室内吸烟,以免导致空气浑浊,诱发上呼吸道感染及哮喘发作等。

4. 坚持健康休闲,适度娱乐原则　棋牌活动趣味性强,虽有益于人体身心健康,但不能用于赌博,甚至由此堕落,走上犯罪的道路。坚持玩牌有节有度,适可而止,符合养生需求。

（三）老年人棋牌活动的策划与准备

1. 活动主题　为丰富社区老年人的文化娱乐生活,增强老年人的脑力锻炼及相互之间的交流,棋牌游戏可以"棋友相伴,快乐相随""强身健体,棋乐融融"的原则倡导关爱老年人身心健康、丰富文化生活、增加晚年生活乐趣等诸多主题。

2. 活动规模　确定棋牌活动人数,一般控制在 20 人以内,人数不宜过多。若报名人数较多,可以分阶段开展。

3. 参加对象　以社区或机构爱好棋牌的老年人为主体,并可预留一定比例的自愿参加人员的名额。提前与老年人沟通,关注其需求的表达,运用沟通技巧与老年人建立相互信赖关系,对不愿意参加的老年人不必强求,不要批判,并予以真诚的称赞和鼓励增强他们的自信心。

4. 举办时间及安排　根据活动内容和安排,确定活动日期及具体时间。一般活动时间不宜过长,正式活动时间应控制在 1h 以内,如果超过 1h,应安排中间休息,能量补充,避免让老年人过度劳累。

5. 活动地点　举办活动的地点选择至关重要,可能直接决定活动的成败。为老年人举办棋牌类活动,可选择饭店、会议室、老年活动中心等。老年人活动的地方一定要能方便如厕,并备有残疾人卫生间,要有休息区域。开展棋牌类活动时,一定要事先检查每个地方,如座椅是否牢固,光线是否明亮,设备、电线电缆等是否阻碍通行等,尽量消除安全隐患。要确保消防出口、残疾人专用通道出入口安全通畅。根据以上确定结果,具体落实活动地点,包括报到地点、比赛地点、休息地点等。

6. 活动准备　包括棋牌场地准备、物品准备、人员准备。活动主题横幅、热场活动、活动礼品等能提高仪式感,增强老年人的参与度;组织人员把控活动流程,做好活动服务及应急处理是活动有效、安全完成的重要保障。针对老年人在日常生活上五感的刺激,可以准备以下活动礼品(表 4-22)。

表 4-22　赠予老年人恰当的礼物

视觉	触觉	嗅觉	味觉、听觉
相册	防滑拖鞋	容易照看的植物,如多肉植物	水果
书籍	洗脸巾	护手霜、沐浴皂	家庭自制的小饼干
手工画作	围巾	薰衣草香包	风铃

7. 活动流程　见实训 4-8。

二、老年人游戏活动

导入情景

为丰富老年人的生活,促进老年人身心健康,增强老年人之间的友谊,某老年公寓准备举办一次游戏活动。考虑入住的老年人年龄比较大,容易疲劳,活动组织者小王决定开展室内游戏活动。老人们参加活动的兴趣很高,绝大多数老年人都报名参与了进来。整个游戏过程中,气氛一直很热烈。活动设置了一、二、三等奖各一名,最终获奖的老人兴高采烈地上台领奖,获取了小礼品,没有获奖的老年人纷纷讨论失败经验,准备下次再来参加。

工作任务

1. 作为机构活动策划组织者,请筹备本次活动。

2. 请结合案例,实施本次游戏活动。

游戏是以直接获得快感为主要目的,且必须有主体参与的互动活动。它不是一般意义上的"玩",也不是孩子的专属。游戏作为一种有效的主导活动,能让参与者充分体验角色,主动完成角色内的任务,从中体验到快乐,解除孤独和心理郁结,尤其对于孩子以及有孤僻性格、孤独的老人等;实践证明游戏是一种有效地促进人际沟通、发挥团队功能、增进人语言和智力发育的良好媒介。

（一）老年人游戏活动的意义

1. 缓解孤独和精神压力　游戏活动可以丰富老年人的晚年生活,排解空虚和孤独的消极情绪。极具娱乐性的游戏活动是老年人精神娱乐和身体放松的重要方式。通过参与游戏活动,老年人也有了认识其他人的机会。老人们在游戏活动中分享游戏体验和游戏技巧,从而搭建起友谊的桥梁,缓解了他们的孤独感,实现老有所乐。

2. 保持智力,预防老年痴呆　游戏活动可以有效地锻炼老年人观察能力、思维能力和反应能力。在进行游戏的过程中,大脑处理手眼协调的工作能力得到提高。例如,严肃游戏对预防老年认知障碍症以及手眼协调能力上存在障碍的脑部疾病病人具有训练作用。

3. 有助于老年疾病的康复　游戏可以令病人集中精力,从而转移潜在的不适。研究表明,玩游戏可以转移病人的痛苦,并且还可以被用来进行物理治疗或者来帮助提高病人的体力,加快康复的进度。

4. 增添生活乐趣,快乐养老　随着老年人体力和脑力的衰退,老年人生活也变得日益枯燥和乏味。游戏可以为老人晚年的生活增添乐趣,在共同游戏当中,老年人能够得到表现自己的机会,引起别人的关注;在游戏中获得好名次,收获成就感;抑或通过游戏的乐事,调剂平淡乏味的老年生活。

（二）老年人游戏活动的注意事项

游戏的主体功能是娱乐性,通过娱乐排解于内隐的老人的不良心理感受。老年游戏不同于儿童游戏,它更具有自主性、拓展性和创造性,因为老人的阅历丰富有助于将游戏更好地发挥。因此,我们也可以将一些儿时的活动加以润色和转化作为适宜老年人的游戏。

开展老年游戏活动应注意:①游戏与年龄相适应。游戏的安排要适宜老人的年龄,表现出老人心灵童趣的一面,但不可太幼稚。②游戏安全是前提,做好应急措施。老年人游戏活动的场所的选择不宜过于宽广,一般安排在教室大小的活动室里;此外,适宜老年人的游戏表情动作不可太过夸张,以免引起老人太过激动;动作幅度不宜过大;要提早做好急救药物、用品和人员的准备,以备不时之需;避免产生危及生命健康的情况。③时间不宜过长,活动量不宜过大。每次游戏活动一般合适的时间在 40~50min。游戏只是作为老年生活解除烦闷的方式方法,尽兴即可,若使老人有过劳感,适得其反。④可操作性要强,难度不宜过大。老年人在听觉、视觉、动手能力、理解力上不如年轻人,若游戏太难,老年人可能会因为做不到而感到自卑、沮丧。因此,应选择利于老人快速反应、顺利理解并开展的游戏活动;道具尽量简单,材料易于寻找,可以长期开展的娱乐活动为佳。另外,注意控制规模,参加成员一般在 15~30 人为宜。⑤贴近生活,融合老人日常生活经验,持续强化日常生活活动能力。⑥尊重老人的表现和游戏意愿。游戏中要做到人人有奖,强化老年人的成功经验。老年游戏活动中发放小礼品有利于激发老年人参与的积极性,尽量做到参与就有奖励,不同名次奖励可以有差别,但尽量不要差距过大,以免引起老人的攀比心理,降低了游戏活动带给老人的乐趣,背离活动的初衷。对于不参加或中途退出的老年人不必勉强,尊重其意愿。

（三）适合老年人的游戏活动

1. 击鼓传花　组织老人围成圈,其中一人拿花,一人背着大家或蒙眼放音乐或击鼓,声响传花,声停花止。花在谁手中,谁就中彩。通过举办具有老人参与、富于交流性的适合老人特点的活动,以促进老人之间的交流与沟通,营造归属感,保持健康心态。

2. 套圈夺宝　用易拉罐摆成三排,老人在一定距离处用铁圈套易拉罐,套中者则得分。通过游戏丰富娱乐生活,提高老人的积极性,加强老人之间的交流互动,使老人老有所乐,增强老人的身心健康。

3. 猜谜会　老人拿着谜底找谜面,找对者得分。这是一项智力游戏,在游戏中,老人开动自己的脑力,主动参与活动,达到延缓衰老速度,降低老年认知障碍症患病概率的效果。

4. 折纸花、送祝福　在折纸花的活动中,提高了老人积极主动性、耐心,锻炼老人的动手能力,延缓衰老速度;赠送礼品和祝福有利于加深老年人之间的交流,深厚友谊。

5. 指令与反指令游戏　参加者围成一个圆圈,主持人站中间。主持人"右",全部人就将头转右,说"左",所有人就将头转向"左",也就是要做和口令相同方向的动作,反指令游戏则是完成与指令相

反的动作。本游戏可以锻炼老年人的注意力、反应能力、空间定向能力等,尤其适用于轻、中度认知障碍症老年人。

6. 其他　耳语传真、筷子夹乒乓球、猜歌名、生活知识小竞赛等。

知识链接

严肃游戏

严肃游戏(serious game)是指以教授知识技巧、提供专业训练和模拟为主要内容、以应用为目的的游戏,是电子游戏的一种。

严肃游戏的初衷是让人们在游戏中学习,既满足人们获得愉悦的需求,更担任起教授知识技巧、提供专业训练和模拟实践等功能。如尝试了消防员模拟游戏的玩家将比普通测试者拥有更好的现实实践能力,不仅能寓教于乐,还能映射社会现实,引发深度思考。

严肃游戏尚处在探索阶段,在医疗卫生上的运用目前主要是利用电脑游戏来辅助治疗老年人各种心理健康问题及认知障碍。

(四)老年人游戏活动的策划与准备

1. 活动主题　为促进老年人的沟通交流,增强老年人的生活乐趣,增强老年人体质,游戏活动可以"银龄欢乐多,快乐你我他""健康快乐我最行"等主题,带动老年人参与。

2. 活动规模　游戏活动人数,根据设置游戏的种类及现场工作人员的数量确定。若现场服务的工作人员不足,参与的老年人人数不宜过多。

3. 参加对象　以社区或机构完全自理老年人为主。若非完全自理老年人也有参加意愿,应充分评估老年人活动能力,在协助下也可参与力所能及的项目。对不愿意参加的老年人不必强求,不要批判,并予以真诚的称赞和鼓励增强他们的自信心。

4. 举办时间及安排　根据活动内容和安排,确定活动日期及具体时间。一般活动时间不宜过长,正式活动时间应控制在1h以内,如果超过1h,应安排能量补充,避免让老年人过度劳累。

5. 活动地点　为老年人举办游戏类活动,可选择大厅、老年活动中心、户外广场等。老年人活动的地方一定要能方便如厕,并备有卫生间和休息区域。若在户外活动,应提前关注天气,做好下雨的应急预案,及时更换场地或取消活动。

6. 活动准备　包括游戏场地准备、物品准备、人员准备(详见老年人游戏活动准备)。

7. 活动流程　见实训4-9。

实训4-8　策划老年人五子棋竞技活动

【实训目的】

1. 熟悉老年人五子棋竞技活动策划和方案撰写。

2. 学会策划组织一场老年人五子棋比赛。

【实训学时】

1学时。

【实训步骤】

1. 撰写活动策划方案

(1)活动主题:"棋"开得胜老年五子棋大赛。

(2)活动参与对象:××养老中心爱好五子棋活动的自愿报名的老年人16人(若报名人数较多,决赛前先进行预赛选拔)、工作人员约6人,医务人员1~2人。

(3)活动时间:××××年××月××日9:00—10:00。

(4)活动地点:××养老中心多功能活动室。

（5）活动目的和意义：增进老年人交流，促进老人们身心健康，倡导健康向上的积极生活心态。

（6）活动内容：热场活动、竞赛活动、颁奖（见具体实训部分）。

（7）人员分配：工作人员分为3个小组（表4-23）。

表4-23　活动人员工作任务分配

工作小组	工作任务
准备小组	邀请活动参与者，购买所需用物、多功能厅现场的布置
执行小组	安排选手座次、主持活动流程、维护活动现场秩序、现场摄影
保障小组	环境卫生维护、茶水和食物补给、应急医疗保障

（8）经费预算：本次活动的经费预算详见表4-24。

表4-24　活动经费预算

项目	活动横幅	糕点、茶水	活动礼品	合计
经费/元	40	100	120	260

（9）活动注意事项

1）遵循"友谊第一，比赛第二"的原则，讲棋风，不争执，赛出风格，赛出水平。

2）每场比赛以2人一桌，采取三局两胜淘汰制单循环赛。晋级选手设一等奖1名，二等奖1名，三等奖2名，其余设参与奖。

3）选手通过首轮抽签决定对手。

（10）预计效果：丰富老年人的娱乐休闲活动内容，激发老年人积极参与社交活动，广交好友的愿望，确保老年人安全、愉快地参与活动。

2. 实训方法（表4-25）

表4-25　具体实训活动流程

活动主题	"棋"开得胜老年五子棋大赛		地点	××养老中心二楼多功能厅	
日期	××××年××月××日9:00—10:00		时间	60min	
带领者（L）	活动策划人、小区老年志愿者				
活动流程					
进行内容	预估时间/min	活动内容		所需预备	备注
暖身	10	向大家问好、寒暄，介绍社区中老年志愿服务团队带来舞蹈表演，吸引更多老年人来观看比赛		场地准备	L：活动策划人、小区表演团队
主题活动	进入会场 20	1. 主持人请每位参赛选手抽签，确定对弈选手，并由志愿者协助进入选手席入座（2人×8桌） 2. 主持人宣读比赛规则，注意缓慢、清晰，确保每位老年人听懂，听力障碍的老年人可以以文字形式告知 3. 宣布比赛开始		1. 记录纸 2. 特制彩色厚卡纸	L：活动策划人

续表

进行内容	预估时间/min	活动内容	所需预备	备注
	淘汰赛 20	1. 每组选手派一名志愿者帮助监督比赛过程。采用三局两胜制,获胜的选手进入下一轮比赛,2轮淘汰赛后,进入1/2决赛 2. 保障组注意为观看区或提前结束比赛的等候区老年人提供茶点和饮品,以补充体力	1. 记录用纸 2. 笔 3. 糕点和饮品	小区志愿者、后勤照护工作者
	半决赛与决赛 20	1. 主持人宣布半决赛参赛名单,再次请参赛选手抽签,确定参赛对手,并由志愿者协助进入选手席入座(2人×2桌)。宣布半决赛开始,采集活动影像资料 2. 每组选手派一名志愿者帮助监督比赛过程。每组胜出的1名选手进入决赛,淘汰的2名选手获得3等奖 3. 2名选手进入决赛,胜出者获一等奖,其余1人为二等奖 4. 其余选手现场观看,品茶吃糕点	1. 记录用纸 2. 笔 3. 糕点和饮品	L:活动策划人、小区志愿者、后勤照护工作者
颁奖	10	请中心负责人为获奖老人颁奖,祝贺并给予老年人夸赞和鼓励,合影留念,照护者负责整理场地	奖品	养老中心负责人、照护者
分享	10	参赛老年人开展边饮茶边交流比赛心得,分享五子棋活动中的对弈技巧和比赛过程中的感受		L:活动策划人
讨论	10	带领者及志愿者于团体结束后讨论老年人的活动表现、于此次活动过程中的突发事件及应对情况		L:活动策划人、社区志愿者

【实训评价】

1. 知识掌握(30%)　说出开展老年人棋牌活动的注意事项。

2. 操作能力(40%)　能学会与其他人合作开展老年人棋牌活动,能预计活动中的突发情况并做好应急预案;能在活动中协调各工作人员一起有效组织、开展活动。

3. 人文素养(30%)　注意老年人和自身的防护,有安全意识及风险管理概念(15%);准备要充分,评估全面(15%)。

实训 4-9　策划老年人游戏活动

【实训目的】

1. 熟悉老年人游戏活动策划方案撰写。

2. 学会策划组织一场老年人游戏活动。

【实训学时】

1学时。

【实训步骤】

1. 撰写活动策划方案

(1)活动主题:"活力、快乐、协作、友谊"——乐享游戏活动。

（2）活动参与对象：××养老中心自愿参加活动的老年人约30人、工作人员约6人,医务人员1人。

（3）活动时间：××××年××月××日9:30—10:15。

（4）活动地点：××养老中心多功能活动室。

（5）活动目的和意义：丰富老年人的日常生活,增进老年人交流,促进老人们身心健康,倡导健康向上的积极生活心态,培养参与者有团结的人生态度,互助的心理素质以及友爱和合作的思想精神。

（6）活动内容：击鼓传花、反指令游戏、猜词牌游戏（见具体实训部分）。

（7）人员分配：筹备组负责准备道具,包括词语牌、鼓点或音乐、塑料手捧花、30张椅子；执行组负责现场活动、医疗及后勤保障组负责应急医疗、活动现场环境维护。

（8）经费预算：词语牌（30张）30元、活动礼品（优胜奖9个,参与奖21个）120元,合计150元。

（9）活动注意事项：活动工作人员注意人数及其动向,要随时随地查看人数和老年人的现场身体和情绪状况,并及时向总负责人汇报情况；活动过程中注意老年人的安全,并嘱咐老年人一些注意事项,直至最后安全地离开活动地点。

（10）预计效果：丰富老年人的娱乐休闲活动内容,激发老年人积极参与社交活动,广交好友的愿望,确保老年人安全、愉快地参与活动。

2. 实训方法（表4-26）

表4-26　具体实训活动流程

活动主题	"活力、快乐、协作、友谊"——乐享游戏活动		地点	××养老中心多功能活动室
日期	××××年××月××日9:30—10:15		时间	45min
带领者（L）	活动策划人、小区老年志愿者			
活动流程				
进行内容	预估时间/min	活动内容	所需预备	备注
暖身	5	安排老年人围坐一圈,向大家问好、寒暄	场地准备	L:活动策划人
主题活动	击鼓传花 10	主持人介绍游戏规则：参加者先围成一圈,当击鼓者开始击鼓时,绣球或皮球就开始传,当鼓停时,绣球或皮球到谁手,谁就是"幸运者",就要表演节目（唱歌、跳舞、吟诗等）。表演后,花就从这个"幸运者"继续传递下去	1. 鼓点或音乐 2. 塑料捧花	L:活动策划人
	反指令游戏 10	1. 主持人介绍游戏规则,做和口令相反方向的动作,如主持人说举起"左手",参与者需要举起"右手"；主持人说"拍拍手",参与者就需要"跺跺脚" 2. 主持人邀请愿意参加游戏的老年人10位围站（坐）成一圈,根据指令完成相反动作,游戏过程中注意观察,若做错动作,宣布出局 3. 根据参与情况,可开展2轮游戏,每轮最后3位参与者获胜,发放小礼品	椅子布置、优胜者礼品	L:活动策划人、2名工作人员

续表

进行内容	预估时间/min	活动内容	所需预备	备注
	正话反说 10	1. 主持人讲解游戏规则,选手须将主持人所念词句依照顺序反向大声念出,如主持人出题,"江河日下"选手念"下日河江",主持人出题"说曹操,曹操到"选手念"到操曹,操曹说"等,15s 未说完或念错者直接罚下;每位选手有一次请求朋友帮助的机会,即感觉此次较难让朋友代替回答,但需要在 10s 内选择寻求帮助,超过 10s 则无法寻求帮助,帮助者需要在 10s 中内答完 2. 主持人邀请 10 位选手上台排成一列面对大家 3. 告知选手比赛共分 3 轮,采用淘汰制进行。难度可逐渐加大,第一轮出四字题,第二轮出五字题,第三轮出六字题 4. 最后留存的 3 位选手获胜	1. 词语牌 2. 优胜者礼品	L: 活动策划人、1 名工作人员
分享	5	1. 对每位参与游戏的老年人发放小礼品,感谢并称赞大家在活动中的表现 2. 参赛老年人,分享游戏活动过程,共享快乐	参与者小礼品	L: 活动策划人
讨论	5	工作人员及时跟进,与老年人交流,征询对本次活动的意见;游戏结束后讨论老年人于此次活动过程中的突发状况及应对方法进行总结,以待下次改进		L: 所有工作人员

【实训评价】

1. 知识掌握(30%)　说出开展老年人游戏活动的注意事项。

2. 操作能力(40%)　能学会与其他人合作开展老年人游戏活动,能预计活动中的突发情况并做好应急预案;能在活动中协调各工作人员一起有效组织、开展活动。

3. 人文素养(30%)　注意老年人和自身的防护,有安全意识及风险管理概念(15%);准备要充分,评估全面(15%)。

（王　敏）

第六节　策划组织老年人养生活动

自古以来,人类对健康与长寿的探索与追求从未停止过。随着精神生活内容的日益丰富和物质生活水平的不断提高,人们越来越注重生活的质量和身体的健康,盼望长寿。唐代著名养生学家及医学大家孙思邈说过一句至理名言"人命至重,有贵千金",也是养生的根本意义所在。养生,即保养生命,意义重大。尤其是对老年人而言,养生具有强身健体、防病抗老、促进健康、延缓衰老的作用。养生需要以下三方面结合:一是依靠社会尽量创造一个良好的生存环境;二是依靠医学发挥健康咨询、养生指导和治疗疾病的作用;三是依靠每位社会成员的主观能动性,做好自我养生和帮助他人养生。

养生讲究科学方法。古语云"善养生者,上养神智,中养形态,下养筋骨",真正的养生讲究形神协调、身心健康。在我国传统中医养生理论中,提出"顺应自然,天人合一,三因制宜、审因施养、动静结合"的养生法则,即人要顺应自然,根据气候变化、环境变化和个人体质的不同,开展不同的养生活动。

1. 精神养生　通过修身养性、修心正身,可以调节情志、节欲安神、蓄养精神,有利于气血调和,生理功能的平稳。

2. 环境养生　适应环境变化,尽量避免不利于健康的环境因素,保持人与环境的协调,使人体保持身心健康。

3. 行为养生　将养生法则与方法融于日常的休息、活动以及衣食住行等生活的各个方面,使自身行为符合人体生理特点、自然和社会的规律,从而提高健康水平。

4. 中医养生　运用针灸、推拿等临床医学方法,以疏通经络气血、调理脏腑功能、培补人身精气,从而达到祛病强身、延缓衰老的目的。

随着社会经济进步和物质文化生活的丰富,养生活动种类也在不断丰富。现代社会中比较受欢迎的养生活动有:品茗品酒活动、健康食疗活动、养身操、垂钓旅游等。

一、老年人品茗活动

导入情景

国庆节将至,某小区居委会为丰富老年人的生活,倡导健康养生的生活方式,弘扬中国传统茶文化,计划邀请本地一家茶馆的茶艺师为社区的老年人举办一次茶会活动,并开展品茶养生讲座,倡导老年人健康饮茶,并以此为媒介,鼓励老年人走出家庭,进行社交活动,畅谈美好生活愿景。

工作任务:

1. 请策划与组织本次茶会活动。

2. 请结合案例,谈一谈实施茶会活动的注意事项。

（一）品茗活动的意义

品茗即品茶、饮茶。茶作为一种健康饮品、文明饮品深受大众喜爱。茶叶的主要成分有茶多酚、茶色素、茶多糖、茶皂素、蛋白质、氨基酸、生物碱、矿物质等,其功效有滋润肠胃,加快肠胃蠕动,可促进身体新陈代谢,有醒脑宁神,缓解困乏的功效。除了传统茶叶,常见的茶有枸杞茶、西洋参茶、菊花茶、金银花茶、玫瑰茶等。不同品种的茶类其作用功效见表 4-27。

表 4-27　不同品种茶类的功效及运用

茶类品种	主要功效
绿茶	利于延缓衰老、降血脂.预防动脉硬化和心血管疾病; 防龋齿、清口臭; 改善消化不良
乌龙茶	利于延缓衰老;防龋齿;改善皮肤过敏
红茶	促进食欲;利尿; 促进心肌功能;利于降血糖与血压
黑茶	补充膳食营养、助消化;利于降血压、降血糖、预防心血管疾病; 抗氧化、延缓衰老;利尿
白茶	抗氧化;利于降血压、降血脂、降血糖

中国已有数千年的饮茶历史,衍生而来的中国茶文化也是最早的养生文化之一。茶文化,也称茶道,其中蕴含了茶源、茶情、茶品、茶艺、茶悟、茶语、茶道等丰富的文化形式。茶是一种情调,红茶温暖、白茶淡雅、绿茶清新,每一种茶都蕴含着特有的情怀。品茶活动可以体现一定的礼节、人品、意境、美学观点和精神思想,既是一种饮茶艺术,也是修身、养性的养生之道。适当饮茶有益健康,但在品茗活动中应该注意:饮用适量,浓因人而异,不宜空腹饮浓茶,不宜服药时饮茶,也不宜睡前饮

浓茶。

（二）老年人品茗活动的策划与准备

1. 活动主题　活动主题可根据活动的目的,配合活动的特殊节点或目的确定。常见目的有咨询老年人对某件事的意见建议、纪念某事件、沟通交流、充实生活等。围绕丰富老年人文化生活、健康保健、提升趣味和品位设计主题,如"品茶香韵味,话夕阳之美""今夜相思月,乐享一家亲"等。

2. 活动规模　品茶活动参会人员规模不可过多,一般大规模茶会30人以上,中等规模10~30人,小规模在10人以内。

3. 参加对象　以社区或机构有此爱好的老年人为主体,可自愿报名,也可邀请特定老年人参加,提前与老年人沟通活动内容和交流主题。

4. 举办时间及安排　根据活动内容和活动安排,预定活动日期及具体时间,是半日、一日或连续数日应提前规划确定好。活动座席安排也要确定。茶席布置根据茶会形式而定,常见的形式有固定茶席、流水茶席和人人泡茶席。

（1）固定茶席:一般在室内中心设立泡茶台和嘉宾桌椅,茶艺师在固定泡茶台前行茶,宾客席在主泡台两侧布置,以围坐为主。

（2）流水茶席:分设几处泡茶台,根据所泡茶的种类作相应风格的环境布置,嘉宾可以根据自己的喜好自主选择茶席入席。可沿墙散放一些椅子,让老年人小憩。这种形式的茶会有较大的灵活性和自由性。

（3）人人泡茶席:在这种茶席中,个人既是主人又是来宾,其座席是依自然地形而设,事先用连续编号做好标记,与会者抽签后根据号码,自行设席。人人泡茶,人人品饮,这种茶席布置形式中最具代表性的便是无我茶会。

5. 活动地点　可选择养老院内或酒店内的多功能活动室;也可以选择室外,如特定事件发生地。不管室内还是室外,首先要检查地面是否防滑和安全,设备是否齐备、是否有电梯直达、公共卫生间的距离和数量、照明和温湿度等,室外还要考虑天气、交通等因素。

6. 活动准备

（1）发布通知招募嘉宾,通知中明确以下信息:活动时间、地点、人数、茶类、是否收费/金额,并配上优美的图片,以增加说服力和号召力。将茶会通知通过宣传单、微信、微博或网站等方式广而告之。

（2）准备签到表和席位书签、开场词、静心引导词、音响及视频播放设备、签到台、抽签台、茶的物料、拍摄设备、茶点及其他。

（3）茶会需进行预演和试泡,准备好茶会当天所需的茶量,并多预备一些用于试泡练习。

（4）检查活动所需物料,核对清单。

7. 活动流程　见实训4-10。

二、老年人健康饮食活动

◆ **导入情景**

冬至渐至,气温愈加寒冷,民间素有冬天进补的习俗。万物蛰伏的冬天是养精蓄锐、补益身体的最佳时期。××养老中心的工作人员决定策划组织一次老年人饮食养生活动,请老人们一起参与进来,共同制作。根据养老中心老年人的饮食习惯,中心负责人决定制作饺子作为活动的主食。

工作任务:

1. 请策划与组织本次饮食养生活动。

2. 请说出实施养生活动的注意事项。

（一）健康饮食活动的意义

食物是人体五脏六腑、四肢百骸得以濡养的源泉,是精气、津液、血脉的重要来源,是维持人体生

长发育和新陈代谢的必要条件。合理进食是促进疾病痊愈、身体康复的重要环节,所谓"治病当论药攻,养病方可食补"。健康饮食根据不同的人群、不同的年龄、不同的体质、不同的疾病,在不同的季节选取具有一定保健作用或治疗作用的食物,通过科学合理的搭配和烹调加工,做成具有色、香、味、形、气、养的美味食品,这些食物既是美味佳肴,又具有一定的养生保健作用。

（二）健康饮食活动的注意事项

中国传统膳食讲究平衡,提出"五谷宜为养,失豆则不良;五畜适为益,过则害非浅;五菜常为充,新鲜绿黄红;五果当为助,力求少而数"的膳食原则。中国居民膳食指南推荐:食物多样,谷类为主;吃动平衡,健康体重;多吃蔬果、奶类、大豆;适量吃鱼、禽、蛋、瘦肉;少盐、少油,控糖,限酒;杜绝浪费,兴新食尚。随着年龄的增长,老年人的器官功能出现渐进性的衰退,如牙齿脱落、消化液分泌减少、消化吸收能力下降、心脑功能衰退、视觉和听觉及味觉等感官反应迟钝、肌肉萎缩等,明显影响老年人摄取、消化和吸收食物的能力。因此老年人膳食养生还要注意:

1. 营养元素搭配合理　　中医讲"谨和五味,平衡营养"。膳食种类繁多,其所需的营养成分如蛋白质、脂肪、糖类、维生素、矿物质等是人体生命活动的必需物质。老年人饮食中热能来源以谷类为主,较成人应减少20%以上;应给予优质蛋白质,占总热量的15%;应摄入少量脂肪,占热能的20%~30%;可多食谷类、蔬菜、水果等富含膳食纤维和维生素的饮食;补充水电解质,每日食盐摄入不超过6g。

2. 食物选择要合理　　食物种类多样化,注意荤素搭配、粗细搭配、干稀搭配、生熟搭配;做到"三高、一低、四少":高蛋白、高维生素、高纤维素;低脂肪;少盐、少油、少糖、少辛辣。此外老年人饮食宜温偏热,少吃凉食,讲究膳食卫生。

3. 饮食易消化吸收　　食物要做到细、松、软,既给予牙齿咀嚼的机会,又便于消化。

4. 食量分配要合理　　饮食有节,不可偏食。老年人控制理想体重很重要。本着"早上吃好、中午吃饱、晚上吃少"的原则,合理分配三餐,三餐热能比"3∶4∶3",老年人对低血糖耐受不足,两餐之间可以适量增加点心。

5. 配合中医膳食养生原则

（1）根据不同病证给予适合饮食:疾病有寒热、虚实、阴阳、表里之别,根据病人的不同情况,指导其选择不同属性的食物,以配合"虚则补之""实则泻之""寒者热之""热者寒之"的治疗原则。不同药物,其性味、功能、主治不同,食物同样也具有各自的性味、功能和主治。各种病证饮食宜忌总原则应以辨证为依据。热证病人宜清热、生津、养阴,故食物宜选择寒凉性和平性食物,忌辛辣之物、烟酒及温热性食品;寒证病人宜温里、散寒、助阳,故宜选择温热食物,忌生冷瓜果,忌寒凉食物。虚证病人宜补虚益损,食补益类食物,其中阳虚病人,食物选择宜温补,忌用寒凉食物;阴虚病人,食物选择宜清补,忌温热;气虚者可随病证的不同辨证施食。

（2）根据不同的治则进行饮食调护:食物的性能（即食性）同中药的性能（即药性）,都有"四性五味"。重视食物对药性的影响及疗效的发挥,根据治疗原则选择适宜的食物,以增强药效。当热证病人用寒药治疗时,适当进食寒性食物;寒证病人用热药治疗的同时,适当进食热性食物;实证病人用泻药治疗的同时,适当进食泻性食物;虚证病人用补药治疗时,适当进食补性食物,则会提高治疗效果。

（3）根据四时气候特点进行饮食调护:春季为万物生发之始,阳气卓越,应忌油腻、辛辣食品,以免助阳外泄,宜食清淡瓜果、豆类。夏季天气炎热,由于暑热夹湿,脾胃易受困,应进食清淡、解渴、生津、消暑之品,如西瓜、冬瓜、绿豆汤、乌梅小豆汤、藿香茶等;秋季万物收敛,凉风初长,燥气袭人,早晚凉爽,易致肺系病证如哮喘、咳嗽等复发,饮食应以滋阴润肺为主,可适当食用一些生津滋润食物,如芝麻、蜂蜜、菠萝、乳品、甘蔗、糯米等,以益胃生津,尽可能少食葱、姜、辣椒等辛辣之品;冬季天气严寒,万物伏藏,易遇寒邪,宜食用具有滋阴潜阳作用且热量较高的食物,如谷类、羊肉、木耳等,而且宜热饮热食,应忌生冷、过咸食品,以保护阳气,为有效预防开春的时行瘟病打下较好的基础。

知识链接

中医膳食养生

中医膳食养生指在中医理论指导下,利用食物的性能特点,合理地调配膳食,以强身健体、防老抗衰的养生方法。

1. 食物的四性五味　四性,指食物具有寒、热、温、凉四种不同的性质。寒凉的食物可清热泻火、解毒,适用于炎热季节和阳热体质之人;温热的食物有温中祛寒、温补作用,适用于寒冷季节和阳虚体质之人。五味,即指辛、甘、酸、苦、咸五种不同的味。大体而言,辛味具有发散、行气、行血的作用;甘味具有补益、和中、缓急的作用;酸味与涩味都具有收敛、固涩作用;酸味与甘味配合,又能滋阴润燥;苦味具有泻热坚阴、燥湿降逆的作用;咸味有软坚泻下的作用,可以滋补肝肾、益阴补血;淡味具有渗湿、利水的作用,可健脾、利湿、消肿。

2. 药食相宜相克　饮食滋味,以养于生,食之有妨,反能为害。某些食物和药物之间有禁忌或相反的情况,不宜配合使用,也就是俗称的忌口。如:何首乌、地黄、人参忌萝卜。

（三）老年人食疗活动的策划与准备

1. 活动主题　活动主题可根据活动的目的,配合活动的特殊节点或意义开展。围绕老年人的需求可以开展日常饮食养生、特殊疾病饮食养生活动。

2. 活动规模　根据活动方式确定活动规模。烹饪类食疗活动人数一般不超过 10 人。

3. 参加对象　以社区或机构日常生活能力、认知能力完好、有烹饪经验的且自愿参加的老年人及老人家属。

4. 举办时间及安排　烹饪类食疗活动时间应与老年人平日进餐时间一致。

5. 活动地点　选择宽敞的养老院餐厅或食堂。

6. 活动准备　环境准备、物品准备、人员准备。

7. 活动流程　见实训 4-11。

实训 4-10　策划老年人茶会活动

【实训目的】

1. 熟悉老年人茶会活动策划和方案撰写。

2. 学会策划组织一场老年人品茗养生活动。

【实训学时】

1 学时。

【实训步骤】

1. 撰写活动策划方案

（1）活动主题:"饮茶香、品茶韵、享健康" 养生茶会。

（2）活动参与对象:×× 社区爱好茶艺或品茶的老年人 20 人、某茶馆茶艺师 1~2 人,社区工作者或志愿者 5~6 人,社区医务人员 1~2 人,活动带领者 1 人。

（3）活动时间:×××× 年 ×× 月 ×× 日 14: 30—16: 30。

（4）活动地点:×× 社区活动中心。

（5）活动目的和意义　通过知识讲座和茶会活动提高社区老年人好喝茶,喝好茶的健康意识,增进老年人相互交流,促进老人们的身心健康。

（6）活动内容:听茶与养生知识讲座、看茶艺表演、品茶、分享交流（见具体实训部分）。

（7）人员分配:工作人员分为 3 个小组（表 4-28）。

（8）经费预算:本次活动的经费预算（表 4-29）。

表 4-28　活动人员工作任务分配

工作小组	工作任务	准备内容
准备小组	邀请活动参与者,购买所需用物、活动现场的布置	固定茶席 1 席,桌子 5 张,座椅 20 张,备用 5 张;茶品备西湖龙井、碧螺春、信阳毛尖、安溪铁观音;茶具备玻璃杯泡茶具、玻璃壶泡茶具、白瓷盖碗茶具
执行小组	安排座席、主持活动流程、维护活动现场秩序、现场摄影	座签表、签到表、现场音乐、摄像机
保障小组	环境卫生维护、茶水和食物补给、应急医疗保障	应急医疗设备

表 4-29　老年品茗茶会活动经费预算

项目	茶具	茶品	桌布	横幅	茶点	合计
费用 / 元	300	200	100	50	100	750

（9）预计效果:引导老年人积极参与社交活动,让了解喝茶的好处和品茗养生的技巧,激发老年人对现在美好晚年生活的向往。

2. 实训方法（表 4-30）

【实训评价】

1. 知识掌握（30%）　说出开展老年人茶会活动的注意事项。

2. 操作能力（40%）　能学会与其他人合作开展老年人茶会活动,能预计活动中的突发情况并做好应急预案;能在活动中协调各工作人员一起有效组织、开展活动。

3. 人文素养（30%）　注意老年人和自身的防护,有安全意识及风险管理概念（15%）;准备要充分,评估全面（15%）。

表 4-30　具体实训活动流程

活动主题	"饮茶香、品茶韵、享健康" 养生茶会		地点	×× 社区活动中心
日期	×××× 年 ×× 月 ×× 日下午 14:30—16:30		时间	2h
带领者（L）	某茶馆茶艺师、活动策划人、社区志愿者			
活动流程				
进行内容	预估时间 / min	活动内容	所需预备	备注
开场	10	1. 安排老年人入场、签到、围圈就座 2. 问候语及自我介绍,对出席活动的老年人表示感谢。介绍本次活动的目的、内容。请与会人员保持手机静音状态	场地准备	L:活动策划人
主题活动	养生讲座 30	1. 简要介绍中国茶与养生文化,引出讲座主题 2. 介绍茶艺师,邀请茶艺师上台展开品茶与养生的主题讲座 3. 茶艺师开展讲座　介绍茶的分类、名茶介绍;茶的养生功效、如何科学饮茶 4. 互动提问	音乐	L:活动策划人、茶艺师

进行内容	预估时间/min	活动内容	所需预备	备注
茶艺表演 15		1. 播放相应茶品的视频,引领大家进入茶会的情景和状态 2. 茶艺演示 4种茶样置于茶盒中,做好标签,随着音乐响起,茶艺师现场演示开汤(泡茶,助泡),提醒三泡止语;请茶友们有序赏茶 (1)展示茶具:茶船,是用来盛放茶具和方便接水;茶壶是用来冲泡茶叶;茶盅(公道杯)是用来传递茶汤和均匀茶汤浓淡的公用器具,意为启发做人公正,随遇而安;闻香杯杯体细长,便于笼住香气,用来闻香;品茗杯用来品茶汤和观色之用 (2)冲泡:不一样的茶对水温的要求不一样 (3)鉴赏佳茗:茶艺师用茶则从茶盒里取出干茶,置于赏茶盘中。请工作人员展示给来宾观赏干茶 (4)烫壶温杯:泡茶前先用开水烫壶,提高壶温,将壶水倒入茶盅内,再依次倒入闻香杯和品茗杯内 (5)初泡:也叫温润泡。用开水浸泡茶叶使茶叶舒展,并提高壶温,然后迅速将茶水倒入茶盅内,又叫洗茶 (6)高山流水:用悬壶高冲法激荡茶叶,使茶叶上下翻滚,茶汤浓淡均匀,味道纯正 (7)抽眉推泡:用壶盖将壶口泡沫推掉 (8)重洗:用刚才的茶汤再次淋壶,既能够将茶渣茶沫冲掉又能够提高壶温 (9)清洁茶具(3min):要用茶筷来夹洗杯子 (10)敬奉香茗:将茶汤倒入茶盅内,为来宾奉茶	茶席布置、冲泡茶杯、茶壶、茶品、热水、音乐	L:茶艺师、工作人员
品茶交流 35		1. 品茶 茶艺师冲泡好不同品类的茶,请老年人有序品茶 2. 志愿者送上茶杯和茶点,供老年人品茶、补充能量 3. 交流 自由换位交流,有意愿的老年人可以现场演示泡茶,交流品茶心得、冲泡技艺、茶文化等	茶具、茶品、茶点	L:茶艺师、社区志愿者
结束	10	随着第二次音乐响起,主持人宣布茶会结束,来宾共同歌唱,合影留念		L:活动策划人
讨论	20	茶会结束后,工作人员及时跟进,与老年人交流,征询对本次活动的意见;带领者及工作人员于活动结束后讨论老年人于此次活动过程中的突发状况及应对方法进行总结,以待下次改进		L:所有工作人员

实训 4-11　策划老年人健康饮食活动

【实训目的】

1. 熟悉老年人健康饮食活动策划和方案撰写。
2. 学会策划组织一场老年人健康饮食活动。

【实训学时】

1 学时。

【实训步骤】

1. 撰写活动策划方案

（1）活动主题：情暖冬至，喜迎幸福。

（2）活动参与对象：×× 养老中心的老年人 10 人、家属 5 人，工作人员 3 人，活动带领者 1 人。

（3）活动时间：×××× 年 ×× 月 ×× 日 10：00—12：00。

（4）活动地点：×× 养老中心餐厅。

（5）活动目的和意义：通过健康饮食活动，提升老年人饮食相关的保健知识，促进老人的身体健康；借节日机会增进老人与家属的感情，促进老年人之间的沟通和交流。

（6）活动内容：包饺子、品美食。

（7）活动准备（表 4-31）。

表 4-31　包饺子活动准备

项目	准备内容
环境准备	活动大厅或餐厅宽敞明亮，摆好桌椅、面板等物品
物品准备	桌椅 3 组、饺子馅（荤素各一盆）、人参须 2 两、面粉若干、面板 6 张、擀面杖 6 根、电锅 2 个、漏勺 2 组、盘子、碗筷、围裙若干、音响一组
人员准备	1. 老年人身心状态良好，能参与活动 2. 工作人员与老年人、家属、食堂负责人沟通，做好配合

（8）经费预算：食材（羊肉、面粉、馅料配菜等）300 元、横幅 30 元，合计 330 元。

（9）预计效果：老年人和家属配合好，学会食物的做法；顺利完成食物制作并品尝，增进老年人与家属的情感，老年人相互有了更多交流和沟通（图 4-1、图 4-2）。

图 4-1　老年人包饺子活动实况 1

图 4-2　老年人包饺子活动实况 2

2. 实训方法（表 4-32）

表 4-32　具体实训活动流程

活动主题	情暖冬至,喜迎幸福		地点	×× 养老中心餐厅	
日期	×××× 年 ×× 月 ×× 日 10∶00—12∶00		时间	2h	
带领者（L）	活动策划人、工作人员、特邀家属				
活动流程					
进行内容	预估时间/min	活动内容		所需预备	备注
开场	开场30	1. 邀请老年人、家属、工作人员到现场。播放具有民族特色的轻快音乐。工作人员和家属协助老年人洗手、穿戴围裙,分成 3 组在桌前就座 2. 带领者宣布活动开始,问候老年人,对大家的参与表示欢迎。介绍参与的老年人和家属,可以开展一个小游戏活跃气氛。询问老年人冬至有哪些习俗,冬至有哪些饮食习惯。老人和家属一起讨论问题,拉近距离 3. 带领者简要介绍冬至节气的习俗、健康饮食的意义;介绍本次活动的目的意义和流程,为大家做好分工		场地准备、音乐	L:活动策划人
主题活动	包饺子50	1. 请食堂师傅把熬好的人参须水和到面粉之中制作面团,分成三个面团给三组老人,食堂工作人员和家属引导并协助老人擀制饺皮,三组可以开展比赛活动 2. 每组老年人都会制作饺子,均有工作人员和家属陪伴;带领者多用鼓励语言提高老年人活动的积极性,观察老年人们的情绪和反应,及时提醒大家休息。注意组员之间的相互配合,中间可以互换工作,可以采用不同的包饺子的方法,相互学习技巧 3. 包创意饺子,提高活动的趣味性		包饺子的物料	L:活动策划人、食堂工作人员、家属

进行内容	预估时间/min	活动内容	所需预备	备注
吃饺子、品滋补汤药 30		1. 工作人员组织大家收拾物品,擦净桌子,摆放碗筷,安排 2 名食堂工作人员负责煮饺子,家属协助洗手、坐下休息 2. 带领者引导老年人就本次包饺子活动发表意见,相互沟通交流 3. 热气腾腾的饺子上桌,同时把食堂预先熬制的羊肉汤端上桌,老人和家属围坐桌前,共同品尝自己的劳动成果	电锅、漏勺、餐具、食物	L:活动策划人、食堂工作人员
讨论	10	活动结束后,食堂工作人员收拾餐厅卫生;带领者对活动进行总结,邀请大家积极参加下次养生活动;记录活动时间、内容、活动过程和老年人的表现,对老年人活动后的状态进行评估,及时反映。对于此次活动过程中的突发状况及应对方法进行总结,以待下次改进		L:所有工作人员
注意事项		1. 活动过程中注意刀、电锅使用安全,注意地面防滑 2. 活动中不要催促老年人,注意关注老年人情绪 3. 养生食疗中注意食物与药物的禁忌		

【实训评价】

1. 知识掌握(30%)　说出开展老年人健康饮食活动的注意事项。

2. 操作能力(40%)　能学会与其他人合作开展老年人健康饮食活动,能预计活动中的突发情况并做好应急预案;能在活动中协调各工作人员一起有效组织、开展活动。

3. 人文素养(30%)　注意老年人和自身的防护,有安全意识及风险管理概念(15%);准备要充分,评估全面(15%)。

(王　敏)

第七节　策划组织老年人心理健康活动

导入情景

吴大妈今年 67 岁,初中文化程度,退休前是商店营业员。吴大妈患乙肝已经有两年,到处求医,看过西医和中医,吃过各种中西药,但都无济于事,病情始终未见好转。吴大妈开始怀疑自己已经转为肝癌,死亡的威胁让她整天提心吊胆,惶惶不可终日。晚上也经常梦见两年前因病去世的老伴,造成情绪烦躁不安,而且经常无缘无故发脾气。希望多活一段时间,能看到 32 岁的儿子成婚。

工作任务

1. 列出社区退休老人心理保健可采用的活动形式。

2. 作为本次活动的策划者,请选择一个活动主题。

3. 试着为吴大妈编写一份完整的心理保健活动策划方案。

心理保健就是保持、维护和促进人的心理健康的过程。老年人的健康,尤其是心理健康,直接影响着老年人的生活质量。如何提高老年人群体的心理保健水平,使亿万老年人在身心健康的状况下安度晚年,实现"老有所乐、老有所学、老有所为",已成为老年服务研究领域的重要课题之一。

一、老年人日常心理保健

（一）老年人心理健康的概念与标准

心理健康是指个体内部心理和谐一致,且与外部环境适应良好的、稳定的心理状态,具体包括认知功能正常、情绪积极稳定、自我评价恰当、人际交往和谐、适应能力良好等五个方面。老年心理健康的标准可界定为:

1. 要有充分的安全感(社会、家庭)。

2. 能够了解自己、对自己的能力有正确的评价。

3. 生活的目标要切合实际(身体状况、经济状况和家庭情况)。

4. 与外界环境能保持一定的联系。

5. 保持人格的完整、和谐(自知力、性格等和周围的环境、人、物的和谐一致)。

6. 要有一定的学习能力、探究能力、学习新鲜事物的欲望。

7. 能保持良好的人际关系。

8. 适度地情绪表达和控制(喜、怒、哀、乐不要过于压抑)。

9. 在不违背社会要求的前提下,适当发挥自己的个性。

10. 恰如其分地满足自己的需求。

（二）老年人心理健康活动形式

老年人心理健康专题活动:

（1）心理健康知识教育:针对低龄老年人和健康状况尚可的高龄老年人,可以开设针对老年人群体的电视教学和社区课堂,或者是心理健康专题讲座,一方面提高老年人的知识水平,丰富其精神生活,维护其心理健康水平;另一方面可以通过这一平台传授心理保健知识,引导老年人采取积极、科学的方式应对年龄增长带来的变化,做到老有所学、老有所用,帮助老年人更好适应老年生活。

（2）团体心理咨询和干预:团体咨询是在团体情境中提供心理帮助和指导的一种心理咨询与治疗形式。它是通过团体内的人际交往作用,促使个体在交往中通过观察、学习、体验,认识自我、探讨自我、接纳自我,调整和改善与他人的关系,学习新的态度和行为方式,以发展良好的生活适应能力。一个老年咨询团体大约由30人组成,可分成三组,每位老人一个月宜参加四次团体活动,每一次活动主题要与老年人生活中面临的心理问题息息相关,如压力缓解、情绪调整等。通过团体咨询,解决老年人不善表达或不知如何寻求帮助而积压于心造成的负面心理,让老年人在团体中通过互助与自我感悟解决心理困扰。

（三）老年人心理健康促进方式

国际上正在开展对于心理健康促进技术的研究。运动已成为最普遍的心理健康促进活动,如爬山、旅游、渐进性肌肉放松训练。暗示、音乐疗法等,还有心理学家开展的智力运动会等实用技术,均属于心理健康促进方式。对于爬山、旅游等形式不一的活动,经常参与其中,可使人身、心、社会交往三方面的良好状态形成良性循环,这些心理促进方式在策划与组织老年活动时可灵活选用。

二、失能老年人的心理保健

（一）失能老年人的一般心理特征

1. 失落和孤独　有的老年人失能前对社会贡献大,经济水平高,失能后由于角色的反差会产生失落感。性格容易暴躁,配合度较差,希望周围的人能尊重并顺从他,表现为自以为是、固执己见、独断专行、易激怒、好挑剔责备他人。有的老年人失能后,由于生活单调,与外界缺乏交流和沟通,产生被抛弃感,因而导致性格、行为的改变,表现为固执、自尊心强、沉默寡言等。

2. 恐惧和焦虑　由于老年人的各项功能衰弱,失能初始,身体疼痛造成巨大的心理压力,如心肌梗死的失能老年人,因持续性剧痛而产生濒死的恐惧心理,加上失能后在饮食、休息、睡眠等各方面都难以适应,日常生活规律被打乱,从而精神上产生恐惧和焦虑,多表现为烦躁不安、痛苦呻吟、睡眠不佳、不思饮食,只关心治愈时间及预后。

3. 敏感和猜疑　失能老年人常敏感多疑,推测自己的失能情况很严重,怀疑照护人员甚至家人刻意隐瞒病情。周围人细小的动作、轻微的表情、无意的话语,都可能引起其猜疑,心理负担较重。出现

某一症状与某种比较严重的疾病症状相类似时,失能老年人便会对号入座,怀疑自己重病缠身,表现为情绪低沉、悲伤哀痛、沉默少语,常常无端地大发脾气或暗自伤神。

4. 抑郁　老年人的生理功能趋于衰退,常常感到力不从心,感慨老而无用,再加上失能及病情的反复、治疗效果不明显、治疗进程缓慢,容易产生抑郁。抑郁是失能老年人常见的一种负性情绪。研究表明,机构老年人抑郁症状较社区老年人更为突出。

5. 沮丧和悲观　老年人往往同时患有多种疾病,如冠心病、糖尿病、脑梗死等,长期服药的痛苦和药物不良反应的刺激,产生沮丧和悲观心理,常表现为意志消沉、精神忧郁、束手无策,常暗自伤心落泪、冷淡,对疾病的治疗及转归表现漠然,对治疗和护理抗拒。

（二）失能老年人的心理保健活动形式

失能老人由于身体功能的损伤,体力和精力的不足,都不适合参加高强度的运动,但轻度失能老年人也可以适当参加一些体育活动,如慢走、爬楼梯等,在一定程度上可以强身健体,有利于疾病的康复。身体允许的情况下,也应该积极参与社区、团体组织的老年活动,如棋牌赛、读书会等,注意控制活动量及安全即可。失能老年人心理保健形式主要包括:

1. 心理疏导活动　失能老年人,由于长期卧病在床或室内休养,对外界的耐受性及适应能力下降,生活自理能力下降,依赖性强,失落感倍增等,易产生猜疑、恐惧、焦虑和抑郁心理,严重者甚至产生厌世心理,因此对失能老年人除了关爱体贴之外,及时而有针对性的心理疏导对改善老年人心理状态十分必要。组织有心理学专业背景的社工、志愿者为社区或养老院的失能老年人做专业的心理疏导;在社区或养老院为老年人构建"心理教育辅导平台""心理诉求平台"等一系列心理教育、心理危机救助体系;通过电话问候、上门慰问等形式,开展心理咨询服务,缓解老年人的心理"空巢",帮助老人解开心结、乐享晚年生活。

2. 往事回顾活动　老年人韶华已逝,尤其是失能老年人,生活比较单调,对往事的美好回忆是老年人温馨而甜蜜的时刻。回忆能让老年人寻找到归属感。回首过往,宠辱不惊,会以更加平和的心态看待生命的逝去,会更加珍惜剩下的时光,失能老年人适用的往事回顾活动类型如下:

（1）讲述生命故事:失能老人尽情回忆自己过往,尤其是生命中那些最精彩、最感人的部分,如果记录在册,即可与他人分享,也可闲来无事自己阅览一番,体验自己的生命价值。

（2）讲解与往事有关的衣物及各种生活工作用品:可以在失能老年人的允许和提示下,帮助重病老人清理与往事有关的各种生活、工作用品,让老人回忆并叙述这些物品背后的故事。如果家中还存有老年人儿时、青少年时或工作时的衣服,拿出来清洗干净,让其仔细观赏、回味;还有过去获得的奖章、奖状和各种纪念品,都有重新欣赏的意义。

（3）整理失能老人的笔记、图片和其他印刷品:失能老人曾做过的笔记、日记、照片,有空时翻开看看,通过老人回忆起种种往事,老人"找回"年轻的感觉。

3. 文化休闲活动　部分失能老人虽行动不便、生活不能自理,但神志清醒,可以试着参与一些文化休闲活动,比如读书、看报、听音乐、听戏曲等,既可以修身养性,又可以填补生活的空虚。如果自己没有办法动手,也可以请子女或志愿者帮忙。

三、老年人艺术育疗活动

老年人艺术育疗是在活动带领者的引导下,老年人透过艺术材料表达情绪,并在创作历程中与带领者建立同盟关系,借由创作的作品进行深度对话,探索自身问题与困境,从而提升自我赋能。

（一）艺术育疗是从使用材料开始

每个人对于材料会产生不同程度的连接,取决于跟过去使用材料的经验深浅好坏有关,例如:小时候常用的彩色笔或蜡笔,长大后再使用这些材料时,会触动之前使用彩色笔或蜡笔的记忆。如果经验不是正向积极的,使用者可能会产生抗拒的反应;反之,如果经验是美好的,这些材料对使用者相对更具吸引力。因此对于不同背景的使用者来说,不同的材料有其独特的育疗意义。

"可是,我不大会画画呢""我画得很丑怎么办?""一定要画吗? 我可以用说吗?""我对美术一窍不通""我画得比三岁小孩还差!"等,这是很多人听到"艺术育疗"这四个字后的反应。的确,在艺术治疗中,绘画是常见的艺术创作方式,可以透过绘画来表达与探索自我,但对于某些在绘画上缺乏自信的老年人,可能因为过去的艺术创伤,而恐惧或排斥绘画,降低了接触艺术治疗的可能,所以,艺术育疗材料应用和创作活动指引的根本是希望教育能走在治疗之前,谓之"育疗",让材料与创作的教与学在潜移默化中成为艺术介入生活、走进生命的疗与愈,这就是艺术育疗的概念与精神所在。

老年人艺术育疗是一系列经过设计的心理健康活动的过程,而非单一的艺术创作活动,活动带领者必须先与参与者建立信任和安全的良好关系,再根据情况设计适合的艺术活动,帮助参与者创作内在更深入的活动,并非口语性表达,以协助参与者在创作过程中获得宣泄与升华。此外,活动带领者亦帮助参与者引发其内在深层的对话,透过创作过程和作品的呈现去学习、观看、聆听自我内在的心灵状态,加深参与者对自我的认识与觉察,从而接纳与尊重自我个体的独特性,使得内心世界与外在世界达到相容的状态。

当艺术被应用于老年人活动策划与组织中,材料便提供了一种自我表达、觉察与成长的工具,活动带领者关心的是参与者内在的经验,而不只是作品的呈现,所有的过程、形式、内容与材料都是创作的要素,因为每一个要素都透露着参与者的人格成长、人格特质和潜意识。

(二)艺术育疗的应用

艺术育疗是一种透过艺术活动而施行的心理保健,因其具有的特质使它可运用的范畴更为广泛。

1. 艺术育疗因具有非语言沟通的特质,参与活动的对象较一般心理治疗范围广,凡不善口语表达的老人、幼儿、丧失语言功能者,甚至虽语言表达流畅但防卫性强的青少年、精神疾患或人格违常者,以及癌症末期病人等皆适宜。

2. 艺术育疗的表达常运用头脑中对看过的东西的存留和视觉做思考,此种直觉式的思考往往能透露隐藏在潜意识中的内容。

3. 在艺术创作中,老年人会因专注而降低心理防卫,更因艺术形式的隐匿表现,能允许潜意识自然浮现,亦能有效建立良好互动关系。

4. 艺术创作的过程能帮助老年人宣泄负面情绪,释放压力,是一种被社会所接受的安全的发泄方式。

5. 艺术创作是一种自发与自控的行为,老年人可因而获得掌控感与自主权。

6. 艺术育疗中的作品承载了老年人情感和意念。老年人透过作品的呈现,内心世界与外在世界才有机会得以统一。

7. 艺术育疗活动带领者从作品中获得老年人潜意识信息,而不影响当事者的防御机制。

8. 作品可提供专业人员作为诊断的参考,亦可从老年人一系列的作品中评估心理健康的状态。

9. 艺术育疗团体中透过成员的共同创作与分享能增进团体成员的凝聚与互动。

10. 创作时可增进老年人感官刺激,有利于康复。

11. 艺术表现形式具有时空的整合性,老年人可具体联结过去、现在与未来。进而在艺术创作的过程中,直接联结到以前的认知,潜能得以释放发挥。

12. 定期或长期从事团体艺术活动,可帮助老年人维持稳定的情绪并获得心理支持。

策划老年人艺术育疗、减压活动见实训 4-12、4-13。

知识链接

埃里克森人格发展八阶段

埃里克森(E. H. Erikson, 1902)是新精神分析派的代表人物,是美国著名精神病医师。他的人格发展论把自我意识的形成和发展过程划分为八个阶段,分别为婴儿期(0~1.5 岁)、儿童期(1.5~3 岁)、学龄初期(3~5 岁)、学龄期(6~12 岁)、青春期(12~18 岁)、成年早期(18~25 岁)、成年期(25~65 岁)、成熟期(65 岁以上)。每一个阶段都是不可忽视的。

65 岁以上老年人由于身体逐渐衰老、体力和健康每况愈下,他们必须作出相应的调整和适应,所以成熟期被称为自我调整对绝望感的心理冲突。当老人们回顾过去时,可能怀着感恩的心情与世告别,也可能怀着绝望走向死亡。自我调整一种是接受自我承认现实之感;一种是超脱的智慧之感。如果一个人的自我调整大于绝望,他将获得智慧的品质,埃里克森把它定义为"以超然的态度对待生活和死亡"。老年人对死亡的态度直接影响下一代婴儿时期信任感的形成。因此,第 8 阶段和第 1 阶段首尾关联构成一个循环周期。

实训4-12　策划老年人艺术育疗活动

【实训目的】

1. 熟悉老年人艺术育疗活动策划和方案撰写。

2. 学会策划组织一场老年人艺术育疗活动。

【实训学时】

1学时。

【实训步骤】

1. 撰写活动策划方案

（1）活动主题：人生中的起、承、转、合。

（2）活动参与对象：适用于抑郁、压抑、悲伤失落等需要减压或情绪宣泄的老年人；也适合探索生命历程及存在意义主题需求的活动参与者。

（3）活动时间：××××年××月××日14∶00—15∶00。

（4）活动地点：××社区居委会一楼会议室。

（5）活动目的和意义：当参与者认真投入创作之后经过起、承、转、合的历程，感受活动带领者的温暖和团体的接纳而产生信任、安全与归属感。

（6）活动内容：见具体实训部分。

（7）活动分组：工作人员分为3个小组（表4-33）。

表4-33　活动人员工作任务分配

工作小组	工作任务	准备内容
准备小组	邀请活动参与者并买所需用物、活动现场的布置	12色粉蜡笔、A4纸、A1海报纸、剪刀、丙烯颜料、四开画纸、彩色笔、精盐、粉彩、全开黑色壁报纸、美工刀、剪刀、透明塑胶袋、纸胶带
执行小组	安排座席、主持活动流程、维护活动现场秩序、现场摄影	座签表、签到表、现场音乐、摄像机
保障小组	环境卫生维护、茶水和食物补给、应急医疗保障	应急医疗设备

（8）经费预算：本次活动的经费预算（表4-34）。

表4-34　老年人艺术育疗活动经费预算

项目	材料	桌布	横幅	茶点	合计
费用/min	500	100	50	100	750

（9）预计效果：团体成员分享艺术育疗作品（图4-3、图4-4）和活动最后的总结，可帮助参与者或团体成员珍惜曾经拥有，学习活在此时此刻、即时放下，并且更有信心再开启新的陪伴关系。

2. 实训方法　见表4-35。

3. 注意事项

（1）活动带领者需留意参与者对材料的初始反应，因为蜡笔、彩色纸和白色画纸的出现，对于有艺术创伤和抗拒绘画者来说是种压力，需适时恰当地引导。

（2）活动带领者也需留意参与者当下的身心状态（如：是否情绪不佳或有无肢体协调问题），以及在绘图过程中根据投入程度适时给予相应的鼓励或示范。如果参与者表明想不讲出故事，活动带领者可运用故事接龙的方式进行，但故事主轴最好还是由参与者来创造。

（3）纸的大小亦可依活动参与者的能力，以及操作时间的长短弹性调整为八开或半开。

图 4-3　涂鸦作品

图 4-4　砂画作品

表 4-35　具体活动流程

活动主题	人生中的起、承、转、合		地点	××社区居委会一楼会议室
日期	××××年××月××日 14：00—15：00		时间	60min
带领者	活动带领者、志愿者			

活动流程				
进行内容	预估时间/min	活动内容	所需预备	备注
开场	10	1. 安排老年人入场、签到、围圈就座 2. 先问候，再进行自我介绍，对出席活动的老年人表示感谢。介绍本次活动的目的、内容。请入会人员保持手机静音状态	场地准备	活动带领者
主题活动（四选一）	30	涂鸦叙事 1. 活动带领者请团体里老年人闭上眼睛，左手持粉蜡笔在纸上涂鸦，随着不同音乐的引导连画四张 2. 以此四张涂鸦线条再去做图像自由联想，完成四幅作品，并各自命名 3. 将此四幅作品重新排列顺序，串联起来赋予意义，编成一个完整的故事	12 色粉蜡笔、A4白纸、音乐	活动带领者
	30	爱心拼图 1. 将 A1 海报纸依人数画出一个以中心为交会点的爱心图形，剪开，老年人每人一片（使用同一幅画，否则会拼不回去） 2. 以丙烯颜料在小片上完成"我是谁"，然后分享彼此 3. 待颜料干透，一起用"小我"拼图完成一个"大我"此时完成的大拼图会在视觉上造成一种凝聚的冲击 4. 聚集在一起分享大拼图的感受、发现与心得 5. 将创作出大拼图贴在团体室墙上，继续伴随团体进行直到最后	A1 海报纸、剪刀、丙烯颜料、音乐	活动带领者、志愿者

进行内容	预估时间/min	活动内容	所需预备	备注
	30	人生如画 1. 团体老年人以圆形围坐,各自将画纸的右下角做个记号 2. 每个人将画纸往右传,然后就在他人画纸上任意涂鸦 3. 之后再依序往右传,再依次自由涂鸦,直到传回各自做了记号的那一张 4. 此时,如何面对面前已被涂成混乱一圈的画,就能看出各人对待人生的方式和态度 5. 最后从各自的分享中去探讨彼此的异同,在超越对错之外,检视自我面对生命中发生各种事件的态度与处理模式,并且运用非语言和不使用大道理简单自然的方式进行相互学习	四开画纸、彩色笔、粉蜡笔、音乐	活动带领者
	30	漫游彩砂 1. 给每个老年人分得半包盐,一个粉彩条和一张A4纸,指导老年人将半包盐倒在一张A4纸上,用刀背轻轻刮粉彩条表面成细粉状,和盐堆掺和搅拌,制作成颜色各自不同的彩色砂 2. 将彩色砂装入透明塑料袋封好,剪一小洞口可倒出作画,每个人围绕着团体中央全开黑色的壁报纸随意游走,将所有彩色砂自由洒落 3. 完成后一起欣赏共同创造的作品,并分享心情与感受 4. 活动带领者邀请大家在砂画中找寻每个人最喜欢与最不喜欢之处,将其描绘下来 5. 最后,活动带领者拿出准备好的垃圾袋,请大家将精心创造的砂画合力抬起倒入袋中,一瞬间黑纸从五彩缤纷的画面又恢复成空无一物的黑纸 6. 活动带领者带入主题,讨论一切从无到有再回到无,从零开始又归于零,恰似人生之旅	精盐、粉彩条、全开黑色壁报纸、美工刀、剪刀、透明塑料袋、音乐	活动带领者
作品交流	15	1. 和老年人交流,面对各自手上的两张作品(叙事涂鸦和人生如画),现在的感想如何 2. 回顾人生历程,总结不论想带走或想留住的是什么,结束是另一个开始,凡走过的必留下痕迹 3. 在整个团体结束之前,活动带领者将墙上团体创作的爱心拼图取下,以仪式化再剪开,老年人各自取回		活动带领者、志愿者
结束	5	随着第二次音乐响起,主持人宣布活动结束,团体老年人共同歌唱,作品合影留念		活动带领者

（4）将盐染色时,如果参与者在一袋盐之中混合两种以上的颜色,容易使色彩灰浊变为中间色调,这也可以代表某种心理成分,无须因为色砂颜色较为暗淡而作废;但活动带领者可提醒参与者,若希望色彩明亮些,则最多混到两种颜色即可。

（5）本活动材料流动性很高,情感和潜意识的投射非常直接而迅速,活动带领者要留意团体是否有潜在特殊的成员,必要时须协助疏导情绪。

（6）活动结束前,应号召所有成员妥善处理盐沙,以免造成场地的过度脏乱,并保证心情整理好

后再离开。

4. 变化应用

（1）若用在个人上，可以准备一张四开的画纸，放在桌上或贴牢在墙上，手拿一支深颜色的蜡笔放在画纸的中间，闭上眼睛（也可张开眼睛），开始在纸上涂鸦（可以左右手互换），即使画出纸外也没关系（可试着花30s到1min的时间画出一系列不同的线条）。当参与者觉得差不多后，张开双眼，看看刚刚随性所画的线条和形状，从涂鸦中识别出形体或东西，可以试用不同角度观看自己的涂鸦，如反着看和隔远远看，然后将找到的形象涂上自己想要的颜色或根据感觉再处理细节，把形象更清楚地勾勒出来。完成后，将作品挂起来再仔细看看，最后给它一个标题。在完成整个历程后，回顾一下刚才涂鸦时的感觉，以及想想为什么自己会找出那些形象，最后试着将自己和这个作品做个总结，也许会有新的发现。

（2）若用在团体中，请成员选择一位伙伴，彼此对坐，四开画纸摆放在两人中间，两人先决定谁是带领者，谁是跟随者，进行涂鸦追逐画游戏。接着两个两人小组组合成一组（四人），亦将两张纸拼在一起重复涂鸦游戏，最后四人一起找出八个图形，再从这八个图形里协商挑选出四个，共同编撰一个故事把这四个图形串联起来，再将此故事绘画在另一张画纸上（如果时间允许，可用戏剧方式表演出这个故事，或作为下次团体的活动）。整个团体可再分成两到三个小团体进行此项活动，团体动力会在无形中产生。因为在游戏过程中，彼此合作的方式、沟通的模式、问题解决的形式以及带领者和跟随者的关系，都会因此反映出来。

（3）漫游彩砂若以四至六人小组进行活动，可激发想象力、创造力来开展人际关系；以两人小组进行活动，可在亲密互动中觉察个人相对的关系及彼此相互适应的智慧；若以个人进行创作活动，则可静心沉淀，辅助降低心理防卫、宣泄情绪、降低焦虑，以及缓和悲伤或失落。

实训 4-13　策划老年人艺术减压活动

【实训目的】

1. 熟悉老年人艺术减压活动策划和方案撰写。

2. 学会策划组织一场老年人艺术减压活动。

【实训学时】

1学时。

【实训准备】

1. 撰写活动策划方案

（1）活动主题：怀念。

（2）活动参与对象：心情低落的老年人。

（3）活动时间：××××年××月××日14：00—15：00。

（4）活动地点：××社区居委会一楼会议室。

（5）活动目的和意义：借助材料发泄悲伤等不良情绪，建立积极正向的心态。

（6）活动内容：见具体实训部分。

（7）活动分组：工作人员分为3个小组（表4-36）。

表4-36　活动人员工作任务分配

工作小组	工作任务	准备内容
准备小组	邀请活动参与者购买所需用物、活动现场的布置	各色毛根、蜡光色纸、火柴、信封、A4 信封袋、16 开画纸一张、色纸、小圆形蜡烛
执行小组	安排座席、主持活动流程、维护活动现场秩序、现场摄影	座签表、签到表、现场音乐、摄像机
保障小组	环境卫生维护、茶水和食物补给、应急医疗保障	应急医疗设备

（8）经费预算：本次活动的经费预算详见表4-37。

表4-37　老年人艺术育疗活动活动经费预算

目	材料	桌布	横幅	茶点	合计
费用/元	300	100	50	100	550

（9）预计效果：在团体成员分享作品（图4-5、图4-6）的过程中，其他成员包括活动策划人也会感到悲伤的气氛，而分享者可以感受到被尊重、被聆听的感觉，并在大家的见证下，说出自己对逝者的想念。

图4-5　彩色毛根

图4-6　炭笔画

2. 实训方法　见表4-38。

表4-38　具体活动流程

活动主题	怀念		地点	××社区居委会一楼会议室
日期	××××年××月××日 14：00—15：00		时间	60min
带领者	活动带领者、机构志愿者			

活动流程				
进行内容	预估时间/min	活动内容	所需预备	备注
开场	10	1. 安排老年人入场、签到、围圈就座 2. 问候语，自我介绍，对出席活动的老年人表示感谢。介绍本次活动的目的、内容。请参与人员保持手机静音状态	场地准备	活动带领者
主题活动（二选一）	30	烛船启航 1. 请老年人选择三条不同颜色的毛根，分别代表人生的不同阶段 2. 回顾生命中各阶段所遭遇的失落经验，包含生命的死亡（如临终疾病、宠物死亡）、实质失落（如失去身体重要部分、家人患精神疾患）、象征失落（如失去名誉或头衔）和关系失落（如失恋、退休、离婚或父母离婚） 3. 在轻柔背景音乐中随着思绪流转，老年人可用打结或绕圈等方式将毛根自由塑形，以此来代表回想起的每一件失落事件	各色毛根、蜡光、彩色纸、圆形蜡烛、音乐	活动带领者

续表

进行内容	预估时间/min	活动内容	所需预备	备注
		4. 最后将三条毛根（若不够,可继续增加）串联在一起（有始有终的一条线,而不是一个封闭的圆圈）		
		5. 活动带领者请老年人分享失落线上的每一个结,评估其失落史,同时引导老年人去觉察每个失落史彼此间的关系,并讨论此时此刻的老年人所面临的失落与过去的哪些失落可能有连接,及其关联的原因（可以继续利用新的毛根将有相关的"结"串联在一起,从中获得洞察失落的连锁反应）		
		6. 活动带领者请每位老年人见证和分享彼此的失落线,老年人可能发现没有一条毛根是完全平顺无结的,象征着每个人生命中总有纠结的时候,失落不会只发生在特定的某人身上,其实每个人都有,进而获得公平感（失落事件都是生命的一部分,不妨试着学习与之和平共处）		
		7. 参与者可以邀请老年人将各自的失落毛根,连接在一起,成为一个大圆圈,放在地板上,老年人接着用示指按住毛根上的某一个结,缓慢地上下左右移动（大圆圈会因此变形,象征团体中每个人的失落和悲伤情绪可能会相互影响）,直到找到自己觉得适当的位置后定格,大圆圈最后会成为一个"湖"		
		8. 活动带领者邀请老年人分享对整个"手动"过程的觉察,以及总结这样的移动圆圈是老年人间的彼此配合及妥协,同时也代表着失落的形貌因人而异,当面对它的态度产生变化时,失落悲伤的样貌随之改变,只要愿意,自己可以做主掌控,走向复原之路		
		9. 老年人选择一张能代表目前心境的彩色纸,并在纸上（单色空白部分）写下自己面对失落的期望或对失落对象想说的话、思念和祝福,然后在活动带领者的指导下,将纸折成一艘"带篷船"		
		10. 活动带领者发给每位老年人一个小圆蜡烛,顺着"湖"围成一圈。从其中一个开始点亮烛火（先关灯）,然后一个接一个地传递下去,待烛火全部点燃后,老年人再选其一放入船中,老年人用双手将烛船捧着,闭起双眼,以默读的方式将期望、思念灌注在烛船中,象征承载祝福		
		11. 最后,活动带领者引导老年人将烛船放在地板上启航,开始慢慢驶向湖心,排成一个圆圈或爱心,给老年人一分钟的"默哀"时间,等所有老年人都准备好后,再吹熄烛火（活动带领者通常是最后一个吹熄蜡烛的人,象征这个阶段活动的结束）,完成后一起"说再见",这个仪式也代表团体"同舟共济"的凝聚力		

进行内容	预估时间/min	活动内容	所需预备	备注
	30	火柴画 1. 活动带领者请老年人拿回自己的纸船 2. 活动带领者发给每位老年人三根火柴，然后关灯 3. 活动带领者示范，将火柴点燃，在心中默想去世的亲人（怀念美好的回忆），然后将火柴吹熄成为"炭笔"，并在16开画纸上进行创作（可画人物肖像或回忆场景），当无法再画时，可反复点火和吹熄的动作，直至无法使用了，再取一根新火柴来继续操作，同时再回忆过去。如此，展开自由创作过程，当三根火柴都用完后，创作即结束，再将之前的烛船"航行"到团体中，围成一个圆圈 4. 活动带领者请老年人拿一张空白信纸，写下对逝者想说的话，然后放入信封中（活动带领者可在旁边引导老年人，例如：这张画是在哪个场景，对逝者的想念是什么）	火柴、信封、A4信封袋、16开画纸一张、色纸、圆形蜡烛、音乐	活动带领者、机构志愿者
作品交流	15	1. 活动带领者请老年人自愿分享自己的图画或朗读书写内容（自行选择要朗读多少，无需过度解释未清楚写出来的部分） 2. 活动带领者请老年人分享作品或朗读完写作后，走到团体中间将自己的蜡烛吹灭，象征与逝者说再见 3. 最后，活动带领者让没有分享的人在心里默念自己的书写后，也将蜡烛吹灭，完成整个"怀念"的历程		活动带领者、机构志愿者
结束	5	随着第二次音乐响起，主持人宣布活动结束，来宾共同歌唱，作品合影留念		活动带领者

3. 注意事项

（1）回忆失落事件难免触动情绪，活动带领者需留意参与者的身心反应，尤其在陈述过往细节时，参与者容易产生负向感觉而陷入无法自拔的状况，活动带领者应适时合乎情理地引导其口语的表达，协助其"跳出"悲伤情景。活动带领者也要留意自己在"听故事"时可能有的情绪反应，适时觉察自身状态，才能提供参与者稳定的涵容空间去自由表达。

（2）带领团体时，活动带领者可用简报来辅助教学，把步骤放慢，维持成员的耐性，必要时查看成员的折纸状况，帮助其建构安全且稳固的承载客体。

（3）点燃烛火的仪式是否营造出温暖安详的氛围，空间是否明暗适中，通风是否良好，有无失火风险，活动带领者都必须缜密评估。小圆蜡烛有厚薄之分，建议选择较厚的蜡烛，烛芯拉直点火较为容易，不容易因风吹而烧到纸船。倘若活动空间不适合点燃烛火，可选用蜡烛灯替代。

（4）同一根火柴可重复点燃后作画，直到无法使用，要留意火柴棒会愈烧愈短，容易烧到手，因此，活动带领者要随时敏锐觉察参与者的安全性。

（5）活动带领者需要有处理自己的悲伤情绪的能力，以免现场的悲伤氛围触动自己的内在悲伤，导致情绪失控。

（6）活动带领者要以成熟包容的心灵，接纳并引导参与者，以开放的心胸学习悲伤议题，愈疗才能真正地开始。

（7）团体成员的相互支持可发挥悲伤艺术育疗的力量，活动带领者应善加运用团体成员彼此的资源。

4. 变化应用

（1）主题可以调整，例如回顾生命历程中的重大事件"舍不得、放不下"的经验，或与负向情绪相关的人际关系；亦可是较正向的主题探索，例如幸福时光、难忘的回忆、特殊时刻等。

（2）时间的长轴可以缩短，只回顾近期三个月内所发生的事，亦可回溯过去十年；或者对未来远景的想象与期待，主题可以是"生命之路"的探索。

（3）火柴材料可换成其他可燃烧生成火光的素材，并以摄影的方式记录过程，如将"火柴画"改为请参与者拿着点燃的手持烟花，在空中挥舞出想送出的思念的话语，请他人持照相机以低速快门拍下烟花的光线轨迹，再将照片洗出来贴在明信片上，并在明信片背后写下思念者想说的话或祝福。

（4）本方案也可运用在自我探索工作中，让缅怀的"逝者"对象，除了是重要他人，也可以是自身已消逝的光阴，前者是以外在关系为起始的探索，后者是以内在关系为起始的探索。

（5）因点燃火柴具有危险性，可改用竹签或竹筷来创作。

【实训评价】

1. 知识掌握（30%） 说出开展老年人心理健康活动的注意事项。

2. 操作能力（40%） 能学会与其他人合作开展老年人心理健康活动，能预计活动中的突发情况并做好应急预案；能在活动中协调各工作人员一起有效组织开展活动。

3. 人文素养（30%） 注意老年人和自身的防护，有安全意识及风险管理概念（15%），准备要充分，评估全面（15%）。

（林婉玉 李蔚林）

第八节 策划组织老年人代际互动活动

导入情景

一位七十多岁的老人，为了和大孙子有更多共同语言，学会了上网，甚至还在网络上学了几句英语和流行语，他说在网络中感受到新的存在感，让原本单调的晚年生活有了新的活力。

工作任务

1. 作为机构活动策划组织者，请列举出你认为合适的代际互动活动。

2. 请结合案例，模拟实施一次代际互动活动。

近年来，随着经济的快速发展及人们精神需求的不断提升，老年人的生活也丰富多彩起来。在人们普遍认为不同年代人群存在"代沟"的认知下，老年人与其子女或后代共同参与的互动活动并不多见，两代人的沟通相对匮乏，不利于家庭关系的和睦和家庭功能的最大化，也不利于满足老年人晚年生活中对子女的情感需求。学会开展代际互动活动，满足老年人精神需求，可以促进家庭和谐和社会进步，本章节将重点介绍老年人与青年人之间的代际互动活动。

一、代际互动活动的意义

"代"是对不同时间段人的划分，指不同年龄段的群体。代际互动是指通过情感交流、资源分享等完成代与代之间的联系的过程。代际互动可以增加两代人的接触和交流时间，将年轻人的朝气和活力传递给老年人，而年轻人从互动中也可以感受到老年人的沉稳，有利于增加两代人的理解，提升两代人之间的亲密感。

随着我国人口老龄化、少子化、空巢化，老年人对亲情和晚辈的关爱需求更加明显。活动策划者通过设计特色代际活动，特别是在重大节日上策划老年人和其晚辈共同参与的趣味活动，使老年人在活动中感受到快乐、被接纳、被联系、被重视和被爱。在我国人口老龄化加速发展，老龄化形势严峻的今天更加凸显了老年人的代际互动活动的重要性。

（一）代际互动活动是孝文化的内在要求

中华民族传统文化源远流长，两千多年的"孝"文化，是一种家庭美德和社会公德。它既是传统伦理的基础，又是调节人际互动关系的方式。孝文化的自由平等和孝敬的内涵促进代际间的良性互动，而代际良性互动又体现了孝文化中的自由平等和孝敬的精神。基于"孝"文化背景之下形成的代际互动活动能更好地促进家庭和社会的和谐稳定。

（二）代际互动活动是积极应对老龄化的要求

引导年轻人接纳老年人，鼓励年轻人与老年人参与家庭的互动，增进对彼此的了解，建立起互敬互爱的和谐关系，加强代际间的团结，帮助老年人发挥最大的社会效益，才能更好地迎接老龄化的挑战。

（三）代际互动活动是促进空巢老年人心理健康的要求

空巢老人长期处于孤独、寂寞和失落中，加上年老体弱、经济收入减少、就医困难等问题，发生心理问题的概率大大加大。根据调查显示，在空巢老年人中存在心理问题的比例高达到60%，严重者需要医学关注和心理干预。通过代际互动活动提供老年人与子女的不定期相处机会，可以拉近彼此间的距离，保持亲密关系，减少孤独感和失落感，促进心理健康。

二、适合老年人的代际互动活动

认知类互动活动

认知障碍是近来社会关注的重要健康问题，子女在认知互动活动中可以了解老年人认知和老化水平、健康状况。通过活动中的动作、语言、记忆训练等，改善大脑血液流动，刺激脑神经细胞，强化语言能力、延迟记忆、判断力，起到预防、减缓认知障碍症的发作，持之以恒进行锻炼，会减少认知障碍的发生。

1. 一家拳游戏

（1）方法与规则：第一个动作先拍手（图4-7），后左右手同时击掌（图4-8）。第二个动作先拍手，然后两个人自己搭配，想出一个新动作（示范动作如图4-9、图4-10）

图 4-7　拍手

图 4-8　击掌

图 4-9　爱心

图 4-10　抱拳

（2）游戏要求：老年人与其子女搭配，两人一组，用3~5min，每组想出两个动作分别展示，增加了两代人的互动。带领者也可以根据每组动作的难易程度，从一个简单的动作开始，让其他组成员依次来模仿。或者看哪个组记忆其他组的动作最多。

（3）游戏关键：①游戏前先让子女与老年人交流，询问："在生活中令你感到快乐的事情有哪些？"②游戏过程中子女适当帮助和鼓励老年人，形成两个人之间特殊意义的动作。③游戏结束后，通过分享游戏过程中的精彩时刻，增加彼此沟通和了解。

2. 口是心非游戏

（1）方法与规则："0"，就是握拳；"1"就是握拳伸出食指；"2"就是握拳伸出食指和中指；"3"握拳伸出食指、中指、无名指；"4"伸出食指、中指、无名指、小手指；"5"就是手掌打开五指分开（图4-11~图4-16）。方法：大家同时念"嘴巴和手不一样"，当念"嘴"时，拍手（图4-17）；念"巴"，双手拍大腿（图4-18）；念"和"时拍手；念"手"拍大腿；念"不"拍手；念"一"拍大腿；念"样"时，用一只手比画出中的任何一个数字，但不能念出这个数字，只能念0~5中除这个数字外的任何一个数字。例如比画出"1"，就可以说0、2、3、4、5中任何一个数字。

（2）游戏要求：大家同时念"嘴巴和手不一样"，按要求依次作出拍双手和拍大腿，子女或年轻人比画，老年人说。例如比出一个"2"，老年人说了5，嘴巴和手不一致，做法正确。

（3）游戏关键：①游戏前先让子女与老年人交流，询问："老年人言行一致吗？生活中做事时是说的多还是做的多？"②游戏过程中子女适当配合老年人，让老年人有默契的感觉。③游戏结束后，分享在生活中父母对子女，子女对父母口是心非的事，彼此敞开心扉，真诚向彼此道歉。

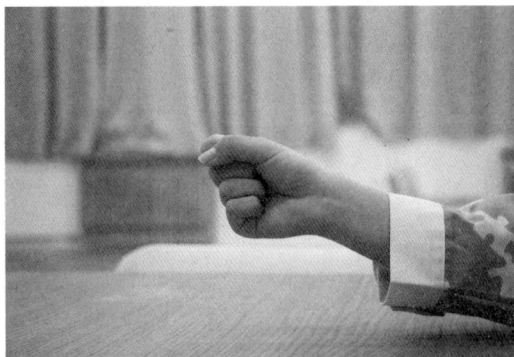

图4-11　数字0

图4-12　数字1

图4-13　数字2

图4-14　数字3

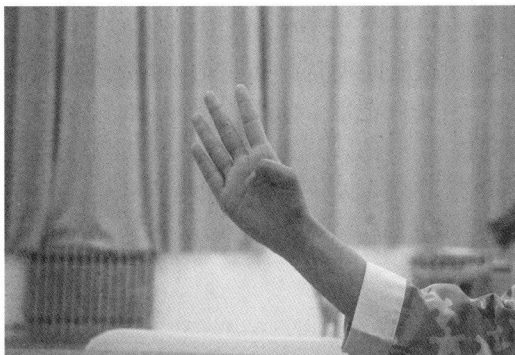

图 4-15　数字 4

图 4-16　数字 5

图 4-17　拍手

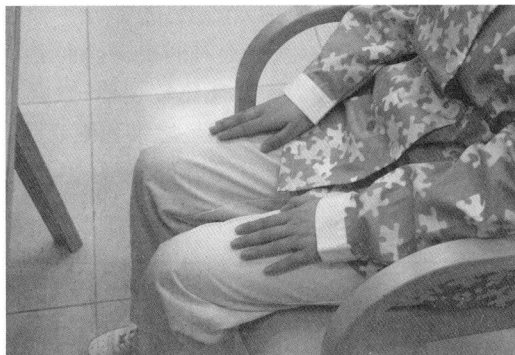

图 4-18　拍大腿

3. 身体配对游戏

（1）方法与规则：触摸身体的部位，说明它的功能及有哪些佩戴的物品，可以按顺序进行：头→眼→耳→口→鼻→脖子→胳膊→腕→手指→腹→腰→髋部→脚，只有部位、功能和配饰对应正确得 1 分，得分最高组得奖品。

（2）游戏要求：老年人和其子女组队。其中一人触摸人体的部位，说出它的功能，另一个人说其配饰或者保护的物品（图 4-19）。例如：一人触摸眼睛，那要说出它的功能，眼睛"是可以让我们看清东西"，另一个人要说墨镜，"可以保护我们的眼睛在剧烈的太阳光下不受伤害"。

（3）游戏关键：①游戏前先让子女关怀老年人"天气转冷，老年人关节有没有僵硬感？都有哪些衣服？保暖用品有哪些呢？有没有自己独特的养生方法"？②游戏结束后，老年人讲述自己身体上的不适，形成的原因，子女为其按摩放松。

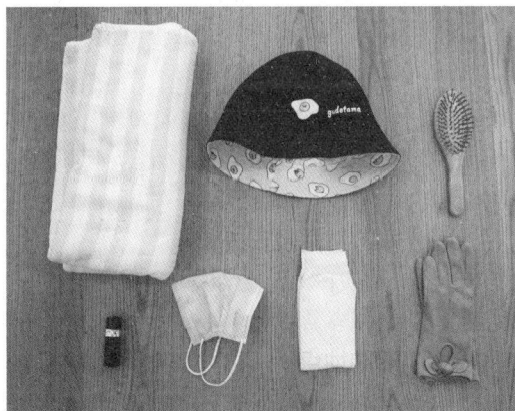

图 4-19　配饰物品

三、老年人代际互动活动的注意事项

本节介绍的活动适宜老年人与自己的晚辈共同参与。这些游戏有助于提高老年人的专注力与记忆力，体验到游戏的刺激和欢乐，感觉到自己是被关注、被关爱，并从中感觉到自己存在的价值。对年轻人来说，更重要的是和自己的长辈共同完成，增加彼此间的交流和认可。这些活动不需要消耗大量的体力，适宜在室内开展，活动策划者可以根据当时活动规模、参与人员的身体情况、活动条件等具体情况略作调整，使活动更贴近活动目的，以便达到预期的目标。

开展老年人代际互动活动应注意：①注重情感交流，在活动中尽量创造老年人与子女之间的交流的机会,通过游戏中的合作,让子女和老年人共同完成活动,增加彼此间的浓厚的情感。②注意活动的安全,避免老年人情绪变化过大,准备好应急药物,做好应急措施。活动场地宜选择安静、明亮、宽敞的室内,并配有急救设备。③注意活动的时间不宜过长,一般时间控制在 1h 之内。如果老年人有疲劳感,先休息片刻。④本节的活动需要老年人有一定的专注力和记忆力,但每位老年人实际情况不一样,本来就是互动活动,子女必须参与,避免老年人感到自卑、沮丧。⑤注意控制规模,参加成员一般在 15~30 人为宜。⑥提前跟家属沟通老年人情况,讲解注意事项以及家属如何配合老年人等,在老年人表现好时,家属可以通过言语进行鼓励。

> **知识链接**
>
> ### 代 际 差 异
>
> 　　青年是一个不安的时期,而老年则是一个休整的年岁。老年人和青年人有着各自不同的想法和生存方式。生活方式上,大部分年轻人每天忙于工作,起早贪黑,非常的辛苦,很少能顾及自己的身体,与家人沟通时间更少。而老年人退休了,时间充裕,生活规律,时常把身体保养放在第一位。年轻人的思想比较超前,做事想得比较理想冲动,有自己独到的眼光。而老年人做事考虑周全、思虑再三,但是思维和眼光跟不上年轻人的脚步。相对于青年人,老年人接受新事物的能力和兴趣都会逐渐降低,爱好也会变得单一,容易产生自己被孤立的感觉,从而影响心理健康。

四、老年人代际互动活动的策划与准备

(一)活动主题

为了消除两代人之间的隔阂,增加彼此间的熟悉感和亲密感。可以设置有温情的主题有"爱陪伴在身旁""你伴我成长,我陪你到老"等主题。

(二)活动规模

根据活动的人数选择大小合适的场地和配合一定数量的工作人员,保障活动的顺利进行。为了更好的活动效果,参与的人数不宜过多。

(三)参加对象

有认知和自理能力的老年人及其子女为主。如果子女不在身边,可由亲属代替。不完全自理老年人若有意愿参加,则需要其子女给予更多的帮助。若报名人数较多,活动前可根据老年人身体情况确定参与人员。

(四)举办时间及安排

一般安排在白天活动,时间不宜过长,正式活动时间应控制在 45min 至 1h,时间过短效果不到,时间过长,老年人容易劳累。

(五)活动地点

根据活动类型选择室内和室外,如老年活动中心等。活动地点宜靠近卫生间,道路宽敞、平稳。有休息区域能够休息,提供水果和茶水。

(六)活动准备

1. 工作人员准备　提前与老年人和家属沟通,充分掌握老年人的身体状况、参与家属的信息。

2. 准备活动所需物品　包括活动道具、横幅、奖品、急救药品等。

(七)活动流程

见实训 4-14。

实训 4-14 策划老年人代际互动活动

【实训目的】

1. 熟悉代际互动活动的策划与准备工作。

2. 学会策划组织一场代际互动活动。

【实训学时】

1 学时。

【实训步骤】

1. 撰写活动策划方案

（1）活动主题：爱陪伴在身旁。

（2）活动参与对象：××养老中心有自理能力、认知功能无障碍的老年人 15 人、老年人子女 15 人。

（3）活动时间：××××年××月××日 09∶00—10∶00。

（4）活动地点：××养老中心多功能活动室。

（5）活动目的和意义：增加两代人的接触和交流时间，提升两代人之间的亲密感。

（6）活动内容：暖身、主题活动、总结见具体实训部分。

（7）活动分组：工作人员分为 3 个小组（表 4-39）。

表 4-39 活动带领者工作任务分配

工作小组	工作任务
准备小组	邀请活动参与者，多功能厅现场的布置，签到
执行小组	主持活动流程、维护活动现场秩序、现场摄影
保障小组	环境卫生维护、茶水和食物补给、应急医疗保障

（8）经费预算：本次活动的经费预算（表 4-40）。

表 4-40 活动经费预算

项目	活动横幅	笔、纸	活动礼品	合计
经费/元	40	10	150	200

（9）预计效果：在快乐的活动中增进彼此间亲情、友情，减少两代人的隔阂，丰富老年人的晚年生活。

2. 实训方法 见表 4-41。

表 4-41 具体实训活动流程

活动主题	爱陪伴在身旁		地点	××养老中心多功能活动室	
日期	××××年××月××日 09∶00—10∶00		时间	60min	
带领者	老年活动策划者、工作人员				
活动流程					
进行内容	预估时间/min	活动内容		所需预备	备注
暖身	10	安排老年人及其子女就座。向大家问好，做自我介绍、讲明此次活动的目的		场地准备	活动策划者

续表

进行内容	预估时间/min	活动内容	所需预备	备注
一家拳	15	1. 主持人向老年人询问"和孩子的关系怎么样,是不是很默契?"让每位老人或子女说出彼此间默契的事,如果没有,快乐有趣的事也可以 2. 主持人说"刚刚我已经听到每组的趣事,真是太有意思了。今天我们一块试试彼此间的默契。首先,第一个动作先拍手,后左右手同时击掌。第二个动作先拍手,然后两个人一起合作,创造出一个新动作,这个动作是爱的一种表达。你们会怎样去表达呢?" 3. 老年人与其子女搭配,两人一组,用3~5min,每组想出两个动作分别展示 4. 主持人根据每组动作的难易程度,从一个简单的动作开始,让其他组成员依次来模仿,模仿最好的获胜。如果老年人做得不标准,让其子女帮助 5. 分享刚才游戏过程中你印象最深的时刻 6. 主持人总结"感谢每一位的积极参与,现在你们已经创造出只属于你们两个人的新'暗号',想必以后在每次亮出'暗号'都会想起今天的美好"		活动策划者
爱的鼓励	15	1. 主持人询问老年人"您的孩子或孙子表现很好时,您会给他鼓掌或是赞美吗?您若能给他一个'爱的鼓励',晚辈一定会说'爷爷/奶奶,您懂得好多,好厉害啊',那'爱的鼓励'怎么做呢?" 2. 主持人说明规则。一起练习说出"1、2、1、2、3、1、2、3、4、1、2"。当念1、2拍二下手,念1、2、3拍三下手,念1、2、3、4拍四下,最后念1、2拍两下手 3. 老年人与子女一组,子女教老年人做"爱的鼓励",如果老年人做不对,子女握其手腕帮助 4. 升级难度用脚代替手,打出节拍 5. 主持人询问"当别人向你表达赞美时,自己会有什么心情?最近一次向长辈或晚辈表达感谢是在何时?距离现在已经多久了?平常有没有对别人感谢或感恩呢?" 6. 让全体子女为自己的长辈一起鼓起"爱的鼓励"以表示感谢他们的养育之恩		活动策划者
结束	10	1. 分享游戏活动过程感到快乐、兴奋的事情 2. 对每位参与者发放小礼品,合影留念。感谢并称赞大家在活动中的表现	奖品	活动策划者、工作人员

3. 注意事项

(1)活动开始前叮嘱家属观察老年人的活动能力和情绪,如果发现老年人参与度不高,可请求志愿者帮助。

（2）活动中注意观察老年人的身体状况,兼顾老年人的情绪,避免情绪激动带来的心血管疾病等突发情况。

（3）活动进行中要鼓励老年人勇敢表达自己,与自己的子女多交流,多互动。

【实训评价】

1. 知识掌握（30%）　说出其中一种代际互动活动的方法。

2. 操作能力（40%）　能学会策划代际互动活动,能在活动中协调老年人与子女间做事差异,有效组织、开展活动并做好应急预案。

3. 人文素养（30%）　注意老年人和自身的防护,有安全意识及风险管理意识（15%）;准备要充分,评估全面（15%）。

（李蔚林）

第九节　策划组织特殊老年人活动

导入情景

李奶奶,82岁,居住在某养老机构,重度阿尔茨海默病病人。患病初期表现为健忘,经常丢三落四,例如出门忘记锁门,买菜忘记带钱包等,但是通过家人提醒可以改善。后症状逐渐加重,发展为记不起自己的姓名和年龄,不知道自己曾经工作单位的名称,忘记活动策划人名字,偶尔有反复询问的行为。

工作任务

1. 请简述李奶奶出现的主要健康问题。

2. 针对李奶奶的健康问题,策划组织能改善李奶奶生活能力的活动训练。

3. 请说出特殊老年人活动策划组织中的注意事项。

认知障碍症是老年人群中最常见的致残性疾病之一,且患病数量在不断地增加。预计到2030年,全球认知障碍症者将增至6 500万人。随着认知障碍症诊断水平的提高以及对认知障碍症的宣传增多,许多认知障碍症者可以较早地被发现,但是,由于对认知障碍症的不理解,有些老年人未被诊断出认知障碍症时（尤其是轻度）,大多生活尚可自理,一旦本人或家人知道罹患认知障碍症后,反而影响了许多原本可以完成的事情,例如:出门怕走失、进厨房怕危险、上厕所怕跌倒或因怕弄丢物品干脆将物品交给家人代为保管等,一方面出于认知障碍症者本身的担心,另一方面也可能是照顾者的过度关心,造成了认知障碍症者的过度失能。

从康复的角度来看,最终目的是让认知障碍症者能以各种可能方式回到他想过的生活、做他想做的事情,因此,唯有让其参与生活,才有机会达到最终目的。大量研究证明,随着年龄增长,运动、参与有意义的活动对保持健康具有重要意义。活动干预可以提供刺激、安慰、舒适和放松的感受,帮助认知障碍症者维持更长时间的生活自理能力,消除认知障碍症者的症状性行为。因此,认知障碍症者能自己参与生活上的各种活动,是康复过程中的重要一环。

一、认知障碍症老年人的活动策划

认知障碍症是发生于老年期的常见神经系统变性疾病,是一种以认知功能障碍为主要表现的临床综合征,也称失智症、痴呆。

（一）认知障碍症的阶段

认知障碍症有不同的阶段,每个阶段反映了认知和身体能力的逐步下降,分为轻度、中度和重度。每一阶段都会影响认知障碍症者的认知功能,包括语言、处理速度、手眼协调、言语记忆、学习能力、视觉记忆以及计划和执行任务的能力。

轻度认知障碍症者的症状为轻度健忘（近期记忆丧失）,以及轻度语言障碍（难以找到正确的词语）、抽象思维、注意力持续时间、决策能力、定向能力（时间转换）、集中注意力的能力、记忆回忆能力和学习新事物的能力下降。在这个阶段，病人往往能意识到自己的记忆力下降，可能会感到尴尬，并通常使用幽默的方法试图隐藏这种尴尬。

中度认知障碍症者表现出认知功能的逐渐恶化，定向障碍、深刻的记忆丧失（他们可能混淆过去和现在，生活在过去，例如：错认孩子为兄弟姐妹等），语言能力下降（他们可能会开始将无意义的词语和真实词语混淆，并有乱讲话、重复讲话，找词困难、坚持讲话和／或难以命名对象以及保持有逻辑的对话的现象发生），失去安全意识导致跌倒增加，需要语言和视觉线索提醒并直接指导才能完成任务。在此阶段，认知障碍症者可能存在情绪和行为的变化：例如，大喊大叫、跟踪他人、不想独处、徘徊、退缩、焦虑、抑郁、躁动、偏执、睡眠模式的变化等。

严重认知障碍症者姓名与面部识别能力缺乏，不会说话或只会发出声音，大部分时间可能只会闭着眼睛。他们忘记了基本技能，可能体重下降，身体运动减少，对于刺激和生活的环境只能作出轻微反应（可能没有反应或意识丧失）。

需要注意的是，记忆力受损的认知障碍症者注意力持续时间可以短至 2min，也可以长至 45min，这取决于所提供的活动类型（更有吸引力的活动通常会增加认知障碍症者注意力的持续时间）。此外，环境会影响认知障碍症者注意力的跨度。例如，过度刺激的环境会导致焦虑和躁动的增加，从而限制了认知障碍症者的注意力持续时间。影响认知障碍症者注意力持续的其他因素包括：环境干扰（身为活动策划人应该尽可能地限制干扰），活动时间的选择（每个认知障碍症者都有自己的生物钟，可以确定一天中的某些时间比其他时间更适合参与活动），认知障碍症者的健康状态，例如疲劳、生病，此外，认知障碍症者的情绪也会影响他的注意力持续时间（即认知障碍症者必须在合适的心态下参与活动）。

（二）认知障碍症者的活动干预

1. 认知障碍症者活动干预的重要性　活动干预可以为认知障碍症者提供刺激、安慰、舒适和放松，帮助认知障碍症者维持更长时间的生活自理能力，消除认知障碍症者的症状性行为。养老机构应为所有认知障碍症者（包括晚期认知障碍症者）提供个性化的"以人为中心"的活动项目提供政策支持，这些符合个人兴趣、需求和能力水平的活动项目将促进认知障碍症者的认知及社会交流与参与。

2. 不同阶段认知障碍症者的活动重点　从安全角度考虑，对于轻、中度认知障碍症者，应制订常规而灵活的活动策划方案，活动重点应放在维持和改善认知障碍症者的功能和认知能力上，活动中提供可听、可见或直接的示范，提高认知障碍症者的参与度和成功感，并优化环境和路线，保持认知障碍症者功能，尽量减少躁动。对于重度认知障碍症者来说，因为活动策划者几乎无法改善他们的功能和认知能力，应考虑他们的兴趣和需求，活动重点是提供刺激、舒适、安慰和放松。

3. 与认知障碍症者的沟通原则和要点

（1）沟通原则

1）用对待成年人的方式平静、愉快地接近认知障碍症者。

2）与其眼睛保持平视，不要站在认知障碍症者上方。

3）调整认知障碍症者听力和视力方面的任何障碍。

4）去除杂念。

5）避免使用身体或语言压制认知障碍症者。

6）随着疾病进展，非语言沟通变得更加重要。

（2）与认知障碍症者语言沟通要点

1）使用具体短语。

2）说话缓慢而清晰。

3）在做之前先解释。

4）一次问一个问题，等待回答（等待答复时间为 30s 以内）。

5）提供简单的选择。

6）表扬和安慰。

7）验证感受。

8）保持语言简短。

（3）与认知障碍症者非语言沟通要点

1）记住认知障碍症者可以感受你的态度和情绪。

2）观察他们的非语言信息作为解决问题的线索。

3）使用不带威胁感的姿势和手势。

4）演示出期望的行动。

5）表达积极、支持的态度。

6）和他们站或坐在同一高度。

7）慢慢移动。

8）触摸他们，也让他们触摸你或握住你的手。

9）把你的手臂放在他们的肩膀上。

10）通过点头、微笑和眼神鼓励交流，试图理解他们混乱语言背后的情感。

二、策划组织认知障碍症老年人生活促进活动

生活促进就是运用两"能"（即能力和功能）的恢复，让认知障碍症者借此参与，达到最大的功能促进。我们的照护目标不必要强求认知障碍症者完全恢复能力，而是能让他们在现有的"能"下安适地参与生活，这也是生活促进的终极目标。进行认知障碍症者的生活促进，首先必须先看到或找到认知障碍症者的"能"，然后用各种方式发挥认知障碍症者最大的功能表现。

（一）看到／找到认知障碍症者的"能"

要给予认知障碍症者生活促进，首先要先看到或找到他们的"能"。照顾者或认知障碍症者，应转换对认知障碍症的认识，看到认知障碍症者除了各种障碍、问题行为之外，还有许多"能"可以发挥，让认知障碍症者借此参与，达到最大的功能促进。

1. 认知障碍症者的失能程度评估

（1）认知能力评估：了解认知障碍症者的认知功能，常使用简易智力状态检查量表（MMSE）做简单初步评估筛检。

（2）日常生活活动能力评估：了解目前认知障碍症者的生活能力与执行情形，包含基本日常生活活动能力（ADL）及工具性日常生活活动能力（IADL）。

（3）生理功能评估：了解目前认知障碍症者的生理状况，例如听觉、视觉、肢体、感觉及语言沟通能力等，以清楚认知障碍症者目前障碍及尚能发挥的功能为何。

（4）社会心理功能评估：包含认知障碍症者的价值观、个人特质、兴趣嗜好、专长、过去职业及过去的人生故事等。

2. 常见认知障碍症者尚存且待发挥的功能

（1）熟悉的专长或技巧：认知障碍症者常常仍有许多过去熟悉的专长或技巧，不会因为认知障碍症而消失，如打毛线、家务处理等，只要给予机会及适当引导，仍可反射性地表现出来。

（2）幽默感：幽默感常常是认知障碍症者还能发挥的功能之一，可以找机会适时地发挥。

（3）情绪记忆：常有许多人误以为，认知障碍症者什么都不记得了。其实，即使他们对于时间、地点会搞错，但事件带给他们的情绪感知记忆是存在的，只是需要更多的线索来提醒他们。举例来说，也许认知障碍症者忘了某件事情执行的确实时间、地点及过程细节，但往往仍记得进行过程中的感受，因此，进行过程中的引导、正向感受或成就感，能让他们对未来更有信心及愿意再次尝试。

（4）社交功能／技巧：过去的生活经历所养成的社交反应及技巧，不会随着认知障碍症而全面消失，尤其许多过去很在意这部分的认知障碍症者，往往都还保有大部分的社交功能，也能在日常生活中找机会让其发挥。

（5）感官偏好／知觉：认知障碍症者过去的感官偏好及知觉是尚存的功能之一，可以在生活中应用，让其发挥。

（6）动作功能：许多认知障碍症者，尤其是轻、中度认知障碍时，肢体功能大多是健全的，因此仍然可以在生活中持续发挥此功能。

（7）音乐反应：许多认知障碍症者对于音乐仍是很有反应的，所以音乐是介入认知障碍症的常用治疗工具之一。

（8）长期记忆：认知障碍症者短期记忆差，但长期记忆却很好，因此可以常用怀旧的方式，挖掘他们的"能"，让他们有机会去感受记忆中的能力与成功。

（9）其他：生活上常可以应用的活动，请参考表4-42。

表 4-42 认知障碍症者生活中可以应用的活动

活动层面		项目	
家务活动	擦拭家具灰尘 扫地 吸尘 整理书架	折毛巾、衣服 熨衣服 将袜子分类 晾衣服	调配饮料 准备早餐 烤饼干或蛋糕 制作面包
艺术活动	制作手工艺制品（如篮子、剪纸艺术）	从杂志或卡片剪下图片 剪报拼贴	布置装饰品 花艺活动 绘画活动
户外活动	喂宠物（如狗或猫等）吃东西 园艺盆栽活动	浇花、除草活动 清扫树叶、步道	户外活动 散步
怀旧活动	生命回馈	听老歌	看老照片
个别活动	完成活动板 算术活动	简单拼图 将图卡分类	将物品分类 写信
社交活动	丢接球活动 邀请儿童来拜访 活动筋骨、跳舞	玩套环游戏 阅读或读诗	拼字比赛 唱歌、唱戏

知识链接

生命故事书

临床上除了标准化的评估之外，还有完成生命故事书的方法可以协助认知障碍症者或照顾者找到认知障碍症者"能"的蛛丝马迹，补充正式评估的不足。生命故事书可以以书面手册、绘本的形式呈现，也可以以电子化的方式呈现。要制作生命故事书通常需要家属的协助，先收集资料，了解认知障碍症者从出生到现在经历的所有事情，尤其是正向的事迹，包含曾参与过的事迹、曾得过的奖等，或者通过过去的照片、物品或收藏来收集资讯，甚至可以带着认知障碍症者一起参与制作，成为有意义的活动安排之一。

（二）发挥认知障碍症者最大的功能表现

大多数照顾者看到认知障碍症者往往是负向的"不能"居多，能看到或找到认知障碍症者身上的"能"，对大多数照顾者而言已属不易，但更重要的要把好不容易看到或找到的认知障碍症者的"能"，进一步让其发挥出来。

1. 生活促进方法 生活促进需通过生活的实际参与来完成，但并非单纯地把认知障碍症者简单推回原本生活，也不是把生活上的活动直接交给认知障碍症者。认知能力下降的认知障碍症者会遇到许多问题，因此，根据认知障碍症者的功能程度及障碍，需要不同程度的生活协助方式，也可以说是

生活促进的方法。

以下使用环境技巧建立模式来介绍生活促进应用的不同方法,此为美国学者 Mary 经过许多研究及实务所提出的架构,大致上可以分为三大部分来说明,分述如下:

（1）使用物品简单化

1）给予辅助器材:给予一些辅具或改造环境减少障碍,如安装扶手让认知障碍症者在如厕时支撑,可以协助认知障碍症者顺利完成如厕。

2）移位、重新安排及标志:移开会影响认知障碍症者参与活动的因素,如许多认知障碍症者家里常使用的通道上堆满了物品,增加了行走的阻碍,导致认知障碍症者无法自行前往目的地,因此认知障碍症者家中需要保持走廊通道清洁无障碍物。另外,认知障碍症者在浴室常无法拿对所需物品,这时只要协助把物品分类清楚,排列有序,甚至只留下认知障碍症者需要的物品,即可让其自行完成活动。另外,还有许多认知障碍症者找不到要去的房间或是找不到常用的物品,我们可以在环境上提供更清楚的指示或在物品上贴上标示,可帮助认知障碍症者更快速地找到物品。

3）视觉引导:提供更清楚、明确的指引,如视觉上的引导,认知障碍症者往往能表现得更好。

4）强光及阴影:认知障碍症者常常因为认知的损伤而有理解判断的问题,如对阴影或影子有错误的解读,容易因此发生危险。因此在生活环境上需要更注意避免产生阴影或影子,最好加以处理,减少混淆的机会。

5）颜色对比:在环境、常使用之物品及标示上,注意颜色对比要明显,否则也容易造成不清楚或误判。

6）减少混乱:将环境上混乱无序改造成整齐且清楚的环境,可以减少认知障碍症者的困难。

（2）活动简单化

1）有限制的选择:在认知障碍症者参与活动时,如果选择太多或太开放式的问题,都容易造成认知障碍症者混淆或困扰。如认知障碍症者需洗澡时进行询问,常用的问法是封闭式问法,可直接询问"你要在这里洗,还是在那里洗?（意指都要洗）"或者是"走吧,我们现在该洗澡啰!"而非使用太开放式的问法"你要洗澡吗?（意指可选择不洗）"。另外,询问认知障碍症者的想法也可以给予具体选择挑选的引导,而非给予太开放抽象的问题,因为认知障碍症者会因为认知障碍而答不出来,感觉到沮丧。

2）口语/肢体引导:在协助认知障碍症者参与活动时,给予适当的语言或肢体的引导（依据认知障碍程度进行弹性调整）。若认知障碍症者仅需口语提示即可完成活动,则不需给予太多肢体协助;对于口头提示无法完成活动的认知障碍症者,则给予某种程度的肢体协助。

3）写下指导语或操作方法:有时需要将操作方式写下来作为引导,如操作家电用具的步骤说明,若将操作步骤清楚有序地写下来,即可提醒认知障碍症者按部就班地完成;对于由于认知功能退化完成操作程序有困难的认知障碍症者,可协助其完成。

4）参与活动简单化:先将认知障碍症者想要参与的活动作分析,了解此活动的步骤及需要具备的能力,再结合认知障碍症者目前的功能,将此活动作适当修改（如减少步骤或减少阻碍）,甚至搭配其他方式（如写下指导语等）,让认知障碍症者参与活动更无障碍。

5）融入生活作息:将认知障碍症者所需参与的活动安排进每天的作息表,并且规律地进行,融入生活中。

（3）调整社会环境

1）适度地改变社会环境:社会环境包含人的环境,如照顾者、家属及其他介入的人员等,也包含社会上的支持度。

2）教导接触认知障碍症者的人员:所有需要接触认知障碍症者的人员,包含家属、照顾人员及专业人员,都需要持续沟通观念形成共识,才能给认知障碍症者创造较好的支持环境。

3）自信及沟通技巧:家属或照顾者需要更有自信、有效能的自我管理能力、营造社会环境及学习适当的沟通技巧。

4）一致的互动态度:所有接触认知障碍症者的人员需有一致的态度去面对认知障碍症者,做到这点需要大量的沟通与协调工作。

5）整合社会资源：整合社会福利制度或社会资源的支持，才能更好地协助认知障碍症者。

2. 人、活动及环境 / 辅具的整体应用

（1）人：包含认知障碍症者本身、照顾者及专业人员。照顾者及专业人员转换角度与期待，看到或找到认知障碍症者各种尚存的功能，以更适当的方式来引导与协助认知障碍症者参与生活。

（2）活动：通过生活安排的架构及活动的分析与分级，来安排参与生活上的各种活动，或者是参与不同团体治疗或活动，让认知障碍症者有机会发挥目前的最大功能表现。

（3）环境 / 辅具：活动安排中，搭配适当辅具或进行多感官环境改造，减少认知障碍症者参与生活活动的障碍，也是发挥最大功能表现的方法之一。认知障碍症者所需的辅具，除了一般失能者会使用的之外，必须考虑其认知障碍需求，常简单分成四大类别，如下说明：

1）提醒类：如智慧药盒（甚至可发出提醒声音）、日 / 月历、闹钟、计时器、备忘笔记本等。

2）活动类：如各种益智、肢体或怀旧教具、特殊简化大按键遥控器、电脑辅具等。

3）沟通类：如沟通板、无线电对话器、电话辅具等。

4）安全类：如定位追踪器、离床感测器等。

3. 认知功能促进　认知障碍症者由于认知功能持续下降，逐渐丧失工作及生活自理能力，不仅严重影响了认知障碍症者的生活质量，也给活动策划人带来身体、情感方面的沉重压力。认知功能促进是指通过设计可以刺激大脑功能的任务，来改善认知障碍症老年人受损的认知功能。可带领认知障碍症老年人开展记忆力、注意力、计算力等认知训练，帮助认知障碍症老年人提高参与生活的兴趣，延缓认知功能的恶化。

（1）记忆力训练：记忆是过去经验在头脑中的反映。指能记住经历过的事情，并能在以后再现或回忆，或在它重新呈现时再认识，或记住将来要实现的活动或意图，进行记忆力训练时需要注意控制被照护老年人因记忆失败而产生的焦虑情绪。常用方法如下：

1）复述法：复述指通过言语重复刚刚识记的材料，以巩固记忆的心理操作过程，包括保持性复述（又叫简单复述和机械复述）、精细复述（又叫整合性复述）。采用复述的方法，一方面可以进行记忆能力的训练，另一方面也可以训练语言表达能力。如选择老年人有兴趣的或工作相关的材料，鼓励其朗读，或者活动策划人读一小段后，要求老年人重复刚刚听到的内容。此外，念一串不规则的数字，从三位数起，每次增加一位数，如 615、3258、84510、96452……念完后立即让认知障碍症老年人复述，直至不能复述为止。

2）回忆训练：主要包括物品刺激法和图片刺激。①物品刺激法：给老年人看几件物品，令其记忆，如钢笔、手机、香蕉、脸盆、茶杯、电视遥控器等。物品数量可由少到多，观看的时间可由长到短，然后请他回忆并讲出刚才看过的物品名称，之后，可以适当增加难度，如要求按顺序讲出刚才物品名称。②图片刺激法：将老年人熟悉的环境做成图片作为刺激物，如可在进食后拿着一日三餐的食物图片，询问认知障碍症者"咱们刚刚吃了什么？"或者呈现图片后即刻让认知障碍症者回忆照片里出的食物；也可在 30min、1h、2h、4h 后再次追问。随着老年人正确率的提高，可逐渐减少图片呈现的时间、增加图片的数量、延长追问的间隔时间。

3）环境调整法：环境调整是指通过调整老年人的家居环境来帮助老年人减轻记忆负荷，包括尽量简化环境、用醒目而有效的标志提醒认知障碍症者、固定放置常用物品等。家居环境调整前，应充分与老年人沟通，了解其生活习惯。

（2）数字再认训练：数字失认是一种知觉障碍，表现为对数字和加减等符号失去认知能力，导致产生计算障碍。常用方法包括数字再认和练习数数两种方法。

1）数字再认：向认知障碍症老年人展示写有不同数字和加减符号的卡片，反复指导老年人学习、重新学习卡片中的数字和加减符号的意思。

2）练习数数：日常生活中指导认知障碍症老年人对各种物品都进行数数，在反复练习数数的过程中，加强老年人对数字的敏感性。

（3）感知训练：感知力就是对感觉刺激、知觉对感官刺激赋予意义进行认知的水平，取决于感官对刺激的敏感程度，而且经验和知觉决定对刺激的判断。感知力障碍的临床特征主要有听觉失认症、

视觉失认症、物品失认症、面容失认症、身体失认症等。

1）听觉失认训练：向老年认知障碍症者展示熟悉的图片并同时说出相应的话语。

2）颜色失认训练：进行颜色配对。

3）物品失认训练：训练老年认知障碍症者在多种物品内找出相同的物品。

4）面容失认训练：向老年认知障碍症者出示其熟悉的家人和朋友的照片，训练老年人辨认。

5）身体失认训练：训练正确认知身体各个部位的名称。

6）代偿措施：日常生活中，指导者在指导认知障碍症者识别某些物品时要尽量利用人类所具备的感知觉。如对于某种水果，我们可以通过触觉、视觉、嗅觉、味觉来进行辨别。

（4）手工活动：手工活动主要包括适合老年人参与的益智游戏及绘画疗法。适合老年人参与的益智游戏如手指操、手指口令游戏、反口令游戏等。

1）手指操：种类较多，应尽量多掌握几种，可根据认知障碍症老年人的认知水平选择难易水平相当的游戏进行训练，若训练时播放有节奏感的音乐，效果更好。

2）手指口令游戏：双手配合完成，如发出指令"一枪打4只鸟"。认知障碍症老年人一手作枪、一手摆出4根手指。此游戏可训练认知障碍症老年人对数字的判断反应能力。

3）反口令游戏：例如，发出伸出右手的指令，认知障碍症老年人就要伸出左手。此游戏适合轻、中度认知障碍症老年人参与，重度老年人可降低难度。

4）绘画疗法：绘画疗法属于手工活动的一种。是通过线条和色彩刺激感知，为老年人提供一种非语言的沟通渠道，克服了语言能力受损后不能表达自我、宣泄负面情绪等方面的欠缺，在改善注意力和精神行为症状、提高生活质量及社会交往能力等方面有一定作用。国外从20世纪90年代后期开始将绘画疗法作为艺术与人文要素相结合的社会心理疗法开始应用于认知障碍症研究领域。绘画疗法包括美术作品欣赏、绘画、拼贴画、涂色画等多种形式，随着人工智能的应用，绘画疗法将呈现更多的形式。

绘画疗法在认知障碍症治疗中的作用主要有：①改善认知功能：绘画疗法是一个复杂的干预活动，在活动过程中，认知障碍症老年人全身心投入创作，注意力集中，注意力和定向力都会有所提高。②改善精神行为症状，提高幸福指数活动：绘画过程中提供安全舒适的环境，通过语言或非语言沟通方式使认知障碍症老年人负面情绪得到宣泄，表达自我，并体会创作的喜悦；引发认知障碍症老年人的兴趣，通过完成作品获得一定成就感，消极情绪明显减少，有利于减少精神行为症状的发生，提高其生活质量。③提高手眼协调能力：绘画过程中对美术材料的拿捏可提高手指灵活度和手眼协调能力，改善老年人对手部活动的调控能力。④促进沟通，改善社交能力：在团体美术活动中认知障碍症者与活动策划人、其他老年人的互动有助于形成良好的人际关系，降低社交孤立感。如中度认知障碍症老年人，由活动策划人指导其在固定图案内按照自己的意愿涂色，在活动过程中进行眼神交流，可提升认知障碍症老年人的社会交往能力。

（5）音乐疗法：音乐疗法即音乐治疗，它是以音乐为媒介的治疗方法，具有以音乐促进身心健康和培养人格的功能。音乐疗法包括聆听、演奏、歌唱、音乐和歌词创作、即兴演奏、舞蹈及美术的结合，以及音乐投射和音乐联想。目前在诸多国家，音乐疗法被广泛应用在学校、诊所、社区、养老机构、幼儿园、心理治疗室等，用于精神减压、情绪调试、生物反馈、疼痛控制等（音乐疗法具体内容可参考本章十一节）。

（6）日常生活活动能力训练：日常生活活动（ADL）指在每日生活中，人们为了照料自己的衣、食、住、行及保持个人卫生和独立的社区活动所必须进行的一系列基本活动，是人们为了维持生存及适应生存环境而必须每天反复进行的、最基本的、最具有共性的活动。

基础性日常生活活动（BADL）指每日生活中与穿衣、进食、保持个人卫生等自理活动，以及坐、站、行走等身体活动有关的基本活动。

工具性日常生活活动（IADL）指人们在社区环境独立生活时所需的较高级的关键性技能，如家务杂事、炊事、采购、骑车或驾车、处理个人事务等，大多需借助工具进行。

知识链接

适合认知障碍症老年人参与的绘画活动

粘贴画：是将各种废旧材料的小碎片拼接、粘贴、制作成各种图案、装饰艺术品的活动。选材丰富，日常生活中的废弃品也可以用，比如树叶、碎布片、纸片、花瓣等。粘贴画手工活动操作简单、易于学习、作品形式丰富、趣味性强，适用于各种程度的认知障碍症老年人。

涂色涂鸦画：取材简单、安全、易于操作、形式丰富多彩，日常生活中随处可画，易于学习和创新，可以锻炼认知障碍症老年人对色彩、图形的认知能力。可以改善理解力，发挥创造力，提高耐心和集中注意力，有助于稳定情绪，适用于各种程度的认知障碍症老年人，也可以以小组形式开展，有助于改善认知障碍症老年人的沟通交流能力，是极易推广普及、深受喜爱的手工活动。

（三）认知障碍症老年人生活促进活动的策划与准备

1. 活动主题　活动主题可根据生活促进的目的、配合活动的特殊节点或意义开展。常见目的有认知障碍症老人记忆力训练、感知力训练等。围绕老年人生活促进如"趣味家务活动——我能"以及"唤醒活力感官，找回生命热情"等。

2. 活动规模　生活促进活动可以是一对一的，也可以是群体性的，参会人员规模不可过多。

3. 参加对象　以社区或机构轻、中度认知障碍症老年人为主体，可自愿报名，也可邀请特定老年人参加，尽可能提前与认知障碍症老年人及家属沟通活动内容和交流主题。

4. 举办时间及安排　根据活动内容和活动安排，预定活动日期及具体时间，活动时间应提前规划确定好，可以是半日、一日或连续数日，活动座席安排也要确定。

5. 活动地点　可选择养老院内多功能活动室。首先保证安全，地面是否防滑、设备是否齐备、是否有电梯直达、公共卫生间的距离和数量、照明和温湿度等，室内灯光柔和，减少外界干扰，气氛轻松，室外还要考虑天气、交通等因素。

6. 活动准备

（1）发布通知招募嘉宾，写清楚信息：活动时间、活动对象、地点、人数、是否收费/金额，配上图片，以增加说服力。

（2）准备签到表和席位书签、开场词和静心引导词、音响及视频播放，签到台，抽签台，茶或饮品的物料，拍摄设备，茶点及其他。

（3）检查活动所需物料，核对清单。

7. 活动流程　见实训 4-15、4-16。

实训 4-15　模拟晨间苏醒活动方案

【实训目的】

1. 熟悉认知障碍症者晨间苏醒活动策划和方案撰写。

2. 学会策划组织一场认知障碍症者晨间苏醒活动。

【实训学时】

2 学时。

【实训步骤】

1. 撰写活动策划方案

（1）活动主题：唤醒活力感官，找回生命热情。

（2）活动参与对象：活动带领者、认知障碍症老人、老人照顾者、社区老年志愿者等。

（3）活动时间：×××× 年 ×× 月 ×× 日 9：15—10：15。

（4）活动地点：×× 机构老年人多功能活动室。

（5）活动目的和意义：模拟提供触觉、听觉、视觉和嗅觉刺激并提高认知障碍症者反应能力，促进放松、安慰、疼痛管理和享受鼓励与他人互动，增加社会接触，增进老年人交流，改善照顾者与认知障

碍症者的关系。

（6）活动内容：暖身活动、主题活动等（见具体实训部分）。

（7）人员分配：工作人员分为 3 个小组，见表 4-43。

表 4-43　活动人员工作任务分配

工作小组	工作任务
准备小组	邀请活动参与者，购买所需用物、多功能活动室现场的布置
执行小组	安排座次、主持活动流程、维护活动现场秩序、现场摄影
保障小组	环境卫生维护、茶水和食物补给、应急医疗保障

（8）经费预算：本次活动的经费预算详见表 4-44。

表 4-44　活动经费预算

项目	活动横幅	活动耗材	合计
经费 / 元	40	200	240

（9）活动注意事项

1）遵守感染防控指南，该活动的大部分设施应在人群聚集前准备好，在每项活动开始前，准备所有需要的设备和用品，根据设备管理条例及流程对活动设备进行清洁和消毒。

2）整个过程中活动带领者应四处走动，为确保每个认知障碍症者能成功完成活动提供可见的、可听的或直接的示范指导。

3）高血压、癫痫症、哮喘、皮肤敏感者、正在接受医学或精神治疗者的老年人，应避免使用精油，或减少精油剂量。

（10）预计效果：提供触觉、听觉、视觉和嗅觉刺激并提高认知障碍症者反应能力，鼓励与他人互动，增加社会接触，增进老年人交流，改善照顾者与认知障碍症者的关系。

2. 实训流程与结果

（1）实训流程：主要包括暖身活动、主题活动、分享等（表 4-45）。

表 4-45　具体实训活动流程

活动主题	唤醒活力感官，找回生命热情		地点	×× 机构老年人多功能活动室
日期	×××× 年 ×× 月 ×× 日 9：15—10：15		时间	60min
带领者	活动带领者、社区老年志愿者			
活动流程				
进行内容	预估时间 / min	活动内容	所需预备	备注
暖身	10	1. 早餐后，将参与者带入多功能活动室，房间灯光柔和，减少外界干扰，气氛轻松，使认知障碍症者围坐一圈 2. 在参与者聚集后，播放轻松柔和的背景音乐，营造平静的、充满安全感的气氛 3. 向每一位参与者问好，轻轻地触摸或者拥抱他们 4. 将他们安置在舒适的椅子上，确保他们舒适，可以用毯子包裹他们，这会让他们感到安全	1. 场地准备 2. 音乐 3. 舒适的椅子、毯子	L：活动带领者、社区志愿者

续表

进行内容	预估时间/min	活动内容	所需预备	备注
活动中	25	伴随着大自然清新的视频和舒缓的背景音乐,用一系列的活动轻轻开启一天的生活 1. 温柔地梳理他们的头发,用按摩的手法在他们手上、脸上、脚上涂上乳液,利用多感官刺激的材料,为每个参与者一对一服务 2. 与此同时,用支持性的语言和他们谈论天气、当前的季节、即将到来的假期、目前养老院发生的事情、他们的家庭等 3. 使用芳香疗法,如采用香草或薰衣草 4. 变化/适应/修改　活动带领者必须根据团队中每个人的身体和认知能力水平调整方案,整个过程中活动带领者应四处走动,为确保每个认知障碍症者成功完成活动提供可见的、可听的或直接的示范指导。必要时重新规划活动,简化任务,并为能力下降的参与者提供更多的帮助(他们可能只能在手把手地示范下完成任务)	1. 记录用纸 2. 笔 3. 梳子、乳液 4. 香草、薰衣草	L:活动带领者、社区志愿者、后勤照护工作者
分享	10	和参与者交谈,给予其夸赞和鼓励,合影留念 活动策划人负责整理场地	照相机	L:活动带领者、养老中心负责人、活动策划人
讨论	15	带领者及志愿者于团体结束后讨论老年人于此次活动过程中的突发事件及应对情况		L:活动带领者、社区志愿者

（2）实训结果

1）老年人顺利完成此次晨间唤醒感官活动,活动现场无安全状况、争执情况等紧急状况发生,参与度高。

2）对整个活动流程以及活动现场状况进行分析,总结优缺点,并形成书面的总结报告。

【实训评价】

1. 知识掌握（30%）　说出晨间唤醒活动对于认知障碍症老年人的作用（10%）;说出活动策划的主要内容（20%）。

2. 操作能力（40%）　能学会晨间唤醒活动策划书的编写（10%）;能够做到前期调研的真实客观（10%）;能够与同学、老师及参与老年人进行有效沟通,通力协作（10%）;能够针对策划内容提出建设性的创新点及评价（10%）。

3. 人文素养（30%）　注意老年人和自身的防护,有安全意识及风险管理概念（15%）;准备要充分,评估全面（15%）。

知识链接

多感官环境

多感官环境的应用起源于 snoezelen，"snoezelen"流传到英国后，英国人取其意义以"多感官环境"（multi-sensory environment，MSE）来称呼，并将其应用于特殊教育中。已有的实验证明，感官刺激减弱或缺失会对个体健康产生有害影响，且会导致认知障碍症者出现行为问题。认知障碍症老人长期居住的如果是单调、一成不变的缺乏感官刺激的环境，会造成感官剥夺，认知障碍症者的思维和注意力都会受到负面影响。研究成果证明，多感官环境可以有效改善一些精神行为，如冷漠、抑郁、激越和攻击行为，以及言语愤怒等，但对于平衡能力、认知能力、运动和日常生活能力的影响尚有争议。

实训 4-16　模拟认知促进活动方案

【实训目的】

1. 熟悉认知障碍症者认知促进活动策划和方案撰写。

2. 学会策划组织一场认知障碍症者认知促进活动。

【实训学时】

2 学时。

【实训步骤】

1. 撰写活动策划方案

（1）活动主题："唤醒认知，幸福你我"。

（2）活动参与对象：老年保健与管理专业学生。

（3）活动时间：×××× 年 ×× 月 ×× 日 15：15—16：15。

（4）活动地点：×× 多功能活动室。

（5）活动目的和意义：模拟带领认知障碍症老年人开展记忆力、注意力、计算力等认知训练活动，帮助认知障碍症老年人提高参与生活的兴趣，延缓认知功能的恶化。

（6）活动内容：暖身活动、主题活动等（见具体实训部分）。

（7）人员分配工作人员分为 3 个小组，见表 4-46。

表 4-46　活动人员工作任务分配

工作小组	工作任务
准备小组	邀请活动参与者，购买所需用物、老年人多功能活动室现场的布置
执行小组	安排座次、主持活动流程、维护活动现场秩序、现场摄影
保障小组	环境卫生维护、茶水和食物补给、应急医疗保障

（8）经费预算：本次活动的经费预算详见表 4-47。

表 4-47　活动经费预算

项目	活动横幅	糕点、茶水	活动礼品	活动耗材	合计
经费 / 元	40	100	120	100	360

（9）活动注意事项

1）活动前熟悉老年人的行为习惯,根据老年人的认知程度、兴趣爱好、职业特征等制定老年人训练方案。

2）活动前评估老年人身体情况、情绪状态和意愿,无意愿不可强迫。活动过程中,若老年人无兴趣,先中断,观察 2~3min,如仍不配合可终止。

3）若老年人脾气不好,提前设计交流沟通方式,以取得老年人配合。

4）训练过程适当增加难度可刺激老年人的认知能力,但要避免困难度过大而引起的焦虑情绪。

（10）预计效果:老年人顺利完成记忆力、注意力、计算力等认知训练,帮助认知障碍症老年人提高参与生活的兴趣,延缓认知功能的恶化。

2. 实训方法　见表 4-48。

表 4-48　具体实训活动流程

活动主题	唤醒认知、幸福你我		地点	×× 多功能活动室
日期	×××× 年 ×× 月 ×× 日 15:15—16:15		时间	60min
带领者	活动带领者、社区老年志愿者			
活动流程				
进行内容	预估时间 /min	活动内容	所需预备	备注
暖身	10	安排认知障碍症者围坐一圈,向大家问好、寒暄	场地准备	L:活动带领者、社区志愿者
主题活动（可选择其中一项进行模拟）	记忆力训练 25	1. 成员介绍　工作人员自我介绍 2. 当次活动介绍　向参与者说明随后要开展的活动内容及程序 3. 引导认识物品　向参与者出示准备好的数字卡片,带领参与者逐一认识、通读 4. 向参与者示范训练内容　将任意数字组合在一起,读出数字,并逐步增加位数 5. 带领参与者开展训练　将任意数字组合在一起,带领参与者辨认、熟记;组合数字位数由三位数起,每次增加一位数字,念完后立即让参与者复述,直至不能复述为止 6. 整理　同参与者一起将数字卡片等物品收纳起来 7. 洗手,记录参与活动的表现、活动效果等	普通磁力白板、彩色磁力数字卡片 1 套、笔、记录用纸	L:活动带领者、社区志愿者
	数字再认训练 25	1. 训练室安静舒适,活动策划人与参与者坐在桌子前,活动策划人从一些数字图片中随机找出标有不同数字的卡片摆在桌子上,问参与者:"您知道这是多少吗?",若参与者答对则继续抽取下一张数字卡片让参与者识别	数字卡片 1 套、小球 20 个、杯子 1 个、笔、记录用纸	L:活动带领者,社区志愿者、后勤照护工作者

进行内容	预估时间/min	活动内容	所需预备	备注
		2. 在活动中,找到一张"3"的图片,问参与者:"您知道这是多少吗?",若参与者回答错误,则需耐心地告诉参与者这个数字是多少。"您看,这个弯弯的长得像耳朵的数字是3,来,请您跟我读",引导反复复述认识错误的数字 3. 在活动中,要关注认知障碍症者的情绪变化,若其出现不耐烦或烦躁的情绪,可以暂停活动,观察2~3min,如仍不配合可终止 4. 在小杯子里放上若干小球,对参与者说:"请您帮我从杯子里拿出2个小球",然后将装有小球的杯子递给参与者,观察参与者能否准确地从杯子里拿出相应的小球,以此来训练参与者对数字的敏感性 5. 整理 指导和陪同参与者把训练物品整理和收起,"爷爷/奶奶我们一起收拾一下桌面" 6. 记录整理参与者在训练过程中的表现和情绪的变化,用于指导下次和调整训练方案		
	感知训练 25	1. 活动策划人和参与者坐在安静舒适的训练室内,活动策划人从桌子上找出日常使用频率较高的物品图片摆在桌子上,问参与者:"这是什么? 请说出这个物品的名字",等参与者回答后,继续询问:"您知道这个东西应该怎么使用吗?"接下来,让参与者详细描述该物品的使用方法和步骤 2. 在训练中,指着"微波炉"的图片询问参与者:"您知道这是什么吗?"若参与者回答正确,接着询问:"您知道这个物品是用来干什么的吗?"接着让参与者描述微波炉的使用方法及安全注意事项。在参与者描述过程中,要注意他是否有错误和疏漏的地方,因为这个错误和疏漏可能导致安全问题 3. 参与者描述结束后,先肯定参与者的描述非常棒,"您说得很好,但是还存在一些小小的问题。"接着告诉参与者一些正确的使用步骤。特别注意观察参与者的情绪变化 4. 指导参与者穿衣。给参与者准备一件宽松的T恤,在安静舒适的环境里,跟参与者说:"爷爷/奶奶,我给您准备了一件帅气/漂亮的衣服,我们今天练习穿衣吧!" 5. 指导参与者完成穿衣。"爷爷/奶奶,您看这件衣服有三个"小洞",我们把头钻进中间的最大的这个洞里,两只胳膊分别放进两边的洞里,我们来试着穿一下" 6. 指导参与者认识家人。提前准备好家人的照片,带参与者到舒适安静的环境中,首先询问参与者是否还记得自己家人的情况,对参与者进行评估。"爷爷/奶奶您好,我这里有些照片,您帮我看看,知道他们是谁吗"向参与者依次展示其家人照片	生活用品卡片1套、日常衣物1套、老照片1套	L: 活动带领者、社区志愿者、后勤照护工作者

续表

进行内容	预估时间 / min	活动内容	所需预备	备注
		7. 重点训练参与者不认识的家人,在训练中,帮参与者找出家人的特点有助于参与者更好认人,"爷爷 / 奶奶,您看这个人的痣是不是很有特点,这个人是您的儿子" 8. 整理 "爷爷 / 奶奶我们一起收拾一下桌面" 9. 记录整理参与者在训练过程中的表现和情绪的变化,用于指导下次和调整训练方案		
分享	10	带领参与者回顾当次活动过程,赞扬参与者的积极参与,肯定当天的表现	照相机	L:活动带领者,社区志愿者、养老中心负责人
讨论	15	带领者及志愿者于团体结束后讨论老年人于此次活动过程中的突发事件及应对情况		L:活动带领者、社区志愿者

【实训评价】

1. 知识掌握(30%) 说出认知促进活动策划对于认知障碍症老年人的作用(10%);说出活动策划的主要内容(20%)。

2. 操作能力(40%) 能学会认知促进活动策划书的编写(10%);能够做到前期调研的真实客观(10%);能够与同学、老师及参与老年人进行有效沟通,通力协作(10%);能够针对策划内容提出建设性的创新点及评价(10%)。

3. 人文素养(30%) 注意老年人和自身的防护,有安全意识及风险管理概念(15%);准备要充分,评估全面(15%)。

知识链接

创造性故事疗法

创造性故事疗法(creative storytelling project)又称 TimeSlips。活动引导者利用图片激发老年认知障碍症者创造性思维,并一起分享认知障碍症者所讲述的故事的活动,它以鼓励想象、发挥创造性潜力来取代回忆的压力。在活动实施者的协助下、老年认知障碍症者可以畅所欲言,享受活动的乐趣,从而促进交往,增强自信心,缓解寂寞。创造性故事疗法是 1996 年由 Anne Davis Basting 针对老年认知障碍症者所提出的,1997 年 Basting 在 Wisconsin Oshkosh 大学第一次实施了 TimeSlips,1998 年她又在美国的密尔沃基和纽约的两所日间照料中心对活动进行了完善,并将老年认知障碍症者所创作的故事进行了展览,在社会上引起了较大的反响。2003 年 Basting 陆续开展了 TimeSlips 的培训计划,培养出了一批活动引导者。2011 年相继推出了在线培训和 TimeSlips 的网站。

(廖艳芳)

第十节　策划组织不同性别老年人活动

男性老年人和女性老年人的区别不仅仅体现在生理特点上,还体现在心理特点上,他们的兴趣爱好、生活习惯和生活方式、为人处世等方面都有很大的差异。因此,在策划和组织老年人活动的时候要充分考虑到老年人的性别特征,尽量选择符合不同性别老年人期望和需求的活动。

一、策划组织男性老年人活动

导入情景

某养老中心的工作人员决定每月策划组织一次男性老年人饮食养生活动,提供针对男性老年人的早餐和午餐,请老人们一起参与进来,共同制作。男性老年人与员工之间积极互动,促进友谊,分享故事和美食,同时也展示一下自己的厨艺。

工作任务:

1. 请结合案例,给养老中心撰写一份活动策划方案。

2. 请依据撰写的活动策划方案,模拟实施一次男性老年人饮食养生活动。

相较于女性老年人关注家庭生活、服饰、妆发等,男性老年人在日常生活中,更加关注社会政治热点、军事动态、体育活动等。因此,在策划组织男性老年人活动时,活动主题的选择要有针对性。

（一）男性老年人喜爱的活动

1. 钓鱼　据有效的数据统计,近年我国的老年人男性的兴趣爱好排在第一位的就是钓鱼。与广场舞大妈们的热闹相比,叔叔爷爷辈的人的钓鱼活动就显得十分的安静祥和,男性老年人在钓鱼的同时,还能享受清新的空气和明媚的阳光。等待鱼上钩的时候还可以养心养性,让自己的心境得到锻炼。

2. 谈论时事热点　相比大多数女性老年人更加关注家庭和生活,男性老年人的注意力更多地放在家庭外,他们普遍对社会热点新闻等时事热点感兴趣。

3. 体育比赛　在大部分的体育赛事中,男性观众的数量远超女性观众,如足球比赛、篮球比赛、乒乓球比赛等各种比赛。

4. 棋牌　棋牌对弈中,特别能体现一个人的智慧和格局。因此,绝大多数男性对于棋牌钟爱有加。尤其男性老年人,有充足的时间来参与这项活动。

5. 饮食养生　男性不仅喜欢品尝美食,更爱制作美食。通过饮食的合理搭配起到养生的功效,这也是很多男性老年人的重要关注点。

知识链接

地中海饮食

地中海饮食,顾名思义它是来源于地中海的一种膳食模式。其主要特点是日常饮食中以水果、蔬菜、干果、豆类、未精制的谷类为主;食用的油类主要是橄榄油,而肉类则以鱼肉和禽肉为主,并配上适量的葡萄酒,这种饮食模式是非常值得推荐的。在我国,人们食用的谷物目前还是以精制谷物为主,优点在于保存时间长,缺点也很明显,一些营养物质在加工中流失严重。

研究发现,地中海饮食的好处主要体现在以下三个方面:可预防心脏病,能够延缓老年认知障碍,具有逆转心血管疾病的功效。众多研究结论告诉我们,地中海饮食是一种健康的饮食模式,随着心血管疾病的多发,这种饮食方式显得尤为值得推荐。

（二）男性老年人饮食养生活动的策划与准备

1. 活动主题　活动主题可根据活动的目的,配合活动的特殊节点或意义开展。主题可以定为"不负食光""食全食美""型男主厨"等,定期举办。

2. 活动规模　聚餐活动一般人数越多越热闹,但也应控制参与规模,避免发生意外。人数一般为15~20人。

3. 参加对象　参与对象限定为养老机构男性老年人,实行自愿报名的原则,此外为保障活动顺利开展,还要有活动策划者、养老机构营养师、社工群体的加入。

4. 举办时间及安排　一般情况下,考虑到老年人的身体状况,时长不要超过1h。在整个活动安排中,各个环节要衔接紧密,动手烹饪、聚餐闲聊、餐后合影等都是聚餐活动不可或缺的环节。

5. 活动地点　养老中心的餐厅。

6. 活动准备

（1）发布活动公告,邀请老年人参加。信息要标注清楚、活动时间、地点、人数、茶类、是否收费/金额及活动仅限男性老年人。

（2）准备签到表和席位签、开场词等。

（3）烹饪所需的食材和烹饪工具等。

（4）检查活动所需物料,核对清单。

（5）活动流程: 见实训4-17。

（任崇伟）

二、策划组织女性老年人活动

据世界卫生组织发布《2019 年世界卫生统计报告》中显示,全球女性平均寿命为 74.2 岁,男性则是 69.8 岁,女性平均寿命比男性高出 4.4 岁之多。女性相对男性承担了较多家务工作,休闲时间较少,承受了较大的家庭压力。因此为女性老年人开展活动策划时,可以选择帮助女性老年人舒缓压力与女性生活相关的传统辅助生活活动,例如手工制作、剪贴画、烹饪、园艺、精油按摩、绣花等方式。这些活动能让老年人放松身心、缓解压力,更能扩大人际交往范围,增强社交能力,进而提高晚年生活质量。

（一）策划组织女性老年人园艺疗法活动

导入情景

某社区蔡奶奶,63 岁,已退休,其丈夫葛大爷,67 岁,五年前因为卒中偏瘫,左侧身体功能障碍,长期卧床,衣食起居不能自理,主要由蔡奶奶照顾。两个儿子都在外省,一年最多能回家一次。五年来,蔡奶奶一直照顾卧床的葛大爷,加上本身身体不好,逐渐无法应对高强度的照顾服务。社区活动策划者小王针对社区内的老年人成立了"老年照顾者喘息服务活动——老年园艺活动小组",主要目的是为有需要的老年照顾者提供服务,帮助她们通过园艺活动进行心理疏导、处理负面情绪、完善家庭关系。蔡奶奶自从参加活动后,既愉悦了身心,缓解了作为照顾者的压力,又增进了与其他老年照顾者之间的关系,大家相互支持和理解,积极地面对生活。

工作任务

1. 请列出案例中的蔡奶奶目前面临的照顾压力。

2. 作为活动策划者小王,策划组织一场女性老年人的园艺活动。

3. 试撰写一份女性老年人园艺活动的策划书。

1. 园艺疗法的概述　园艺疗法是指在专业的活动策划者的指导下,运用植物或园艺环境以园艺活动作为媒介,通过植物栽种或者其他的工具作为治疗的辅助手段,在人与植物的交互中,与植物产生心灵沟通,体会到生命的意义,平复或者转移负面的情绪、稳定情绪,使心灵得到满足,进而达到身体以及心理层面的疗愈效果。借由实际接触和运用园艺材料,维护美化植物或盆栽和庭园,接触自然

环境而舒缓压力与复健心灵,提升人际关系交往的能力,适应社会,协助人们重新了解及构建自己与周围环境的关系,并协助一些在生活中感受到压力的人们,获得心理健康的疗愈,使参与者身心得到正向的发展。目前园艺疗法运用在一般疗愈和康复医学方面,例如精神病院、教养机构、老年人和儿童中心、社区矫正机构、医疗院所或社区等。

2. 园艺疗法活动对女性老年人的意义 园艺疗法极具独特性,人们通过与大自然里植物的接触,直接欣赏它们的视觉美态,由静至动的缓慢过程中,体验到植物的生命力量,舒缓社会外界或家庭带来的心理困扰。因年岁渐增,多数老年人身体活动量逐渐减少,园艺活动属于中等强度的身体活动,是一种能与老年人日常生活结合的健康促进活动。老年人若长期从事园艺相关活动,非但能降低自发性心搏停止与心肌梗死的风险,也能有效改善身体健康,如降低总胆固醇、血压、死亡率等。园艺疗法作为心理辅导工具之一,能够提升心理健康与促进社会互动,培养老年人的兴趣爱好,让他们亲身体验栽种的乐趣,有益于老年人心理健康和绿化环境,也是他们参与社会性活动的表现。

> **知识链接**
>
> **园艺疗法的效益**
>
> 园艺疗法中的任何部分与环节,皆可成为疗愈的素材,植物本身及生长历程、参与成员的照顾与培育,抑或植栽含有的香氛、色彩、触感、视觉效益等。
>
> 园艺疗法的效益有很多,包括生理效益(减缓心搏速度,改善情绪,减轻疼痛)、认知效益(学习新技能、增强认知能力、激发好奇心、提升观察力)、情感效益(增加自信和自尊、促进兴趣和好奇心、发挥创造力、促进自主自我表达和情绪控制)、社交效果(与同伴交流和与外界交流)、休闲效益(休闲得到快乐)以及能力训练。

3. 园艺疗法活动策划的主要内容

(1)确定主题:活动开展前要确定好活动的主题和内容,并且要细化到每一次活动中去,满足老年人的各方面需求。

(2)需求评估:全面并准确地评估需求是有效开展园艺疗法活动工作的前提。在本活动工作开展前期,活动策划者可采用问卷调查或者访谈的方法对老年人进行调查研究,了解老年人的真实需求,以及对园艺疗法的认知和期望。

(3)确定参加对象:老年园艺疗法活动的成员来自社区内的女性老年人,他们都是长期从事家庭照护工作,承受较大的压力,需要舒缓疗愈的老年人。在对园艺的认知方面,老年人之间有些差异,因为生活的经历不同,有的老年人有一些栽培基础,有的对花草种植很感兴趣,也有些老年人完全没有园艺方面的知识,因此,招募对象要积极地向老年人宣传园艺疗法对健康的促进作用,提高老年人参与的兴趣。

(4)确定活动的时间:园艺疗法活动采用小组活动的方式,设计几节的小组活动,每节小组活动合理安排时间,包括活动前、活动中、活动后。每节小组活动前,都要提前告知老年人本次活动的主题,确认参加的老年人、活动时间、活动策划者、园艺治疗师和志愿者等人员的安排、活动的场地、物资准备等内容。每节小组活动过程中,都要鼓励老年人积极参与,并且活动的时间安排要合理,活动过程中要进行风险控制。每节活动结束后,都要对本次活动进行小结,所有活动结束后要形成最终评估报告。

(5)确定活动形式:采用小组活动的方式,组员的选择尽量以同质性为主。每节活动的形式须和主题配合,可以采用游戏、讨论、手工栽种等方式。

(6)活动流程:见实训4-18。

（二）策划组织女性老年人芳香疗法活动

导入情景

在 2019 年社区调研报告中数据显示,社区女性老年人多处于独居的状态,面临身心疾病的困扰,感到压力大,多数老年人患有慢性疾病,睡眠质量较差,同时这些老年人也较为注重健康技能的学习。由此,在社区居委会和社工服务中心的联合下,开展了社区芳香治疗体验活动,共邀请 6 名社区女性老年人参与活动。

工作任务

1. 作为活动策划者,策划这场女性老年芳香疗法活动。

2. 根据本案例,编写一份女性老年人芳香疗法活动策划方案。

女性老年人随着年龄的增长,身体也慢慢会出现各种各样的状况,常用的药物会对老年人产生一定的副作用。相比于药物,精油能以更温和的方式去缓解老年人出现的这些状况。对老年人来说,芳香疗法是非常适合的一种舒缓方式。

1. 芳香疗法概述

（1）芳香疗法的概念:"芳香疗法" 是一种替代医学实践的自然疗法,利用来自各种有治疗作用的植物的芳香精油。当精油吸入或涂抹在皮肤上时,可以帮助人们改善各种健康问题。芳香疗法使用的精油采用植物的不同部位,比如花朵、草本、根和木材等提炼而成的,已经证明对改善身体、情绪和精神健康有着强大的作用。对人的身心起到非常好的调节、治疗作用,兼顾实体治疗和心理层面的自我治疗。

（2）精油的提取方法:精油是从各类植物中萃取出的芳香精华。从广义上讲,精油是指从香料植物或泌香动物中加工提取所得到的挥发性含香物质的总称。精油是从植物的花、叶、根、种子、果实、树皮、树脂、木心等部位通过水蒸气蒸馏法、冷压榨法、脂吸法或溶剂萃取法提炼萃取的挥发性芳香物质。精油的挥发性很强,一旦接触空气就会很快挥发,所以精油必须用可以密封的深色瓶子储存。

每种精油各自有其不同的属性及疗效,依据萃取植物的种类大致分为柑橘、花香、草本、樟脑、辛香、木质、土质、树脂八大类。

1）柑橘类:佛手柑、葡萄柚、柠檬等,取自果皮部分。

2）花香类:天竺葵、罗马洋甘菊、玫瑰、薰衣草、依兰、橙花等。

3）草本类:欧薄荷、迷迭香、马兰、鼠尾草、薰衣草等。

4）樟脑类:尤加利、白千层、茶树等。

5）辛香类:芫荽、黑胡椒、肉豆蔻等,其来源常为植物的种子或根部。

6）木质类:西洋杉、檀香、雪松、杜松、丝柏等。

7）土质类:广藿香、岩兰草,其香气带有土味。

8）树脂类:乳香、没药,取树皮受伤或破裂后自然流出的树脂。

植物精油作为高度浓缩的芳香物质,分子很小,有高渗透性及高挥发性的特质,能很快被吸收,并迅速渗透,经代谢之后多余的成分再排出体外。精油的吸收途径主要是透过嗅吸、皮肤或口服等方式进入人体。芳香疗法主要是以外用为主,原则上以皮肤吸收为主要途径,如按摩、冷热敷、沐浴等方法;若属于情绪或精神需求的问题,则建议采用嗅觉途径为主,如:吸入法、熏香法。对女性老年人来说,采用香薰和按摩的两种吸收精油的方式是比较合适的。

2. 芳香疗法对女性老年人的意义　随着年龄的增长,女性老年人承受着来自身体、心理、家庭、社会的压力,容易产生焦虑和抑郁的情绪,影响睡眠,引发身心健康问题。芳香疗法被证实可以帮助老年人缓解不良情绪、改善睡眠等病征。有很多精油的味道,尤其是老年人熟悉的味道或者花香,会唤起老年人美好的记忆和感觉。所以,精油可以作为老年人常备的日常护理品。

3. 开展女性老年人芳香疗法活动的注意事项

（1）评估老年人的身体状况：在进行芳香疗法之前，要对老年人的身心状况、既往病史、过敏情况等进行整体的评估，以掌握老年人个人失衡的影响因素，依此选择最合适的治疗方式和精油配方。

（2）场地适宜：活动开展的场地要保证室内的温度、湿度适宜，并且要相对私密，以免老年人受寒引起感冒发热等不适。

（3）精油按摩手法合适：用精油对老年人进行按摩时，要保证精油在合适的浓度范围内，选择正确的按摩部位，力度得当的情况下使用。老年人新陈代谢减慢，皮肤也变得更加脆弱，应该谨慎地调配低浓度按摩油。同时，按摩手法也应该极其轻柔、温和。有高血压、高血脂、冠心病、动脉硬化等疾病的老年人，尽量不要选择颈部等易形成动脉斑块的部位。不建议老年人经常性地选择全身按摩，可以选择按摩脚部、小腿、手部、上臂等，促进关节、肢体血液循环。热水中滴加精油泡脚也是很好的方法，尤其是在冬天。

4. 女性老年人芳香疗法活动策划见实训 4-19。

（白晴晴）

实训 4-17　策划男性老年人地中海养生早午餐活动

【实训目的】

1. 熟悉老年人地中海饮食养生活动方案的撰写。

2. 学会策划和组织一场针对男性老年人丰盛的养生早午餐烹饪活动。

【实训学时】

1 学时。

【实训步骤】

1. 撰写活动策划方案

（1）活动主题：不负食光、食全食美。

（2）活动参与对象：养老机构的男性老年人 15~20 人、营养师 1 人，社工或志愿者 3~5 人，餐厅工作人员 1~2 人。

（3）活动时间：×××× 年 ×× 月 ×× 日 9：30—10：30。

（4）活动地点：×× 养老中心餐厅。

（5）活动目的和意义：通过集体准备简易地中海养生早午餐、聚餐，促进男性老年人之间、老年人与工作人员之间的社会互动，分享故事和美食。

（6）活动内容：工作人员准备好半成品食材，每 5~6 位老年人一组，合力制作 5~6 道菜肴，并起上一些比较有寓意的名字；制作完成后，大家进行集体聚餐，分享自己的制作美食的技巧；最后，老年人们与活动工作人员进行合影留念。

（7）人员分配：工作人员分为 3 个小组，见表 4-49。

表 4-49　活动人员工作任务分配

工作小组	工作任务	准备内容
准备小组	邀请活动参与者，购买所需用物、活动现场的布置	食材、烹饪用具、横幅、相机
执行小组	安排座席、主持活动流程、维护活动现场秩序、现场摄影	座席表、现场音乐、流程表、相机
保障小组	环境卫生维护、应急医疗保障	急救箱

（8）经费预算：活动的经费预算详见表 4-50。

表 4-50　活动经费预算

项目	食材	横幅	小礼品	矿泉水	合计
费用 / 元	500	50	200	100	850

（9）预计效果：锻炼了老年人的动手能力，让老年人体会到"自己动手，丰衣足食"的成就感，还能增加老年人之间的社会交往。

（10）注意事项：菜肴的搭配要遵循营养均衡的原则，因此老年人和餐厅工作人员制作的菜肴要注意合理搭配；老年人在制作自己掌勺的菜肴时，其他人可以备菜、休息等待，不要都拥挤在后厨内；注意饮食卫生和安全问题；聚餐时，根据老年人的身体状况，可以少量饮酒，但一定要控制好量。

2. 实训方法　见表4-51。

表4-51　男性老年人地中海养生早午餐活动流程

活动主题	不负食光、食全食美		地点	×× 养老中心餐厅
日期	×××× 年 ×× 月 ×× 日 9:30—10:30		时间	1h
带领者	活动策划人			
活动流程				
进行内容	预估时间/min	活动内容	所需预备	备注
开场白	10	1. 活动致辞 2. 分组。根据餐厅提供的灶数进行分组，一组5~6人，并配备指导厨师；确定每组烹饪的先后顺序	致辞稿；烹饪食材、用物等；人员分组名单	
主题活动	40	1. 老年人按提前填报的菜名，准备食材，进行烹制。制作过程中和烹饪完成后，为老年人拍照留念 2. 按照分组进行聚餐，介绍老年人的烹饪的菜肴，并请其他人品评 3. 引导畅谈大家烹饪的技巧和心得 4. 每个小组评选一道最受大家喜爱的菜肴，并邀请制作的老年人讲心得体会 5. 老年人与活动策划者、餐厅工作人员等一起合影留念	老年人前期所报菜名和食材用物；烹饪工具；餐桌；相机；话筒和音响	
讨论和总结	10	1. 听取老年人对活动的意见和建议 2. 讨论活动中存在的经验和不足，以备后续改进 3. 评估活动中突发意外情况的应急处置措施		

【实训评价】

1. 知识掌握（30%）　说出开展针对男性老年人地中海养生早午餐活动的目标成果。

2. 操作能力（40%）　能根据实际情况控制规模，照顾到特殊需要等，学会协调和调动所有人工作积极性，对流程熟练掌握。

3. 人文素养（30%）　注意男性老年人就餐的规矩，提前了解所有人的饮食禁忌等，做好操作中的安全控制的能力。

（任崇伟）

实训 4-18　老年园艺疗法小组策划方案

【实训目的】

1. 熟悉园艺疗法的活动方案撰写。

2. 学会策划和组织老年园艺疗法活动。

【实训学时】

2学时。

【实训步骤】

1. 活动主题　了解植物、感受生命；勾勒愿景、种植植物；树叶贴画、你我同行；花扇制作、感恩相伴；告别彼此、收获满满。

2. 活动参与对象　10名女性老年人，为家庭或者机构照顾者。

3. 活动时间及次数　一周一次，共五次。

4. 活动地点　社区活动中心。

5. 活动目的和目标　园艺活动可以促进老年人的身心健康，改善生活质量，从身体、心理、社会性几个方面对老年人产生积极的影响。

（1）总目的：通过鼓励老年人参与园艺活动，提升自我效能感，在种植植物过程中使手、眼、足协调活动，改善活动能力；鼓励老年人参与社交活动，扩大社交范围，缓解照顾者的压力，促进照顾者和被照顾者的身心健康。

（2）分目标：搭建一个老年人相互交流、沟通的平台，构建老年人朋辈沟通网络；参与本次小组活动的80%的老年人在体能、精细动作等方面有所提升；参与本次小组活动的80%的老年人通过园艺活动获得成就感、自我效能感提升，达到疗愈的目的。

6. 经费预算　本次活动的经费预算详见表4-52。

表4-52　活动经费预算

项目	花卉种植材料	团扇、胶水等材料	名牌、奖品	合计
经费/元	500	200	120	820

7. 活动流程内容　共五次（具体见表4-53~表4-57）。

8. 活动准备　准备小组活动策划书、招募组员、购买园艺活动所需资物品、联系场地等。小组的具体活动由一名活动策划者整体控制并按步骤依次执行，同时请一名专业的园艺师指导，一名志愿者进行辅助配合并记录活动过程。

9. 活动注意事项　材料准备充足；与老年人沟通要热情、耐心；小组活动开展期间，做好活动现场的秩序维护，确保参与者的人身安全；提前制订应急方案，活动现场应配备医护人员。

10. 活动总结和效果评估　活动过程中活动策划者观察每节活动效果，与参与者分享感受；活动结束前请组员填写意见反馈表，通过组员的主观感受及其被照顾者的描述进行评估；活动策划者在活动结束后对整个活动流程以及活动现场状况进行分析，并形成书面的总结报告。

表4-53　第一次小组活动具体实训活动流程

活动主题	了解植物、感受生命		地点	社区活动中心
日期	××××年××月××日　14：30—15：30		时间	60min
带领者	活动策划者、园艺师、志愿者			
活动流程				
预估时间/min	活动目的	活动内容	所需材料	备注
活动开始前半小时		签到	签到表、笔	志愿者
5	组员和活动策划者初步认识	活动策划者和园艺师进行简短的自我情况的介绍，并清晰地向组员介绍成立园艺小组的目的、小组的计划和目标		活动策划者

预估时间 / min	活动目的	活动内容	所需材料	备注
10	组员间相互熟悉和了解	破冰游戏：名字接龙		活动策划者
15	提升组员对种植的兴趣	1. 活动策划者先展示不同的花卉植物图片并请组员回答 2. 组员简单分享以往的种植花卉经验	PPT，花卉植物的图片	活动策划者、园艺师
20	增强组员的动手能力和成就感	制作报纸育苗盆及种植花苗：将报纸折成三等份，用圆形容器当模型轻轻卷，完后上方报纸往杯口压，压完后将圆杯抽出，以手指把报纸折叠处往下摊平成为底部即完成，后放入自己想种植的种子	旧报纸、剪刀、订书机、营养土、花籽	活动策划者、园艺师、志愿者
5	制订小组约定	活动策划者引导组员为园艺活动小组起名并制订小组约定，并张贴墙上		活动策划者
5	活动总结	活动策划者总结、组员分享，并告知下一次活动安排		活动策划者

表 4-54　第二次小组活动具体实训活动流程

活动主题	勾勒愿景、种植植物		地点	社区活动中心
日期	××××年××月××日 14：30—15：30		时间	60min
带领者	活动策划者、志愿者、园艺师			

活动流程				
预估时间 / min	活动目的	活动内容	所需材料	备注
活动开始前半小时		签到	签到表、笔	志愿者
10	回顾	组员分享各自花苗的生长状况，活动策划者简要回顾上一次活动内容，共同分享各自喜悦	花苗	活动策划者
5	组员熟悉本次活动内容	活动策划者介绍本次活动流程		活动策划者
30	提升组员的动手能力和想象力、创造力	迷你花园制作：将花盆底部排水洞放石头或报纸，可防止土壤流出。放入土壤于底部，将第一次活动中培育的花苗移入花盆中，再放入些许土壤填满花盆（约九分满），在花盆土壤上放入彩色石头，石头图案可自行设计	彩色花盆、营养土、室内植物、彩色石头	活动策划者、园艺师、志愿者
10	发挥组员的想象力和创造力，鼓励和激励组员	1. 让组员为自己装饰好的迷你花园命名，并阐述制作理念 2. 活动策划者为老年人的迷你花园制作名牌，设置十个"最佳××奖"，并为组员们颁奖和合影留念 3. 老年人交流、分享此次活动的心得体会	名牌、奖品	活动策划者、园艺师、志愿者
5	活动总结	活动策划者总结，并告知下一次活动安排		活动策划者

表 4-55　第三次小组活动具体实训活动流程

活动主题	树叶贴画、你我同行		地点	社区活动中心
日期	××××年××月××日 14：30—15：30		时间	60min
带领者	活动策划者、志愿者			
活动流程				
预估时间/min	活动目的	活动内容	所需材料	备注
活动开始前半小时		签到	签到表、笔	志愿者
10	回顾	组员分享各自迷你花园花苗的生长状况，活动策划者简要回顾上一次活动内容，共同分享各自喜悦		活动策划者
5	组员熟悉本次活动内容	活动策划者介绍本次活动流程		活动策划者
10	热身活动，活跃小组气氛	手指保健操：根据活动策划者的指令和音乐，组员进行手部的热身活动	音响设备	活动策划者、志愿者
20	提升组员的动手能力和想象力、创造力	亲手制作树叶画：组员首先用彩色卡纸剪出花盆的形状，再贴到画纸上，然后画出主树枝和分枝，使用收集的树叶、花等进行创意贴画，蘸上颜料色彩	彩色卡纸、颜料、画笔、干树叶、胶水、白纸等	活动策划者、志愿者
10	分享制作成品的喜悦	1. 分享作品、拍摄作品 2. 老年人交流、分享、此次活动的心得体会	相机	活动策划者
5	活动总结	活动策划者总结、组员分享，并告知下一次活动安排		活动策划者

表 4-56　第四次小组活动具体实训活动流程

活动主题	花扇制作、感恩相伴		地点	社区活动中心
日期	××××年××月××日 14：30—15：30		时间	60min
带领者	活动策划者、志愿者			
活动流程				
预估时间/min	活动目的	活动内容	所需材料	备注
活动开始前半小时		签到	签到表、笔	活动策划者、志愿者
10	回顾	组员分享各自迷你花园花苗的生长状况，活动策划者简要回顾上一次活动内容，共同分享各自喜悦		活动策划者

预估时间 / min	活动目的	活动内容	所需材料	备注
5	组员熟悉本次活动内容	活动策划者介绍本次活动流程		活动策划者
30	提升组员的动手能力和想象力、创造力	制作干花扇子：准备好白色无图案的团扇，也可以预先在团扇上放入图案增加联想能力，利用牙签和镊子用白胶将压好的花粘在团扇上，写上有意义的字句，并撒上装饰粉等待晾干即完成	团扇、牙签、镊子、花、白胶、彩色笔、装饰粉	活动策划者、志愿者
10	分享制作成品的喜悦	分享作品、合影留念	相机	活动策划者
5	活动总结	活动策划者总结、组员分享；并提前告知组员小组活动将于下一次结束		活动策划者

表 4-57　第五次小组活动具体实训活动流程

活动主题	告别彼此、收获满满		地点	社区活动中心
日期	××××年××月××日 14：30—15：30		时间	60min
带领者	活动策划者、园艺师、志愿者			
活动流程				

预估时间 / min	活动目的	活动内容	所需材料	备注
活动开始前半小时		签到	签到表、笔	志愿者
10	回顾	活动策划者简要回顾上一次活动内容，组员分享参加几次活动的感受		活动策划者
5	组员熟悉本次活动内容	活动策划者告知组员本次小组为最后一节活动，介绍本次活动流程		
30	回顾总结、分享快乐	1. 组员分享各自的迷你花园，由园艺师点评，每位老年人分享交流种植过程中的心得 2. 回顾小组过程，将组员的成果照片一一在媒体上呈现，肯定组员的参与收获 3. 举行简单的收获仪式，肯定老年人的付出，大家分享参加活动的收获	迷你花园、PPT、成长收获卡	活动策划者、园艺师、志愿者
10	分享喜悦	跳庆祝舞蹈：组员和活动策划者围成一圈，跟着音乐，拍手、动动脚	音响	活动策划者、志愿者
5	结束小组	1. 活动策划者总结本次活动内容，填写活动意见表 2. 送向日葵种子，鼓励组员回家种植	活动意见表、向日葵种子	活动策划者、志愿者

小组活动满意度调查见表 4-58。

表 4-58　小组活动满意度调查表

尊敬的奶奶：

　　您好！

　　我们的小组活动已经圆满结束了，非常感谢你们这五次活动的配合，在活动的最后，请您回忆参与小组活动的情形，然后回答以下问题，相应的选项框内打"√"，并填上您的宝贵意见，非常感谢！

　　本表采用匿名制，不会对您参与活动及生活造成影响，请放心填写，谢谢！

条目	非常满意	满意	无意见	不满意	非常不满意
1. 对小组活动的时间安排					
2. 对小组活动的内容安排					
3. 对小组活动的场地安排					
4. 我对工作人员的表现和态度（活动策划者、园艺师、志愿者）					
5. 活动过程中我能投入其中并感受到快乐					
6. 我的社交能力得到提升					
7. 我建立了积极的心态，达到喘息服务的目的					
8. 我加深了对生命的认识和了解					

您对活动的其他意见或建议：

【实训评价】

　　1. 知识掌握（30%）　掌握撰写老年人园艺疗法活动策划书的相关知识，以及活动开展的注意事项。

　　2. 操作能力（40%）　能学会与其他人合作开展老年人园艺疗法小组活动，能预计活动中的突发情况并做好应急预案；能在活动中协调各工作人员一起有效组织开展活动。

　　3. 人文素养（30%）　注意老年人和自身的防护，有安全意识及风险管理理念；准备要充分，评估全面。

实训 4-19　女性老年人芳香疗法活动策划

【实训目的】

　　1. 熟悉芳香疗法活动的方案撰写。

　　2. 学会策划和组织芳香疗法活动。

【实训学时】

　　1 学时。

【实训准备】

　　1. 活动主题　芳香四溢、快乐人生。

　　2. 活动参与对象　6 名女性老年人。

　　3. 活动时间　60min。

　　4. 活动地点　老年活动中心。

　　5. 活动目的　开展芳香疗法活动，从视觉、触觉和嗅觉来刺激老年人大脑皮质，启发思维，舒缓心理和精神上的压力，从而建立积极的人生态度，实现舒缓疗愈的目的。

　　6. 经费预算　本次活动的经费预算详见表 4-59。

表 4-59　活动经费预算

项目	精油	香薰灯	糕点、茶水	合计
经费/元	100	100	100	300

7. 活动流程　开场、问卷调查、精油按摩体验、分享(具体见表 4-60)。

表 4-60　具体实训活动流程

活动主题	芳香四溢、快乐人生		地点	老年活动中心
日期	××××年××月××日 14:00—15:00		时间	60min
带领者	活动策划者、芳香治疗师、志愿者			
活动流程				

进行内容	预估时间/min	活动内容	所需材料	备注
活动准备	活动前半小时	1. 布置现场,提前使用薰衣草精油点起香熏灯,能让老年人进入房间后产生平静、柔顺、平衡的感觉,缓解紧张 2. 老年人签到	薰衣草精油、香熏灯、签到表、笔	志愿者
开场	5	1. 活动策划者先自我介绍,欢迎老年人来参加本次活动 2. 暖身活动		活动策划者、志愿者
问卷调查	10	活动策划者为老年人做一个简单的身体状况问诊表,主要了解老年人饮食状况、睡眠习惯、运动习惯及神经系统、内分泌系统、呼吸系统、骨骼肌肉系统、消化系统等方面情况,并进行系统的分析	身体状况问诊表,笔	活动策划者、志愿者
精油按摩体验	30	1. 精油按摩　使用植物精油对老年人的肩颈部位进行按摩。通过抚触、按压等方式,让老年人感受到关爱和呵护 2. 养生保健知识分享　在精油按摩进行中,耐心对老年人的健康疑问进行解答并提出合理化的养生知识建议		活动策划者、芳香治疗师
分享	10	1. 相互交流分享此次精油按摩的体验 2. 大家合照留念	相机、糕点、茶水	活动策划者、志愿者
讨论	5	活动策划者和志愿者及时跟进,与老年人交流,征询对本次活动的意见;在活动结束后记录老年人在此次活动过程中参与状况及特殊事件		

8. 活动准备　准备活动策划书、邀请专业芳香师、招募组员、购买活动所需要的精油、布置场地等。活动由一名活动策划者整体控制并按步骤依次执行,并邀请一名专业的芳香老师指导,一名志愿者进行辅助配合并记录活动过程。

9. 活动注意事项　材料准备充足;在活动过程中随时观察老年人的身体状况;准备好老年人常用的各种医用物品等。

10. 活动总结和效果评估　活动策划者在活动结束后对整个活动流程以及活动现场组员的分享进行分析,形成书面的总结报告。

【实训评价】

1. 知识掌握(30%)　掌握撰写老年人芳香疗法活动策划书的相关知识,以及活动开展的注意事项。

2. 操作能力（40%） 能学会与其他人合作开展老年人芳香疗法活动,能预计活动中的突发情况并做好应急预案;能在活动中协调各工作人员一起有效组织开展活动。

3. 人文素养（30%） 注意老年人和自身的防护,有安全意识及风险管理理念;准备要充分,评估全面。

（白晴晴）

第十一节 策划组织一对一老年人活动

活动是指由共同目的联合起来并完成一定社会职能的动作的总和。一对一活动是指针对个人的活动,是所有活动项目中的重要组成部分。一对一活动主要适用于不能或不想参与团体活动的来访者,是团体活动的一种补充,这也是部分想要参加活动但又由于种种原因无法参加团体活动的人的重点需求。

本节就音乐治疗一对一活动进行一些说明介绍,音乐治疗的方法主要分为接受式音乐治疗、再创造式音乐治疗和即兴演奏式音乐治疗,这几种方法都可以用于一对一音乐治疗活动。

导入情景

上海某医院接到了一名病人,男,60 岁。病人于 3 个月前突发疾病,临床诊断为脑出血术后（右侧偏瘫、高级脑功能障碍、日常生活能力下降等）意识清醒,失语,精神状态正常,主诉病史为右侧肢体功能障碍伴言语不能。

工作任务

1. 作为音乐治疗活动组织者,针对该病人做好准备工作。

2. 对病人进行评估,明确选择适合该病人的音乐治疗技术。

3. 请结合本案例,模拟实施音乐治疗活动。

从 21 世纪初开始,随着中国社会经济的发展,人的平均寿命有所延长,中国人口老龄化的进程加快。2021 年 5 月 11 日,第七次人口普查结果公布,全国人口共 141 178 万人,其中 60 岁及以上人口占 18.7%,65 岁及以上人口占 13.5%。中国大部分家庭面临一对夫妻要照顾两对父母的情况。社会的发展带来了经济效益,人们的生活水平明显提高。但是工作节奏的加快,生活压力的扩大,越来越多的人出现了心理问题。老年人群虽然退休不用忙于工作,但由于子女忙碌疏于关怀,退休在家没有爱好无事可做等原因,也产生了很多心理问题。因此,如何关心老年人的身心健康,为家庭更为社会减轻负担,已成为全社会关注与重视的问题。

音乐治疗在中国起步较晚,虽然我们的先祖也曾经留有一些和音乐治疗有关的古籍资料,但是数量非常少。在 20 世纪末西方关于音乐治疗的理论方法等被带入中国后,国内也开始关注并发展现代音乐治疗。

（一）音乐治疗的作用

通过国内外很多研究资料证实,音乐治疗对人的作用既有生理和物理方面的,也有心理方面的。音乐可以引起人的一些诸如减慢心跳、降低血压、调整呼吸等方面的生理反应,产生明显的镇痛作用。音乐治疗中的音乐活动可以提高人的社会交往能力,减少人们的焦虑情绪,使他们发泄消极情绪,获得积极情绪,从而获得生活的乐趣,增强自信心。

虽然目前音乐治疗确实也开始广泛应用于各个领域中,但真正惠及大众的关于音乐治疗的普及还远远没有能做到,尤其是音乐治疗在老年领域的应用方面,远不能满足我国老龄化社会的发展与需要。相比较在欧美一些音乐治疗起步较早的国家,音乐治疗在老年病的治疗中已经很受重视了。

1. 音乐治疗在认知障碍症（AD）领域的作用　很多关于认知障碍症治疗的研究表明,音乐活动受到包含老年人在内的多数人的喜爱,音乐可以有效地刺激和强化人的记忆力,而认知障碍症病人在其他认知功能都退化的情况下常常对音乐仍有反应,因此音乐治疗在针对认知障碍症的治疗中能发挥其独特的作用。对于认知障碍症病人,当语言对其失去功效时,选择音乐治疗对认知障碍症病人的作用主要在于:改善睡眠、调节情绪;刺激大脑语言中枢,改善记忆力;尤其在针对认知障碍症病人的防止记忆力退化和调整情绪的治疗中,是一种安全有效的治疗方法。音乐治疗能够通过歌曲讨论、音乐引导想象、聆听音乐同时放松训练来改善认知障碍症病人的记忆力;即兴音乐演奏、聆听音乐、团体音乐治疗能够改善AD病人的健忘症、失语症等认知行为;歌曲讨论、聆听音乐等接受式音乐治疗可以改善AD病人的情绪。有些研究表明音乐治疗对认知障碍症的作用除了这些效果外,治疗中的音乐选择、病人的背景不同都会给治疗造成不同的效果。通过音乐治疗可以保持和改善病人身体现有的各项功能,调节老年人的心理状态。

2. 音乐治疗对老年抑郁症的作用　歌唱疗法是主动性音乐治疗中的一种方法技术,集体歌唱疗法对于辅助治疗老年抑郁症与单纯药物治疗相比较治疗效果更快更好。集体歌唱可以提高病人的自信心,与人交往的能力,获得愉悦感;歌唱疗法对改善病人的抑郁症状、舒畅情绪有着极大的作用。同时集体歌唱疗法是辅助治疗的非药物治疗手段,无副作用、效果好,所以是治疗老年抑郁症的一种更好的治疗选择方法。音乐治疗与中医也可结合,给病人治疗时选择具有理气、通络、解郁作用的角音音乐,通过音乐刺激大脑皮质、大脑边缘系统、脑干网状结构等,起到改善情绪系统的作用。针灸疗法与音乐疗法相结合,可以对人起到疏肝、理气、调和脾胃、气血、宁心安神,舒畅情志的作用,从而改善抑郁症病人的不良情绪,达到治疗目的。

3. 音乐治疗对改善老年病人神经系统功能的作用　接受式音乐治疗在老年精神障碍的神经音乐治疗中主要可以改善老年病人神经系统功能,而表达式音乐治疗在老年精神障碍的神经音乐治疗中更重要。老年精神障碍神经音乐治疗的评估包括基础诊断和干预方案,评估常用方法与技术。结论是虽然接受式和表达式音乐治疗一样重要,但是根据研究结果可以得知表达式音乐治疗方法更具神经系统功能康复和改善的特性。

4. 音乐治疗对老年慢性病的作用　音乐能够通过节奏、旋律、声调、音色等对人体产生各种生理和心理反应,因此对老年慢性疾病有治疗作用。对高血压病人适合使用舒缓的音乐使用放松音乐疗法,能使其心率减慢、血压下降;对老年糖尿病病人适合使用聆听式音乐疗法选用舒缓的音乐,可以帮助病人克服焦虑、抑郁情绪,使病人自身生长激素——胰岛血糖素、肾上腺素的分泌减少,有利于病人的血糖控制,改善病人治疗效果和生活质量;对脑血管意外病人,可以选择节奏明快、活泼的乐曲,音乐频率可以直接刺激脑垂体释放内啡肽缓解病情,改善脑瘫痪和肌肉萎缩,提高皮质神经的兴奋性,促进神经系统的修复能力。

国内一些研究人员通过对接受经皮冠状动脉介入治疗（PCI）治疗的病人进行了音乐治疗后,得出研究结果表明:老年冠心病病人在PCI术后,易出现情绪上的抑郁、焦虑、恐惧等症状影响预后。音乐干预可以稳定老年冠心病病人PCI手术后的血流动力学。音乐可以在改善病人紧张、焦虑、抑郁等情绪的同时,降低病人的心肌耗氧量。减轻其心脏负荷、缓解心肌缺血缺氧等症状,达到有效的预防和治疗目的。音乐治疗降低病人焦虑情绪,音乐治疗对于自主神经平衡状态的影响有着确切的疗效,一是只能作为一种辅助治疗手段,二是必须坚持数年以上时间才有效。

5. 音乐治疗对健康老年人群的影响　研究者通过调查研究音乐对老年人影响的普遍规律,结合理论证明音乐对老年人身心健康的作用,指出音乐能够通过音乐本身的旋律、节奏、音高、力度、音色等变化使病人通过音乐活动改善情绪。有些研究人员提出了运用音乐治疗干预老年性疾病的方案,包括曲目选择、治疗场地、治疗设备、治疗方法、治疗过程等。中国古代的《黄帝内经》记录了大量的关于音乐养生、保健、医疗的思想及理论,对现代音乐治疗具有其重要的借鉴作用。虽然我们无法论证五音疗法的具体作用,应该说音乐本身并不能完全治愈或治疗疾病,是在药物治疗的前提下,以音乐进行干预对病人心理产生影响,对其五脏六腑进行调理,使引发疾病的根源得以减轻或消除,达到治疗作用。

团体音乐治疗

音乐治疗的形式可以分为个体音乐治疗与团体音乐治疗。大部分的音乐治疗会采取团体形式,其原因首先是考虑到治疗成本,此外在团体治疗时可以利用小组成员之间的团体凝聚力、人际关系的影响来提高治疗效果。

团体音乐治疗与个体音乐治疗相比,更注重团体成员之间的互动关系。团体音乐治疗时建立的团体好比是一个缩小的社会环境,音乐治疗师帮助团体成员们创造相对安全的类似于一个缩小的社会环境,来引导和帮助成员们解决在这个环境中出现的问题,使团体成员们能以更健康的状态面对现实社会。这就是团体音乐治疗的主要目的。

团体音乐治疗参与人员的分类选择是需要重视的一个内容,音乐治疗师应该从参与人员的年龄、功能水平或有类似特征与需求等方面去组合,进行正确地分类组成音乐治疗的团体。

（二）音乐治疗的方法

音乐治疗的方法大体可分为接受式音乐治疗方法、再创造式音乐治疗方法与即兴演奏式音乐治疗方法。

个体音乐治疗是一种一对一的治疗方式,一个治疗师,一个病人。在这种一对一的治疗方式中,治疗师与病人双方的关系建立非常重要,双方必须建立起一个理解、平等、可信任的安全的治疗环境。在整个治疗过程中,双方都要高度配合,以一种非常积极的态度去共同完成治疗计划,达到治疗目的。

1. 接受式音乐治疗方法　美国著名音乐治疗学家布鲁夏（Kenneth Bruscia）对接受式音乐治疗方式的定义是:在接受式的体验中,来访者在聆听音乐的同时,以语言或非语言的方式并通过其他媒介对音乐产生反应。这些音乐包括:可以从市场上购买来的已经录制好的各种风格的音乐,例如摇滚乐、古典音乐、布鲁斯、爵士乐等;也可以是现场演奏包括即兴演奏在内的音乐。演奏者可以是治疗师也可以是来访者。这些音乐聆听的重点在于生理层面、精神层面、审美层面或者情绪等层面上的反应,来访者的反应应该通过治疗目标来进行设计。接受式音乐治疗方法有很多种,我们常用的方法有歌曲回忆、歌曲讨论、音乐肌肉渐进放松训练、音乐催眠、音乐减压放松等。

2. 再创造式音乐治疗方法　再创造式音乐治疗的特点是突出创造,以音乐本身进行各种形式丰富的创造,而各种活动的过程也是为了创造音乐本身。并且通过这种音乐再创造的方式获得活动或治疗效果。

3. 即兴演奏式音乐治疗方法　即兴演奏式音乐治疗方法是指音乐治疗师以及来访者在特定的乐器上,用没有音乐创作限制的方式随心所欲进行演奏。其特点是突出即兴,以即兴发挥创造音乐来达到心理治疗的目的,而即兴的是音乐本身。

（三）神经学音乐治疗

神经学音乐治疗对病人的治疗作用主要是从以下三个方面进行干预训练:病人肢体的感知觉运动、语言言语和认知方面。

1. 肢体的感知觉运动　神经学音乐治疗在针对病人肢体的感知觉运动训练方面,主要采用以下三种技术来帮助这些病人:节奏听觉刺激（RAS）、模式性感觉促进（PSE）、治疗性乐器演奏（TIMP）。这部分病人的情况是指因为神经受损而具有严重步态障碍的人群。神经学音乐治疗使用这三种技术来帮助这些病人在康复训练中提高他们的运动控制能力,提升他们步态的稳定性和适应性,加强步态的平衡,提高病人的肢体力量和忍耐力,以及手部关节的功能性提高,手指功能的灵活性。

2. 语言言语训练　神经学音乐治疗在针对病人的语言言语障碍训练方面,主要采用旋律音调治疗（MIT）、音乐性的言语刺激（MUSTIM）等大概七种技术来帮助病人。这几种技术对于因神经受损语言有障碍的人群的训练,主要是用来促进这类病人的自主性和自发性的语言,帮助恢复他们的正常语言功能的韵律、音调和节奏,刺激病人语言的清晰度,改善病人的肺活量,帮助病人稳定语速和恢复语言的连贯性,改善病人的言语功能,训练病人正常的语言沟通交流。

3. 认知功能　神经学音乐治疗在针对病人认知功能的训练方面,主要运用以下三大类的技术方法:注意力、记忆力和决策功能。这几种技术对于改善病人的注意力、提高病人的记忆力、促进他们记忆功能的恢复,帮助病人区分和确定声音的各种因素,提高病人的判断和决策能力等都有着显著的效果。

（四）一对一老年人音乐治疗活动组织者应具备的技术与素养

音乐治疗临床实践是成为一名合格的音乐治疗师非常重要和必需的一个环节。前期的理论与技能的学习固然重要,但如想要成为一名音乐治疗师,临床是必不可少的一步。音乐治疗是一个需要终身学习的专业,音乐治疗技术有多种流派几百种方法,可以应用于不同的领域。我们在学习西方发达国家成熟先进的技术的基础上,要立足于本国国情,根据自己的能力特点,在自己感兴趣的领域继续学习研究创新,使自己最终能成为一名优秀的音乐治疗师。在音乐治疗活动实践过程中,做到以下几点很重要:

1. 评估　与主治医师或其他相关人员沟通,了解病人大概的病情;与家属沟通了解病人的主要情况;对病人进行音乐治疗评估。

2. 治疗计划的制订及调整　根据评估初步制订治疗计划;根据病人的治疗情况作及时调整;根据治疗效果作进一步改进。

3. 创新能力的培养　在学习运用已有的音乐治疗技术基础上进行创新,技术的创新虽然不容易,但是可以尝试使用不同的方法;在学习前人技术方法的基础上根据自己的能力特点,根据病人的不同,改变并形成自己的治疗方法。

4. 与导师的及时沟通　给病人治疗前的沟通;给病人治疗期间的沟通;学习督导后的沟通。

5. 与同行的交流学习　探讨音乐治疗技术及方法;案例分享和交流;观察同行治疗活动互相学习及提出改进意见。

6. 态度　对病人要有爱心、耐心、细心;对专业技术要不断学习复习、总结、再学习并有书面的呈现;对同行要有多学习多交流的态度,乐于分享,乐于帮助他人,也要谦虚善学。

一对一音乐治疗活动见实训4-20。

实训 4-20　策划组织脑出血后右侧肢体功能障碍伴言语不能的病人的神经学音乐治疗操作活动

【实训目的】

1. 掌握老年人一对一神经学音乐治疗活动的方法。

2. 学会老年人一对一神经学音乐治疗操作流程。

【实训学时】

40min（整个活动计划分为 12 次完成,每次 40min）。

【实训步骤】

1. 来访者评估　导入情景中病人是一名脑卒中后需要康复训练的病人。病人的主诉病史为右侧肢体功能障碍伴言语不能。主要病情描述为脑出血术后,右侧偏瘫、高级脑功能障碍、日常生活能力下降等。病人意识清醒,失语,精神状态正常。

脑卒中是指起病迅速的、由脑血管疾病引起的局灶性脑功能障碍并且持续数小时或引起死亡的临床症候群。生存下来的脑卒中病人中至少有一半留有不同程度的残疾,出现运动障碍、认知障碍、交流障碍等各种障碍,其中最主要的是运动障碍。

音乐治疗师,对该病人进行了治疗前评估。病人存在吐字非常不清楚或不正确,基本不能说出想要表达的字或词,表现的症状是失语,右侧肢体偏瘫,失去运动功能,认知有障碍。病人病前对音乐没有特别的喜好,听过一些歌,因此需要寻找病人的积极资源,进行音乐治疗干预活动。

2. 制订音乐治疗计划与目标　治疗计划分为短期目标与长期目标。作为一名负责的音乐治疗师,除了必须要与病人的主治医生沟通,了解病人的主要病情外,还要与家属联系,了解病人的成长背景、兴趣爱好、工作性质、发病原因等以制订合理的音乐治疗的短期与长期目标。

病人背景:对音乐没有特殊爱好,偶尔会唱一些流行歌,身份是一位企业老板。音乐治疗师于2 月底根据病人的情况设定治疗计划:其中 G 为长期目标,O 为短期目标。

G1,改善病人言语功能:O1,病人能说清楚字和词语;O2,每次治疗病人能说清楚句子两句以上;O3,病人可以在三个月内完整唱清楚三首以上歌曲的歌词。

G2,改善病人的逻辑思维能力:O4,病人可以在一个月内数出一周的天数,并能说出前后顺序;O5,病人能分清一年的不同季节,并说出季节特征。

G3,提高病人的右上肢运动能力:O6,在一个月内的治疗中病人可以达到1min内往下敲击铃鼓30次;O7,在两个月内病人用双手敲击铃鼓,可以从左右各45°以88/min的速度达到52次;O8,在三个月内病人可以往上举双手至头顶敲击铃鼓,并达到72/min的速度。

3. 音乐治疗活动场地与设备准备　完成这些治疗目标需要的准备主要包括场地与设备:

场地:一个相对安静封闭的房间,房间需要有一定的隔音效果,最好是确保不会受外界环境干扰的房间。

设备:几把椅子,治疗师和来访者的家属或者护理人员使用,病人因特殊情况是坐在轮椅上的。一把吉他,一个架子鼓,铃鼓,钢片琴。

4. 音乐治疗操作

(1)目标一:改善病人语言功能。

采用方法是MUSTIM(音乐中言语刺激)。这种方式是音乐治疗师找到病人熟悉的歌曲,有的时候也可能只是几个乐句,在中间空出一个或几个字,让病人自发地完成几句或一首歌曲。例如治疗师唱:"好一朵美丽的_____花,好一朵美丽的_____花,芬芳_____丽满山崖,又香又_____人人夸,我有心采一朵戴又怕那看花的人儿骂。"病人是熟悉或听过这首歌曲,能够唱出茉莉、美、白这几个字。例如,经过了解得知病人熟悉的歌曲之一是《阳光总在风雨后》。因此前期治疗的时候,治疗师空出了这首歌中间的几个部分,具体如下,治疗师先与病人进行沟通确定可以开始后,治疗师弹奏吉他或钢琴开始唱:"人生路上甜苦和喜_____,愿与你分担所有;难免曾经跌倒和_____,要勇敢地抬头;谁愿常躲在避风的_____,宁有波涛汹涌的自由,愿是你心中灯塔的_____在迷雾中让你看透。阳光总在_____后,乌云上有_____;珍惜所有的感动,每一份希望在你_____;阳光总在_____后,请相信有_____;风风雨雨都接受,我一直会在_____的左右。"填空部分治疗师会引导病人一起唱出所缺的歌词。根据治疗目标与计划。同时也有可能根据病人的实际治疗效果及时进行调整,从几个字到词到最后完整的一句,来改善病人的语言功能。

(2)治疗目标二:改善病人的逻辑思维能力。

这里采用了多种方法,一是再创造式音乐治疗方法。可以使用《茉莉花》这首歌。歌词改成:你好你好我是_____(病人的名字)。我的家就在上海_____(区名)。我的房子虽然_____(不大),家庭却是很_____(幸福)。我的老婆她贤惠又温柔,她名叫_____(病人妻子姓名),儿子很懂事叫_____(病人儿子的名字)。

另外采用(MMT)音乐记忆力训练,音乐治疗师用吉他即兴弹奏,引导病人说出今天是星期几?昨天是星期几?明天是星期几?一年有多少个季节,每个季节的特征;一年有多少天?一年有多少个月?这些都是治疗师用即兴演奏的方法弹唱。正常人看似简单的问答,作为脑卒中后有认知障碍的病人,却是可能要用起码三个月以上才能把这些说清楚就很有效果了。

(3)治疗目标三:提高病人的右上肢活动能力。

在这里,治疗师一般采用感觉模式增强(PSE)技术,全称为patterned sensory enhancement。这个技术针对的是诊断为运动平衡功能受损与偏瘫的病人,适用于需要提高肢体力量和忍耐力的病人。可以使用钢琴等乐器,用以促进病人的四肢运动功能。在这个案例中治疗师最初使用了铃鼓,使用的音乐是歌曲《青春舞曲》,治疗目的是改善病人的左侧肢体运动功能,治疗师边使用铃鼓边唱,注意歌曲速度不能太快,当然后期在病人治疗的过程中根据他的实际情况可以做调整。具体方法如下:治疗师手拿铃鼓,在病人可以够到但又不是特别容易够到的高度,边打节奏边唱"太阳下去明早依旧爬(这里让他敲一下)上来,花儿谢了明年还是一样的开(敲一下),美丽小鸟一去无影踪,我的青春小鸟一样不(敲一下)回来,我的青春小鸟一样不(敲一下)回来,别的那呀呦,别的那呀呦,我的青春小鸟一去不(敲一下)回来"。

要强调的是病人敲击铃鼓的次数和高度是需要不时调整的。次数是在病人可以接受的基础上调整,高度原则就是既不是太容易够着也不会够不着,在某一个高度病人适应后,是需要继续往高处调整的。

5. 治疗记录评价 观察记录治疗活动时间 2018 年 3 月 5 日—2018 年 5 月 17 日,病人 ×× 通过 30 多次的音乐治疗活动,歌词演唱正确以及清晰度从最初的 20% 达到 95%;正确说出一周天数以及一年的天数和季节变化,从最初的 15% 达到 85%;双手向左右 45°角敲击铃鼓的速度等从最初的 10% 达到 90%;双手向上敲击铃鼓的高度和速度从最初的 5% 达到 85%。综合所有治疗项目可以看出,病人 ×× 各项治疗活动效果呈上升趋势,所设定靶行为明显得到改善提高(表 4-61~4-64)。

表 4-61 观察目标 1:病人能够完成歌词的后一句

治疗次数	1	2	3	4	5	6	7	8	9	10	11	12
完成	20%	30%	30%	35%	55%	60%	60%	70%	80%	80%	90%	85%

表 4-62 观察目标 2:病人能够数出的一周天数以及顺序,不同季节的描述

治疗次数	1	2	3	4	5	6	7	8	9	10	11	12
完成	50%	52%	55%	60%	58%	65%	70%	75%	65%	50%	80%	85%

表 4-63 观察目标 3:病人每分钟向左右 45° 敲击铃鼓的次数和速度

治疗次数	1	2	3	4	5	6
敲击次数 / 速度	15/48	20/50	30/52	35/56	28/56	40/56
治疗次数	7	8	9	10	11	12
敲击次数 / 速度	40/56	45/66	55/66	52/66	55/62	50/88

表 4-64 观察目标 4:病人向上敲击铃鼓的高度和力量

治疗次数	1	2	3	4	5	6	7	8	9	10	11	12
完成	10%	10%	15%	18%	30%	20%	35%	55%	60%	70%	80%	85%

治疗记录与评价对于每一位音乐治疗师每一次的音乐治疗活动都是必要的一个环节。因为有治疗记录,才能有对比有观察,可以从中看出病人的变化与治疗效果。所做的记录不仅仅是为了及时调整治疗计划使音乐治疗达到更好的效果,也可以因此留下科学的数据资料,为后期的研究作出贡献。

【实训评价】

1. 知识掌握(20%) 能够说明音乐治疗活动对老年人的作用(10%);熟练讲述音乐治疗活动的方式方法与对应目标(10%)。

2. 操作能力(50%) 能正确完成来访者评估(10%);能策划针对来访者症状的长短期治疗目标的活动(10%);能按照计划实施治疗活动并根据治疗效果及时调整活动计划(25%);能做好每次治疗活动记录(10%)。

3. 人文素养(30%) 具备音乐治疗活动引导者应有的素质(10%);对来访者的评估要全面并力求正确(10%);音乐治疗一对一活动的准备包括场地环境设备等要符合要求(10%)。

案例 2:策划组织老年人一对一音乐治疗操作活动

来访者王 ××,退休教师,祖籍上海,子女都在国外工作生活,老伴最近刚去世。王 ×× 最近比较焦虑,经常性失眠,身体状况明显变差。不愿意出去见朋友,也不愿意和亲戚交流,饭量下降,莫名头晕心慌。

【实训目的】

1. 掌握老年人一对一音乐治疗活动的方法。

2. 学会老年人一对一音乐治疗活动操作流程。

【实训学时】

1 学时。

【实训步骤】

1. 准备工作　对老年人进行活动前评估:评估老年人最近以及当下的情绪,了解造成这种情绪的原因。

2. 设定活动目标　活动前评估和设定活动目标,是为了对活动效果有一个科学客观的评价,对以后的活动设计提供有用的经验。

3. 场地准备　一个相对安静不受干扰的房间。场地的准备重点是做一对一音乐治疗活动时,必须是一个安静的不受干扰的房间。房间最好是隔音的,如果不隔音起码保证没有他人在房间或者在房间外走来走去、讲话等形成干扰,这样才能保证达到最好的活动效果。

4. 设备准备　一张小床或一把坐着比较舒服的椅子(来访者),一张椅子(治疗师)。一套可以播放音乐的音响设备。舒适的睡姿或坐姿可以帮助王阿姨这样的来访者放松。

5. 实训方法(表 4-65)。

【实训评价】

1. 知识掌握(20%)　能够说明音乐治疗活动对老年人的作用(10%);熟练讲述音乐治疗活动的方式方法与对应目标(10%)。

2. 操作能力(50%)　能正确完成来访者评估(10%);能策划针对来访者症状的长短期治疗目标的活动(10%);能按照计划实施治疗活动并根据治疗效果及时调整活动计划(25%);能做好每次治疗活动记录(10%)。

3. 人文素养(30%)　具备音乐治疗活动组织带领者应有的素质(10%);对来访者的评估要全面并力求正确(10%);音乐治疗一对一活动的准备包括场地环境设备等要符合要求(10%)。

表 4-65　具体实训活动流程

活动主题	音乐减压放松		地点	×× 音乐治疗工作室
日期	×××× 年 ×× 月 ×× 日 9:30—10:10		时间	40min
带领者	活动带领者、志愿者、学生			
活动流程				
进行内容	预估时间/min	活动内容	所需预备	备注
活动前评估		评估结果:来访者吐字比较清晰,思维尚可,但不愿意参加社会活动,也不愿意和其他人多接触,面部没有表情;此外,病人下肢不便,经常需要借助轮椅;情绪轻度抑郁、焦虑,下肢功能退化,音乐治疗活动带领者在接手该病人后针对病人的情况设计制订本次一对一音乐治疗活动计划。首次活动采用了音乐减压放松来改善王阿姨的焦虑烦躁情绪。 G1 改善病人的焦虑情绪: O1 在十次治疗内能开始与音乐治疗活动带领者眼睛对视 O2 能在三个月内开始参与社交活动 G2 改善病人的下肢步行运动能力: O1 能坐在轮椅上抬起脚尖踢铃鼓		活动带领者、志愿者、学生

进行内容	预估时间/min	活动内容	所需预备	备注
活动前准备	4	要求来访者找到一个舒适的姿势躺下或坐下。	房间准备床或椅子	活动带领者、志愿者、学生
活动过程	导入语6	等来访者躺好或坐好后,活动带领者要做的就是语言的导入 导入语:请大家调整姿势,放松一下肩膀和颈部,动一动全身,然后,我们一起来开始做深呼吸。现在,让我们闭上眼睛,集中注意力,在自己的呼吸上,当你呼气的时候,所有的烦恼、不愉快、不舒服一起被呼出去了,当你吸气的时候,所有的温暖、健康、放松、平静都被深深吸进了你的身体	床或椅子	活动带领者、志愿者、学生
	播放音乐20	1. 音乐的选择,这些音乐并没有特别指明必须是哪一首,但是音乐的选择又特别重要。多数音乐治疗的活动带领者在活动开始前会用很多时间反复筛选音乐,通过了解自己、家人、朋友、同学听音乐的感受从而谨慎选择活动所用音乐。这些音乐的特性是基本没有完整音乐结构和明确情绪表达,但是往往让人听了虽然记不住都会觉得很放松的那些音乐 2. 活动带领者播放音乐,同时进行语言引导。语言引导有很多种,目的是让来访者放松。 这里参考的是很多音乐治疗师都会用的接受式音乐治疗方法中介绍的一种——注意力集中,具体引导如下: 请把全部注意力放到你的脚上,双脚放松了……放松了……越来越放松了……停顿一会,大概10s"放松的感觉让你的双脚微微发热了……发热了……发热了……"停10s,"仔细地体会双脚放松和发热的感觉",停15s。然后是小腿:"请把你的注意力集中在你的小腿上……小腿放松了……放松了……越来越放松了……",说的是一样的语言导入。小腿后的部位依次是大腿、臀部、腰部、腹部、胸部、双手、小臂、大臂、脖子、面部、头部 3. 说的时候要注意语速、音量、速度。要把握好语言导入的节奏感。另外发热的词一定要说微微发热了。通过这些练习,让王阿姨放松		活动带领者、志愿者、学生
	导出语	放松结束,引导来访者慢慢回到清醒状态: 好了,我们今天的放松练习到这里就结束了。先不要急着睁开你的眼睛,请感觉一下身下的椅子(床)……呼吸新鲜的空气……活动一下你的双脚……活动一下你的双手……在你感到舒服的时候,请慢慢睁开你的眼睛。 切记不要让放松对象突然睁开眼睛突然清醒,会让前面的放松的效果大打折扣,一定是逐步唤醒	床或椅子	活动带领者、志愿者、学生

进行内容	预估时间 / min	活动内容	所需预备	备注
反馈	5	问一下来访者现在的情绪: 有什么样的感觉? 不管这个感觉是放松、平静、轻松。都要继续问一下身体的感觉		活动带领者、志愿者、学生
记录	5	记录来访者这次活动的情绪变化,设计下一次活动计划		活动带领者、志愿者、学生

（朱晓红）

第五章　老年人活动策划与实施的评价

学习目标

1. 掌握老年人活动策划评价的内容和实施过程。
2. 熟悉老年人活动策划与实施的评价方法以及标准。
3. 了解老年人活动策划与实施评价的意义。
4. 学会老年人活动策划评价报告撰写。
5. 具有老年人活动策划评价报告撰写的基本素质。

评价是指判断某事物的价值、正确性、可行性,给予可取性判断的过程。评价的对象包括很多,例如软件方面的评价包括项目、构建服务甚至包括一些文档数据等。老年人活动策划评价是指客观地、科学地对已经实施过的老年人活动策划项目进行评价。

第一节　概　　述

导入情景

某卫视为某区老年人组织了 2019 年 10 月某区"老年红歌会"。活动结束后卫视要求活动策划部对此次活动进行活动评估,并撰写活动评估报告。

工作任务

1. 活动评估需要做的准备有哪些?
2. 活动评估的内容有哪些?
3. 请结合案例,模拟此次活动评估策划报告如何完成?

老年人活动策划评价的内容包括对老年人活动策划的评价、活动实施过程的评价以及活动效果的评价。以活动评价来判断活动是否达到预期效果,活动的策划实施是否合理。

一、评价老年人活动策划与实施的作用和目的

(一)提升老年人活动组织策划者的能力

通过对活动策划方案的实施情况进行评价,包括活动举办的时间长度、使用场地、是否完全按照策划方案进行,来判断活动是否符合预期效果,检查活动的实施与管理是否合理,并以此提升活动的

质量与活动组织管理策划者的能力。

（二）为老年人活动提供决策依据

通过对活动前期调研筹备、活动策划、活动宣传推广、活动实施、活动反馈等各个阶段的评价分析，系统梳理，总结活动的成功与不足之处，为其他的老年人活动策划与管理提供有效经验与决策依据。

（三）争取更多老年人活动机会

通过对活动的信息资料的总结与分析，从参与人员的满意度反馈，活动的经济效益、社会影响来总结调查分析，得到活动开展有利的各方面信息，增加活动组织单位或投资方的信心，为以后的同类活动争取更多机会。

（四）提供合理的老年人活动评价模板

通过活动评价报告的撰写，提供规范合理的老年人活动评价报告模式，积累活动相关的资料信息，为提升老年人活动质量提供有效的支持。

二、评价老年人活动策划与实施的意义

活动策划评价是对某活动策划项目实施的可行性、价值或活动意义作出判断的过程。活动策划评价是活动组织管理的重要组成部分。因为老年人活动项目具有持续性，可循环操作性，只有对前一次活动进行及时的评价和反馈，才能进行真实有效的分析总结。而有效的活动评价可以为以后的活动策划积累经验，也可以为调整正在进行中的活动提供重要依据。

掌握老年人活动策划项目评价的方法，是为了让活动效果更明显，让活动参与者获得更多益处，为同类活动的举办提供可参考的经验。

三、评价老年人活动策划与实施的方法

评价老年人活动策划与实施的方法以调查法为主。调查法是指综合运用观察法、问卷法、访谈法等方式，对活动进行综合的比较分析、总结归纳，从而搜集有用资料的方式。

（一）问卷调查法

问卷调查是指根据所需要信息制订问卷，通过让被调查者填写问卷的方式，进行资料收集、情况调查的一种方法。因为这种问卷通常是为了调查某些相关信息编制的，所以又被称为调查表。问卷调查法可以根据不同的问卷传递方式、与被调查者不同的交谈方式来分类，是调查法中运用较多的一种方法。

（二）观察法

观察法是指研究者用科学理性的方法，根据特定的研究对象、研究目的、研究提纲或观察表等，运用自身的多种感官观察与感知被研究对象，有计划、有目的获得有效资料的一种科学的研究方法。要注意的是观察法具有的几个特点：是一种有计划有目的搜集资料的认识活动；需要运用一定的观察工具，例如感官、设备、仪器等；观察的对象具有直接与真实性，是当下正在发生的事情；是一个能动的反应过程，必须以一定的理论指导为前提。

（三）谈话调查

谈话调查又可分为面谈以及电话访谈，是指研究者根据调查研究需要，与被调查者进行交谈，口头提出问题，通过被调查者的回答收集有效资料，作出评价总结的一种方法。这种调查方法灵活多样，信息更真实全面，因为采取的是直接谈话方式，所以既方便可行，也可以使谈话双方在交谈过程中可以及时调整相关内容，获得更合理的信息资料。

第二节　评价老年人活动策划与实施的要求与类别

导入情景

××社区，为增强社区老年人的健康意识，改善影响老年人健康的不良因素，预防疾病，提高老年人自我保健能力，特别举办了"健康常伴你我"的系列活动，活动包括健康知识讲座，现场中医技术指

导,多媒体播放养生保健知识,发放健康宣传资料等形式。活动结束后承办活动的公司要求策划部对此次活动进行活动评估,并撰写活动评估报告。

工作任务

1. 活动评估需要做的准备有哪些?

2. 活动评估的内容有哪些?

3. 请结合案例,模拟此次活动评估策划报告如何完成?

一、老年人活动策划与实施评价的原则

(一)坚持规范化

活动评价的实施、评价的过程、评价信息资料的整理搜集、评价报告的内容、评价报告的撰写都要力求规范化,以发挥对活动进行评价的最大作用。

(二)做到实事求是

老年人活动策划与实施评价必须针对具体活动,从实际出发,反映活动的真实情况,体现活动的真实作用,如果这个评价过程缺乏真实性,评价的意义就不再存在。

(三)过程客观公正

评价的过程客观公正是建立在实事求是原则的基础上的。要求评价者或参与活动的评价者实事求是,对所评价的活动项目作出客观公正的判断,以得到真实有效的活动评价。

(四)价值性原则

随着社会老龄化的到来,老年人的身心健康越来越得到家庭、社会与政府的重视与关注。老年人活动策划与实施经常会得到政府、社会公益组织、企业家、赞助单位的各种支持,即便如此,我们还是需要考虑活动的成本和效益这两个问题,在进行活动评价时必须要考虑到活动的效益成本,为以后同类型活动制订更好的活动策划方案提供可靠依据。杜绝一些为了不必要的活动浪费资源,或为了经济效益不顾活动质量的现象。

知识链接

活动的 360 评价

360 评价从字面的理解就是 360 度评价,是指全方位的评价或者从多种渠道来源进行的根据问题认知维度的多元化评价,有自评、同事互评、被服务者满意度评价、利害关系者满意度评价等。评价者如果与被评价者是关系比较密切的人,可以采用匿名的方式对其进行评价。总之,360 多维度评价是对活动的主题、活动的策划、活动的宣传推广、活动的经费、活动的风险、活动的组织实践、活动的效果、活动参与者的反馈等多方面进行的评价。

二、评价老年人活动策划与实施的种类

老年人活动过程包含前期活动策划、中期活动实施、后期活动总结或活动效果评价,在这三个时期都需要进行评价。我们可以根据活动的不同时期对老年人活动评价进行如下分类:

(一)定位性评价

定位性评价也可以说是预备性评价,主要是在老年人活动进行之前对这个活动的策划、筹备等前期准备阶段进行评价、是对该活动策划项目进行调研、策划、立项阶段进行的评价,是为了确定该项目立项的可行性。对活动项目从调研阶段开始,进行各项可行性分析研究,以确立该项目立项的成功率,以此推断该项目是否可行。它包括活动前期调研分析,活动时间与场地安排布置,活动的宣传营销,活动的材料与设备准备,活动的经费预算,活动的风险等。这个阶段的评价建立在对活动的立项条件评估,包括社会影响、经济效益、参与者受益等方面,换个角度来说也可以从天时、地利、人和这几

个方面去进行评价。

（二）过程性评价

过程性评价也常常被称为形成性评价，是指在活动过程中进行的评价。对老年人活动实施阶段的评价是指在活动实施的过程中对该项目进行评价。内容主要包括活动时间是否准时，活动地点是否合适，参与人员是否符合预期计划，活动流程是否顺利等，而其中最主要的是活动参与者情况的评价。这个阶段的评价是通过掌握活动进展，根据活动要求可及时调整活动以使活动更完美的衡量办法。

（三）终结性评价

终结性评价是指对活动效果的一个总体评定。首先是活动满意度调查，主要是对参与活动的老年人满意度调查；其次是对活动的社会影响、经济效益的满意度调查。另外对活动中出现的问题与存在不足进行评价分析，这也是活动评价的必要内容之一。每次活动肯定会有不足之处，活动是独一无二不可复制的，但即使活动方案类似甚至一致，但是由于活动流程执行的细致程度不同，执行的人员不同（即使相同活动，因为时间不同也会有不同的表现），参与的人员也不同，所以每一次活动必然是不可复制不会重复的，意味着每次都会有不同的问题出现。活动评价正是对活动实施前后出现的不同问题进行分析研究，总结经验教训，以使下一次活动做得更好。

第三节　老年人活动策划与实施的评价内容

导入情景

为迎接重阳节的到来，××××文化公司组织了"关爱长辈——九九重阳，快乐与您一起长长久久"音乐疗愈活动，活动结束后公司要求策划部对此次活动进行评价，并撰写活动评价报告。

工作任务

1. 请写出为撰写活动策划评价报告所做的准备。
2. 请说明活动策划评价报告的内容。
3. 请结合案例撰写此次活动策划评价报告。

老年人活动策划项目是为了实施某项老年人活动，根据参与者的条件、活动目的进行评价后设计、策划活动方案的过程。包括前期调研、资料分析、目标设定、方案撰写、宣传营销、财务预算、风险评估、方案执行、活动评估等内容。

对活动进行评价就必须要了解活动策划的主要程序：研究活动的背景、确定活动的目标、收集活动相关资料和信息并进行分析、讨论拟定活动的策划方案、编写活动策划报告、确定活动策划方案并进入执行阶段。

一、老年人活动策划与实施评价的对象

（一）对活动策划项目主办者和承办者的评价

对老年人活动策划、组织、实施者以及参与者，包括活动项目的总负责人、活动策划方案设计人员、活动执行人员、活动监控人员、参与活动的老年人等。

对活动组织方的评价主要是工作职责的评价：工作人员是否认真完成自己的工作任务，工作人员对活动参与老年人的态度表现，工作人员的团队合作能力。

对参与活动老年人的评价主要有：老年人在活动中的参与程度，老年人在活动中的情绪状态，老年人在活动中的互动情况，老年人在活动后的满意程度与再参与同类型活动意愿。

（二）对活动前期调研策划工作的评价

对活动主题和活动目标、活动的整体策划方案、活动的市场调研、活动时间长度、活动的流程安排

的评价。评价主要有：活动的主题是否符合要求，活动策划方案是否经过前期调研、整体统筹制订，活动时间长度设计是否合理，活动流程安排顺序是否适当。

（三）对活动宣传营销的评价

对活动的广告设计、宣传文案、推广渠道、信息发布、传统媒体与互联网的媒介方式等进行评价。

（四）对活动项目实施阶段的评价

对老年人活动实施阶段的评价是指在活动实施的过程中对该项目进行评价。内容主要包括活动时间是否准时，活动地点是否合适，参与人员是否符合预期计划，活动流程是否顺利等。

这方面的评价是看活动是否准时开始，活动进行的时间是否与预期相差不大，活动场地的安排包括座椅、环境、温度等是否舒适，活动流程是否按方案顺利进行。

（五）对活动效果的评价

对活动效果的评价主要是通过对参与活动的老年人满意度调查（这部分主要用问卷调查的方式，也可以采用观察、采访、面谈、电话调查等方式），对活动的经济效益评价，对活动社会影响力的评价。除此之外还有活动的不足之处的评价反馈。

二、评价老年人活动策划与实施的主体

（一）活动主办或组织方

很多策划组织老年人活动的单位会设置专门负责评估的部门，一般是在活动策划部或者是人力资源部；或者养老机构的社工部门；也有些单位会在活动筹划举办期间，临时成立活动评价小组，负责活动的评价工作。

（二）转介给专业的评价公司进行评价

转介的原因通常有三个：一是因为活动组织方人手不够；二是没有专业评价人员能进行评价工作；三是因为活动比较重要需要很专业的公司来完成这项工作。为了体现评价的公平、公正、客观、真实原则，活动组织方需要在活动筹备阶段就邀请进行评价的公司安排专业人员介入，参与整个活动实施、结束的过程，故会增加一定程度的成本。

三、评价老年人活动策划与实施方案的工作安排

（一）制定评价方案

根据被评价活动的要求，制定评价方案，包括评价人员的工作安排，评价的各项措施安排。

（二）制定评价方法

针对活动策划方案与实施制定评价方法，例如设计制定调查问卷、安排采访面谈或电话访谈、进行个案研究等。

（三）进行评价人员专业培训

对参加评价活动的部门人员进行工作培训，预估评价会遇到的问题或困难，并对此制定解决方案。

（四）撰写评价报告

评价完成后，根据评价内容与工作安排撰写评价报告（实训5-1、5-2）。

实训 5-1 撰写老年人活动的评价报告1

×× 文化公司组织了"关爱长辈——九九重阳，快乐与您一起长长久久"音乐疗愈活动，请公司策划部对此次活动进行评价，并撰写活动评价报告。

【实训目的】

1. 掌握老年人活动策划评价报告书的撰写。

2. 了解撰写老年人活动评价报告的基本要求。

【实训学时】

2学时。

【实训步骤】

（一）活动评价说明

1. 评价目的 通过对本次活动的评价,总结经验,取其精华去其糟粕,找出活动过程中存在的问题与不足,为未来同类活动的开展积累宝贵经验。

2. 评价内容

（1）活动前期准备和活动策划书的评价。

（2）活动宣传营销和活动费用的评价。

（3）活动执行过程评价。

（4）活动效果的评价。

3. 评价人 活动策划部 ×××。

（二）活动评价报告内容

一年一度的重阳佳节即将来临,为了表示对××××高校退休教职工的关爱,××××文化公司组织了"关爱长辈——九九重阳,快乐与您一起长长久久"音乐疗愈活动。"人人都会老,一起来爱老",创造一个尊老、爱老的社会环境,关爱今天的长辈,就是关心未来的自己。活动结束后,活动策划部人员×××对活动进行了评价。评价包括以下几个部分的内容:

1. 活动前期准备工作的评价

（1）对活动项目参与人员的评价:这次活动项目的参与人员包括××文化公司项目组活动开发负责人、项目组活动执行人员、工程部质量监督处人员、参与活动的老年人、音乐活动引导师。项目组人员负责该活动项目的前期调研、活动策划、参与人员组织、活动流程安排、活动场地联系等事项。工程部质量监督处工作人员负责活动的执行监控。

（2）对举办活动前期调研准备的评价:包括活动的背景、活动预算、活动的价值以及可行性预估的评价。

公司在活动前对此次活动的背景进行了调研:重阳节是中国传统节日中属于老年人的节日,××文化公司举办这次活动的目的,正是借重阳节这样一个特殊的节日,为老人们举办一次特殊的活动,给他们带来快乐,提高退休后的生活质量。提到重阳节,大家自然而然就会想到登高赏菊聚会,但是对于部分老年人来说,因为身体的原因,已不适宜登高远行,原来传统的登山等项目使他们心有余而力不足。因此公司通过多方调查了解,选择举办一场音乐疗愈健康活动,只要想参加的老年人都能参加,而且也会有很好的活动效果。

首先从经费上考虑,有现成的场地可免费为活动所使用,除了需要租赁乐器和必要的音响设备,以及音乐疗愈带领者活动费用支出外,基本没有其他的费用,经费是在可控范围之内。

其次是从效果上来看,这次活动准备使用音乐治疗中的歌曲讨论和音乐回忆,此外在活动中再加入鼓圈。接受式音乐治疗中的歌曲讨论及音乐回忆对于老年人有着非常好的效果。歌曲是人类表达感情的一种方式,人类可以通过歌曲表达感情,并改善与他人的关系。尤其是在听到自己喜欢的歌曲时,必然会引起老年人对年轻时候的一些美好时光的回忆,引起他们感情上的共鸣。有资料显示歌唱疗法对于辅助治疗老年抑郁症与单纯药物治疗相比较治疗效果更快更好。集体歌唱可以提高老年抑郁症病人的自信心,改善与人交往的能力,获得愉悦感;歌唱疗法对改善老年人的抑郁症状、舒畅情绪有着极大的作用。

现在有很多音乐治疗师都喜欢在团体活动中运用鼓圈。鼓圈虽然不是音乐治疗,但是和奥尔夫柯达伊一样,可以作为音乐治疗尤其是音乐治疗的团体活动中的一种形式使用。很多老年人退休在家没有目标后容易出现老年抑郁等问题,因此我们辅助采用对参与者要求更低的一些音乐疗愈方式,既运用了音乐治疗中的一些方式方法,又降低了专业要求,但同样也有较好的活动效果,融合性鼓圈就是其中一种方式。

鼓圈是一种特殊的团体即兴打击乐演奏形式。不仅适用于健康群体,同样也适用于心理异常群体(特殊儿童、孤独症等病人)。常见的鼓圈类型还包括:社区娱乐性鼓圈、教育性鼓圈、团建发展性鼓圈、健康治疗性鼓乐等。鼓圈既是一种好玩有趣的减压活动,也是一种社区音乐在干预心理健康方面的重要形式。

因此综合评价这些前期准备工作显示,选择音乐疗愈作为此次重阳节活动的项目,非常合理,也应该会有不错的效果。

2. 活动策划书的评价

活动名称:

"关爱长辈——九九重阳,快乐与您一起长长久久"
——××××公司重阳节音乐疗愈活动

(1)活动策划背景:随着中国社会经济的快速发展和人民生活水平的提高,人的平均寿命也在延长,中国已经进入了老龄化社会。对于每一个家庭来说,关心老年人的身心健康是一件非常重要的事情。尊老爱老是中华民族的传统美德"老吾老以及人之老",每个人都会老,变老是不可抗拒的自然规律。关爱敬重今天的老人,就是关爱未来的自己。组织农家乐短程一天游是常见的重阳节活动,老人们包车去一个地方聚餐再带点农产品回来,活动就结束了,形式没有创新,关怀的意义不能充分显现。通过多方调研,选择音乐疗愈的形式来组织重阳节活动,让老人们通过活动留下美好回忆,带给他们更多快乐,老有所依老有所乐。

(2)活动策划的目的及意义:活动的目的是关爱老年人,提高老年人的社会人际交往范围。缓解老年人的焦虑抑郁等不良情绪,获得积极情绪,提高老年人生活兴趣,降低老年抑郁症的发生。活动可以帮助老年人回忆过去的美好时光,并珍惜当前生活的美好。让老年人感受社会与他人的关爱与尊重,获得社会价值感,提高生活质量。

(3)活动策划的主题:"关爱长辈——九九重阳,快乐与您一起长长久久",活动的主题是关爱老年人。老年人得到关爱有利于家庭稳定和睦,老年人的情绪稳定性,可以让子女安心工作,可以为社会带来稳定,促进人们的工作积极性,促进社会发展。

(4)活动策划的举办机构

主办方:××市老年协会。

承办方:××××文化公司。

协办方:××音乐疗愈工作室。

赞助单位:××××广告公司;××××集团。

(5)活动参与对象:××市60~80岁的老年人,人数在60人左右,参与条件是有自理能力的老年人。

(6)活动地点:××楼。可容纳上百人的场馆,露天或室内均可。如果是露天场地,须保证当天天气温度适宜且无雨;室内则需要通风情况较好,并且有空调。

(7)活动时间:××××年××月××日 14:30—16:00

(8)活动流程(表5-1)

策划书总体较完整,活动举办后的评价显示策划书的内容框架很清晰,其中的活动流程实施顺利。因此组织方在策划书完整清楚的情况下,只需要做好前期准备,现场督导,保证活动的顺利举办即可。

3. 活动宣传营销和活动费用的评价

(1)活动宣传的渠道:首先是政府引导宣传,包括文件,由××市老年协会发送至各区各街道和相关单位;其次是媒体宣传,如新媒体包括微信推送、音乐台播节目时推送,传统媒体则主要用报刊刊登相关活动信息,进行活动现场等有关报道。

(2)活动的费用:场地与椅子是由××楼免费提供,参加活动的老年人是由家人陪同或自行到场。主要费用支出有乐器设备租赁费、聘请音乐治疗师的活动带领费等。活动的费用总支出为4 200元,主要包括乐器租赁费用3 000元,两位音乐治疗师的活动带领费用1 200元,总计4 200元,原来的费用预计是6 000元,因此从费用支出来看活动的成本是比较合理的。

表 5-1 活动流程

活动流程	
活动准备	场地租赁、人员组织
	乐器租借,与人数相等的椅子及按照活动要求放置特定位置
活动现场流程策划	
活动流程	时长
××市老年协会领导讲话	10min
主持人讲解活动参加注意事项,同时宣布活动开始	10min
音乐治疗师带动,鼓圈为开场活动	30min
歌曲谈论歌曲回忆	30min
活动感受	10min
活动结束,领导总结	5min

（3）活动宣传评价:此次活动虽然需要参与人员不多,所以也不需要很复杂的宣传方式,在这次活动还没通过媒体进行宣传的时候参与人员基本已经额满。但是因为在老年人活动中用音乐疗愈这样的方式比较新颖,为了下一次活动的需要,也为了推广这种健康的活动,才按照原计划进行了各种宣传。通过宣传和活动后的调查问卷反馈,可以得知这次宣传还是很有必要的,因为不仅仅是这次参加活动的老年人大部分都表示希望下次还能参加这样的活动,更有很多没能参加的老年人表示希望下次能有机会参加这样类似的活动。

4. 活动执行过程评价 活动从××月××日 14 时 30 分准时开始,活动所需要的设备主要是椅子和乐器,椅子按照音乐治疗师的要求摆放在固定的位置,乐器也按照要求提前放置于指定位置。报名参加活动的 60 位老年人来了 56 位,其他 4 位是因为身体或家庭原因未能来到现场。因设备的麦克风未调试好,开场的××市老年协会领导讲话比预计的时间迟了 5min 左右,领导讲话结束后,主持人也是音乐治疗师之一首先检查了老人手里的乐器,并按照缺席人数重新调整了部分座位,讲解了活动规则与注意事项后宣布活动正式开始。音乐治疗师先从鼓圈开始带领大家活动,老人们起初担心自己没有音乐基础不会打鼓,但是随着引导师的带领,气氛越来越融洽,大家也是情绪越来越好,30min 的时候,治疗师准时结束了鼓圈,进入了下一轮的歌唱讨论环节。根据老人们的推荐,治疗师给大家播放了《让我们荡起双桨》和《阳光总在风雨后》这两首歌曲,每首歌分别挑选了 6 位老年人,提了几个问题,例如听完这首歌曲的感受是什么? 这首歌给您带来的这种感受让您想到了什么? 在您的生活中什么时间段的生活经历曾经给您带来过这种感受? 这首歌给您带来的感受对您今天的生活有没有影响? 如果有,带来了什么影响?

评价活动流程可以看到,活动进行得相对还是比较顺利的,在活动的第二环节,被选中回答问题的老年人回忆往事,有的兴高采烈,有的流下眼泪,也有的比较平静,但不管是哪一种反应,活动结束后老人们的情绪明显得到改善。而没有被抽查到的老年人也是很急切想要回答治疗师的问题。总的来说,一个半小时的活动,除了开场耽误了一会,其他的进行得都还比较顺利,没有意外情况发生。

5. 活动效果评价 活动效果的评价主要是对参与者参与活动现场状态的评价,通过活动可以看到老人们参加活动还是很主动积极的,在参加活动过程中的情绪与精神状态也是处于积极状态,在活动中与他人交流互动也很不错,鼓圈活动时的参与程度与回答问题时的语言表达能力上都是非常不错。其次是活动结束时老人们的感受发言和活动第二天的调查问卷得出的结论。活动结束时引导师邀请 20 位老人用一个词语或一句话对参加活动做一个总结,大多数老年人用"开心""感动""放松""温暖""支持""力量""感觉自己又年轻了""与这么多人在一起没有感受到拘束反而很亲切""引起了很多美好的回忆""感受到被大家关心和爱护的温暖""手脚变得有力量了"……表达自己当时的心情。

活动效果调查问卷设计见表5-2。

表5-2 老年人活动满意度调查表

尊敬的长者们： 　　为提高活动质量，了解大家的真实感受，现对此次活动进行满意度调查，希望您能认真、翔实地填写该调查表。在此，感谢您对我们工作的支持，同时为耽误您的宝贵时间表示歉意！				
请您在以下的选项中选择一个正确答案，并在此选项上打√				
1. 您对本次活动的评价	A 非常满意	B 满意	C 一般	D 不满意
2. 您对音乐的喜欢程度	A 非常喜欢	B 一般	C 没感觉	D 不喜欢
3. 您是通过什么渠道了解到这次活动信息的	A 社区	B 家人	C 朋友	D 微信
4. 您对这次活动时间的安排	A 非常满意	B 满意	C 一般	D 不满意
5. 您对这次活动场地的安排	A 非常满意	B 满意	C 一般	D 不满意
6. 您对这次活动的形式	A 非常喜欢	B 一般	C 没感觉	D 不喜欢
7. 您对这次活动的引导师的评价	A 非常喜欢	B 一般	C 没感觉	D 不喜欢
8. 您对这次活动中工作人员的服务评价	A 非常满意	B 满意	C 一般	D 不满意
9. 您对这次活动的感受	A 非常满意	B 满意	C 一般	D 不满意
10. 您认为活动还有没有可以做得更好或者需要改进的地方，如果有请写下您的建议。 				
11. 请写下您的年龄、性别，您喜欢的音乐类型。 				
12. 您是第几次参加此类活动，同时请您用一个词或者一句话写出您对本次活动感受。 　　　　　　　　　　　　　　　　　　　　填表日期：　　　　年　　　月　　　日				

通过对56位参加活动的老年人调查问卷的反馈，我们可以看出此次活动总体效果是很好的，虽然参加人数不多，但是因为活动是在××楼这样一个特殊的地方，每天有很多市民会前往，再加上媒体宣传，除了参加活动的人数，围观的人数陆续也有几百人，既取得了良好的活动效果，也增加了××××文化公司的企业知名度。

6. 活动存在问题评价　活动整体比较成功，但也存在不足之处，主要有以下几点：

（1）鼓圈中所使用的乐器比例问题：鼓圈是几十人围在一起打鼓的一种活动形式，其主要使用的乐器是鼓，另配置一些散响乐器，鼓圈中乐器的比例是有一定要求的。这次活动中可以明显观察到，因为所用的鼓的比例和以往鼓圈是一样的，没有做例外调整，但不同的是因为参加活动的对象是老年人，鼓的比例就有些偏多，到二十多分钟的时候，一些老人就觉得鼓的声音有些太吵受不了。因此以后应该根据参加对象慎重考虑活动中所使用的乐器比例。

（2）参与人员的数量：应该将报名不能参加的人数可能性考虑进去，这次虽然只有4人不能参加，但是要从这次活动中吸取教训，以后要考虑怎么平衡参加人数，可以给一些备选参加人员，也可以适当多放几个

名额。

（3）场地：因为考虑到××楼这个地方会有较好的社会影响,但是因为场地是露天的,虽然天气还不凉,但是现场围观的人太多,声音有些嘈杂,而歌曲讨论环节如果有个相对安静的环境会有更好的效果。

7. 评价　举办此类活动作为老年活动具有可行性,也有很好的价值与意义,举办方应该从中总结经验,改进不足之处,使今后同类活动的举办更圆满。

实训 5-2　撰写老年人活动的评价报告 2

××卫视为××市××区老年人组织了 2019 年 10 月××省××市××区"老年红歌会",请你根据整场活动写一份活动评价报告。

【实训目的】

1. 掌握老年人活动评价报告书的撰写。

2. 了解老年人活动评价报告的撰写要求。

【实训学时】

2 学时。

【实训步骤】

（一）活动背景评价

这次红歌会是××卫视为××市××区老年人举办的。活动的参与者为 60~70 岁之间的老年人,选择的红歌以老歌为主,以老歌新唱的形式呈现,回忆过去,歌颂现在的幸福生活,弘扬传统文化和革命精神,激发老年人的生活热情,增强他们的信念与力量。

（二）报名对象的参与度及认可度评价

活动前,主办方向××区所辖 13 个街道发出了通知,名额有 30 个,报名的人数有 82 位,经过筛选及街道推荐,选出 30 位老年人参加比赛,参与度达到 100%。参加活动的老年人满意度调查达到 97%。

（三）活动举办现场的流程评价

活动的整个过程都进行得非常顺利,红歌会是在××卫视演播大厅举办,除了参加比赛的 30 位老年人,各街道还组织了几百位老年人为主的观众,同时也请了一些著名的声乐老师做评委。在红歌会开始前主持人介绍了比赛规则,活动进行过程中,因为有 2 位老人突然出现身体不适不能参赛,所以中间出现了两次衔接不畅的情况。其他的节目开始到中间到颁奖环节都非常流畅,基本都是按照活动计划与策划方案进行的。

（四）活动举办方组织管理工作的评价

这次活动的组织协调,首先是××卫视与××区人员前期的组织是比较好的,原定的名额只有 30 位,经过宣传,报名的人数远远超过参赛名额,不得不通过推荐与选拔的形式控制人数。其次是现场的组织管理,不管是参加比赛人员的上台顺序,还是观赛人员的组织纪律都井然有序,会场气氛时而安静时而雀跃,整个活动的组织安排成效显著。

（五）活动宣传推广评价

这次的活动是利用当地的电视、报纸及街道通知的形式进行宣传的。所有的活动推广必须通过媒体渠道才能得以传播,但是也要根据受众去选择合适的媒体。媒体包括平面媒体例如报纸、杂志、信件和海报,还有电视、广播和网络,各具优势。年轻人会习惯从音乐电台、综艺电视节目和休闲报刊中获得信息,而老年人大多数是从电视、报纸上获取信息。当然随着微信的普及,有相当一部分老年人也能很熟练使用微信,他们会使用微信和朋友亲人联系,也能从微信中获得一些健康养生知识,因此针对老年人的活动宣传也可以在传统的电视报纸基础上加上一些新媒体广告方式。

（六）活动意义评估

通过活动帮助老年人重温美好回忆,丰富了老人们的精神生活,获得了社会归属感,激发老年人的积极资源,改善消极情绪与焦虑感受。同时活动的开展给了老年人一个扩大社交圈的平台,他们通过活动结交新朋友,互相支持鼓励,创建一个和谐的社会环境。

（七）活动效果评价

本次活动通过活动现场观察、活动结束现场发言、问卷调查、电话跟踪调查等方式获得活动满意度及活动效益影响评价数据。

（八）活动总体评价

这次活动以红歌会的形式，组织老年人以老歌新唱的方式，回忆过去，歌颂现在的幸福生活。整个活动的现场气氛很热烈，参与活动的老年人都非常高兴。他们普遍反映这种活动形式不仅仅弘扬传统文化革命精神，也激发他们的生活热情，增强了他们的信念与力量。

（朱晓红）

参 考 文 献

［1］唐东霞.老年活动策划与组织［M］.2版.南京：南京大学出版社,2019.

［2］张沙骆,刘隽铭.老年人活动策划与组织［M］.8版.北京：北京师范大学出版社,2020.

［3］袁慧玲.老年人活动策划与组织［M］.北京：海洋出版社,2017.